湖北师范学院学术著作出版基金资助；

湖北省重点扶持学科"应用经济学"资金资助；

湖北省人文社科重点研究基地——资源枯竭城市转型与发展研究中心资助。

本书是湖北省教育厅人文社会科学研究项目：

"资源枯竭型城市的新型城镇化发展研究——以黄石市为例"（一般项目）（项目批号：14Y053）的成果。

常 婕 / 著

资源枯竭型城市的新型城镇化发展研究
——以黄石市为例

中国社会科学出版社

图书在版编目(CIP)数据

资源枯竭型城市的新型城镇化发展研究：以黄石市为例/常婕著.
—北京：中国社会科学出版社，2015.6
ISBN 978-7-5161-6350-4

Ⅰ.①资… Ⅱ.①常… Ⅲ.①城市化—研究—黄石市
Ⅳ.①F299.276.33

中国版本图书馆 CIP 数据核字(2015)第 146754 号

出 版 人	赵剑英
责任编辑	郭 鹏
责任校对	张艳萍
责任印制	李寡寡

出　　版	中国社会科学出版社
社　　址	北京鼓楼西大街甲 158 号
邮　　编	100720
网　　址	http://www.csspw.cn
发 行 部	010-84083685
门 市 部	010-84029450
经　　销	新华书店及其他书店
印刷装订	三河市君旺印务有限公司
版　　次	2015 年 6 月第 1 版
印　　次	2015 年 6 月第 1 次印刷
开　　本	710×1000　1/16
印　　张	12.75
插　　页	2
字　　数	217 千字
定　　价	48.00 元

凡购买中国社会科学出版社图书，如有质量问题请与本社联系调换
电话：010-84083683
版权所有　侵权必究

目 录

前言 ………………………………………………………………… (1)

第一章 导论 ……………………………………………………… (1)
一 选题的背景和意义 …………………………………………… (1)
二 城市、城市化、城镇化和新型城镇化概念辨析 …………… (4)
  （一）城市 ……………………………………………………… (4)
  （二）城市化 …………………………………………………… (5)
  （三）城镇化 …………………………………………………… (6)
  （四）新型城镇化 ……………………………………………… (7)
三 国内外城镇化研究综述 ……………………………………… (8)
  （一）国外资源型城市城镇化研究状况 ……………………… (8)
  （二）国内资源枯竭型城市城镇化研究状况 ……………… (10)
四 本课题的研究方法、基本思路 ……………………………… (12)
五 主要观点和文章结构 ………………………………………… (13)

第二章 中国城镇化历程与中国新型城镇化道路选择 ………… (15)
一 新中国成立以来的城镇化历程 ……………………………… (15)
  （一）改革开放前城镇化与"反城镇化"的实践 …………… (15)
  （二）改革开放后以小城镇建设为发端的城镇化历程 …… (17)
  （三）科学发展阶段城镇化推进的新趋势 ………………… (18)
二 当前中国城镇化进程中的主要困惑与争论 ………………… (19)
  （一）中国城镇化实践中的问题与困惑 …………………… (19)
  （二）中国城镇化道路的争论与困惑 ……………………… (21)

三　中国资源枯竭型城市城镇化历史进程及发展模式 ………… (23)
　　(一)中国资源枯竭型城市概况 …………………………………… (24)
　　(二)中国资源枯竭型城市的重要作用 …………………………… (25)
　　(三)中国资源枯竭型城市的基本特征 …………………………… (27)
　　(四)中国资源枯竭型城市城镇化模式 …………………………… (29)
　　(五)中国资源枯竭型城市推进新型城镇化意义 ………………… (31)
四　科学发展主题下中国新型城镇化道路 …………………… (32)
　　(一)中国新型城镇化道路提出的背景 …………………………… (32)
　　(二)新型城镇化道路的内涵和基本特征 ………………………… (35)

第三章　新型城镇化的基本理论 ……………………………… (44)
一　要素流动与集聚理论 ……………………………………… (44)
　　(一)人口流动理论与城镇化 ……………………………………… (44)
　　(二)产业集群理论与城镇化 ……………………………………… (46)
二　城乡一体化理论 …………………………………………… (47)
三　制度创新理论 ……………………………………………… (49)
四　社会保障理论 ……………………………………………… (52)
五　马克思主义经典作家的城镇化思想及启示 ……………… (54)
　　(一)关于城镇化动力源泉的阐释 ………………………………… (54)
　　(二)关于城镇化演进过程与结果的预见 ………………………… (57)
　　(三)对推进中国城镇化发展的启示 ……………………………… (59)
六　党的历代领导集体的城镇化思想 ………………………… (61)
　　(一)毛泽东的均衡式城镇发展战略 ……………………………… (61)
　　(二)邓小平的非均衡式城镇发展战略 …………………………… (61)
　　(三)江泽民的西部大开发和小城镇建设战略 …………………… (62)
　　(四)胡锦涛的中国特色城镇化战略 ……………………………… (62)

第四章　国外资源枯竭型城市城镇化历史沿革、现状分析和经验教训 ……………………………………………………… (64)
一　国外资源枯竭型城市城镇化历史进程及发展模式 ……… (64)
　　(一)德国鲁尔区煤矿城镇的优势互补模式 ……………………… (64)
　　(二)法国洛林地区的优势组合模式 ……………………………… (65)

（三）日本九州矿区的政府主导模式…………………………（65）
　　（四）以美、加、澳为代表的市场自由选择模式………………（65）
二　国外资源枯竭型城市城镇化的一般规律………………………（66）
　　（一）工业革命前人类城市发展阶段…………………………（66）
　　（二）世界局部城市化发展阶段………………………………（67）
　　（三）世界全球城市化发展阶段………………………………（67）
三　国外资源枯竭型城市城镇化的主要经验………………………（69）
　　（一）制定并实施完善的公共干预政策………………………（70）
　　（二）形成合理城镇体系………………………………………（71）
　　（三）主导产业是城市发展的基础……………………………（74）
　　（四）城市治理的法制化和透明化……………………………（75）
四　国外资源枯竭型城市城镇化发展的主要教训…………………（76）
　　（一）自然资源与环境代价惨重………………………………（76）
　　（二）社会环境危机重重………………………………………（77）
　　（三）人群互动关系问题丛生…………………………………（78）
五　国外资源枯竭型城市城镇化发展对中国的启示………………（80）
　　（一）城市发展不能以牺牲乡村为代价………………………（81）
　　（二）走多元化城镇发展道路、形成多极多层次的城镇体系…（84）
　　（三）积极培育城市主导产业…………………………………（85）
　　（四）制定系统、稳定、可持续的城市发展政策………………（87）
　　（五）政府的适度引导必不可少………………………………（90）

第五章　湖北省黄石市城镇化的历史沿革………………………（96）
一　湖北省黄石市概况………………………………………………（96）
二　湖北省黄石市"城镇化"溯源……………………………………（97）
　　（一）党代会报告中的"城镇化"………………………………（98）
　　（二）国家经济社会发展五年规划中的"城镇化"……………（98）
三　湖北省黄石市城镇化发展历史…………………………………（99）
　　（一）就中国成立后黄石市城镇体系的总体变化……………（99）
　　（二）黄石市城镇发展的时序特征……………………………（100）

第六章　黄石市城镇化现状、问题和机遇分析……………………（105）
一　黄石市城镇化现状………………………………………………（105）
　　（一）城镇化进程加快，城镇化水平高于全国和全省…………（105）

（二）城镇空间分布集中，主要集中于黄石市北部区域 ……（107）
　　（三）涌现了一批湖北省百强乡镇，新型城镇化体系初步
　　　　形成 ……………………………………………………（108）
　　（四）黄石市市区和大冶市城区对接，拉开了特大城市的建设
　　　　框架 ……………………………………………………（111）
　　（五）城镇化工业功能领先，夯实城镇化发展基础 …………（113）
　二　黄石市城镇化的主要问题 ……………………………………（114）
　　（一）农业现代化滞后，影响新型城镇化健康发展 …………（114）
　　（二）服务业发展滞后，影响城镇化功能和进程 ……………（116）
　　（三）中等城市发育滞后，地区之间城镇化发展不平衡 ……（119）
　　（四）异地城镇化明显 ……………………………………（122）
　三　黄石新型城镇化建设面临机遇分析 …………………………（123）
　　（一）新型工业化发展需要 ………………………………（123）
　　（二）"武汉城市圈"建设的需要 …………………………（124）
　　（三）"三大战略"对新型城镇化的推动 …………………（124）
　　（四）新的交通格局发展变化 ……………………………（124）
　　（五）资源枯竭型城市转型需要 …………………………（125）

第七章　黄石市新型城镇化发展指导思想、目标及空间布局 ………（126）
　一　黄石市新型城镇化发展指导思想 ……………………………（126）
　二　黄石市新型城镇化发展目标取值分析 ………………………（126）
　三　黄石市新型城镇化城镇体系及空间布局 ……………………（127）

第八章　黄石市新型城镇化发展预测 ………………………………（129）
　一　大冶市新型城镇化发展预测 …………………………………（129）
　　（一）经济发展潜力 ………………………………………（129）
　　（二）产业发展趋势 ………………………………………（130）
　　（三）人口变动趋势 ………………………………………（137）
　　（四）相关要素配置变动趋势 ……………………………（148）
　二　阳新县新型城镇化发展趋势 …………………………………（151）
　　（一）经济发展潜力 ………………………………………（151）
　　（二）产业发展趋势 ………………………………………（153）

（三）镇域人口规模预测 …………………………………………（159）
　　（四）相关要素配置变动趋势 …………………………………（170）

第九章　黄石市新型城镇化的原则、动力机制、路径和保障措施 …（174）
　一　黄石市新型城镇化的基本原则 ………………………………（174）
　二　黄石市新型城镇化发展的动力机制 …………………………（175）
　三　黄石市新型城镇化的路径选择 ………………………………（178）
　　（一）以工业化为重点，通过协同开发，实现配套发展 ………（178）
　　（二）以信息化为载体，建立互通渠道，实现资源共享 ………（179）
　　（三）以城镇化为目标，集聚就业人口，实现良性循环 ………（181）
　　（四）以农业现代化为基础，进行连片开发，实现规模经济 …（183）
　　（五）以生态发展为核心，长效机制，实现四化同步 …………（185）
　四　黄石市新型城镇化发展的保障措施 …………………………（186）
　　（一）立足实际编规划，科学保障抓落实 ………………………（186）
　　（二）依靠政策做根基，考核体系来引导 ………………………（187）
　　（三）区域协同布大局，跳出镇域谋发展 ………………………（188）
　　（四）落实民生促和谐，发展成果共分享 ………………………（189）

结束语 ………………………………………………………………（191）

参考文献 ……………………………………………………………（193）

前　言

所谓资源枯竭型城市，是指因自然资源的开采而兴起或发展壮大，且资源性产业在工业中占有较大份额的城市，但由于不断地开采、挖掘、使用，资源大量减少甚至枯竭，城市发展处于衰退之中。这些城市普遍具有对资源的高度依赖、经济结构的趋同性、城市空间结构的分散性以及政府和企业两套社会功能的冲突性等特征。在社会主义市场经济条件下，随着对资源开发程度的加深，受不可再生资源生命周期规律的限制，中国的资源型城市大都面临着比较优势和竞争优势下降、环境问题突出、下岗失业人员增多、经济社会发展缓慢等诸多困难和问题。而且这种经济的衰退及伴随而来的结构性失业问题，已经超出了城市的承受能力，仅靠一般性的社会保障体系是远远不够的。这些问题的出现将会直接困扰资源枯竭型城市的可持续发展。笔者认为，通过加快城镇化，可以有效解决资源枯竭型城市的结构性失业问题、生态环境恶化问题，进而促进资源枯竭型城市的转型、振兴和可持续发展。城镇化是一个很大的课题，笔者仅从特定的研究视角，根据手头占有的材料，在理论和实践结合上作了一些初步探讨，或许可以为资源枯竭型城市的可持续发展提供一些参考。本书所研究的资源枯竭型城市包括整个城市所管辖的行政区域范围，即包括该区域政治经济文化中心所处的城市本身，也包括整个城市辖区范围内的城镇及农村。所研究的城镇化发展既有通过城市的发展来带动小城镇及农村的发展，也有小城镇及农村通过城镇化来加快自身发展的过程。因为城镇化是城镇人口比重不断提高的过程，是产业结构不断转变的过程，是居民消费水平不断提高的过程，是城市文明不断发展并向广大农村渗透和传播的过程，也是人的整体素质不断提高的过程，是城乡一体化的过程。

第一章 导论

一 选题的背景和意义

城镇化是21世纪中国经济社会发展的重大主题之一。联合国贸易和发展会议在《2003年世界经济形势和前景》中指出:"由于中国对货物的强劲需求,正在取代美国和日本,成为推动亚洲区经济增长的火车头。"中国全面复兴已经是可以触摸的现实,而伴随着中国全面复兴进程的,无疑将是人类历史上规模最大的一次城市化浪潮。正如诺贝尔经济学奖得主、美国经济学家斯蒂格利茨断言,21世纪对世界影响最大有两件事:一是美国高科技产业,二是中国的城市化。吴良镛、蒋正华、郑新立等学者,已经把城市化看成了中国现代化的必由之路和本世纪中国最大的变化特征。可以说中国城市化的理论与实践问题,将在未来很长的一段时间内成为影响世界发展、影响中华民族实现伟大复兴、实现中国现代化各项目标的重大战略性问题。

城镇化是人类文明进步和经济社会发展的重要历史过程,是近现代以来推动人类社会前进的引擎和文明进步的综合性尺度。纵观人类城镇化历程,由于城镇化理念不同,所选择道路不同,大多数国家在实现城镇化的过程中都走了不少的弯路,付出了沉重的代价,有的到现在还深受"城市病"折磨。纵观各国城市化历程,城镇化核心的问题就是走什么路。就世界范围来说,大概存在四种模式:

美国——郊区城市化。随着交通环境改善、远程通讯技术发展及着力解决"城市病",20世纪20年代以来郊区城市化开始出现,进入60年代,美国实行了"示范城市"试验计划,分流大城市人口,充分发展小城镇,目前75%的美国人生活在小城镇。20世纪80年代之后,随着郊区化的进一步发展，整个城市空间结构出现了多中心的特征，巨型城市带悄然形成。德国——中小城镇为主的高度城市化。德国大中小城市共有580多个，人口在100万以上的只有四个，2至20万人口的城市占到了76%。与此同时，德国每年还有约20万人从大城市向郊区和小城市流动。这一结果主要得益于政府对南方地区实施的小城市化战略，这一战略的主要措施是把产业重点布局在中小城市和小城镇。韩国——集中型高速城市化与"新村运动"并行。城市化率从20%提高到40%，英国用了120年，美国用了40年，韩国只用了20年。20世纪60年代以来，韩国奉行"工业为主，大企业为主，大城市为主"的政策，大大促进了人口在大城市的集聚。20世纪70年代后，韩国以农业现代化为核心开展了著名的"新村"运动，助推了城乡一体化。20世纪80年代起，大力开发光州、全州等边缘城市，主动推进多极化的城市模式。拉丁美洲——人口过度集中的城市化。1950年至1980年拉美地区的人口增长了1倍，城市人口却增长了4倍，城市化率从1920年的22%跃升为1997年的77%，1000万人口以上的"超级城市"有5个，乌拉圭首都蒙得维的亚的人口占全国的52%。农村人口在短时间内以爆炸式速度流入城市谋生，是导致人口过度集中的主因，同时这种过度集中的城市化模式带来了城市的"贫困"与混乱，城市生活质量极低。当然在归属于同类模式中，各国城市化路径也存在许多差异。关键是，这些模式中哪些值得我们借鉴，哪些需要我们避免？可以说，对世界范围内各种城市化理论和各国城市化道路的研究，是探寻中国特色城镇化道路不可绕开的一个问题。

经过从计划经济时代限制城市化到改革开放后20多年的城市化探索，党的十七大正式确立了中国特色城镇化道路，即按照统筹城乡、布局合理、节约土地、功能完善、以大带小的原则，促进大中小城市和小城镇协调发展。同时提出，城市化的重点是增强综合承受能力，以特大城市为依托，形成辐射作用大的城市群，培育新的经济增长极。中国特色城镇化道路作为一种战略选择和实践指导思想，无可置疑，但是就中国城镇化的现实来说，还存在着理论和现实中的一些具体困惑和问题，需要进行深入的探索和研究。就理论而言有宏观层次的，如中国特色城镇化道路理论构架与具体内涵问题，实现中国传统城市化理论向现代城市化理论的转型问题，城市化进程与社会管理的变革和转型问题等。也有微观层次，如成功的区域城市化的基本目标体系和指标体系的设定，配套制度改革中的土地、户籍、社保及公共服务的公平性问题，城市综合承载能力的测定与增长机制的设计等。实践中则有以下七个方面比较集中、突出的问题：第一，一些地方"摊大饼"，片面强调"土地城市化"，对人口、居民素质、生活质量的城市化不够重视。第二，忽视资源配置效率，对土地、能源、水等资源高度消耗。第三，忽视"三生性"问题，生产、生活、生态不协调，城市工业用地偏多，居住、生活休闲、生态用地偏少。第四，城乡分割的问题日益突出。第五，城市缺乏特色，把城市现代化理解为"高楼大厦＋宽马路＋大广场＋立体交叉"，单中心城市的问题愈演愈烈，对现代城市规划、城市文化建设等不重视。第六，政府主导性太强，导致一些地方违反城市化的本身规律，搞"大跃进"式的造城运动。第七，把农村作为城市化的对象，大量搞小工业、小城镇，环境代价太高。

总体来看，理论与实践归结起来有这样三个层次的问题：第一，就理论与实践普遍性来说，各种现代城市化理论如何进行比较、厘清、选择。第二，就中国特色城镇化道路来说，如何就具体的理论框架和内涵进行探索、发展。第三，就具体区域（经济或政治，需视情况）来说，因为时空、自然条件及国家利益限制等因素的差异，城市化的路径应当如何选择。其中第二和第三个问题有着很强的联系，即对区域城市化的研究本身就是对中国特色城镇化道路研究的丰富。

在上述城镇化研究的背景下，选择对资源性枯竭型城市（黄石市）新型城镇化理论和实践作为研究对象，有三个方面的考虑：一是选择区域城市化作为研究对象更切合当前和今后一段时间城市化研究领域的需要。党的十八大确立的中国特色城镇化道路，既需要总结以往国际国内城市化理论与实践的经验教训，汲取当前理论界关于城市化理论的先进成果，作为一般性的理论基础，更需要各区域结合实际在理论和实践上开创出具有自己特色、符合实际、可持续发展的城镇化道路，支撑和丰富中国特色城镇化道路理论内涵，因为说一千道一万，经过实践检验的才算真理。二是城镇化一直是湖北省各城市经济社会发展中的短板，解决制约黄石市城镇化进程的诸多理论与实践的问题已经迫在眉睫。市委和市政府在规划"十二五"建设的同时，把城镇化作为主要的驱动力之一加速资源枯竭型城市经济转型和现代化进程。但黄石市城镇化的理论研究和实践还存在诸多问题，首先是理论研究和实践水平与市委、市政府的战略要求相距甚远，与国内先进地区还无法顺利对话，更谈不上创新出现代条件下黄石市新型的城镇化道路。三是资源枯竭型城市城镇化理论与实践的研究还具有特殊的意义。城镇化有利于资源枯竭型城市生产要素和产业的集聚及生态环境的综合治理。在城镇化过程中,城镇的经济社会中心作用增强,加快了信息、资金、人才、土地、劳动力等资源的集聚。同时,生产要素的集聚、基础设施的共享、产品和服务的辐射,又可促进改变农村低层次扩张发展模式,促进资源的高效利用和环境污染的综合治理。城镇化有利于节约土地和耕地资源,由此产生的生态效益是多方面的,除了能改善人们的居住环境外,还能使生物多样性得到有效的保护。而且农村人口进城定居,有利于广大农民逐步改变传统的生活方式和思想观念,有利于从整体上提高人口素质,缩小工农差别,有利于实现城乡经济社会协调发展,全面提高广大农民的生活水平。城镇化促使工业集聚发展,可以把资源枯竭型城市在工业化过程中对环境带来的不良影响限制在一定的区域,降低到最低限度。可以说,资源枯竭型城市生态环境的整体保护有赖于城镇化,实现经济集约增长有赖于城镇化,治理环境污染有赖于城镇化,统筹城乡发展有赖于城镇化,促进经济与社会的协调发展更有赖于城镇化,增强可持续发展能力更有赖于城镇化。

综上所述,选择资源枯竭型城市黄石新型城镇化理论与实践作为研究的对象,其理论和实践上的创新意义是明显的。

二 城市、城市化、城镇化和新型城镇化概念辨析

(一) 城市

要研究城市化,首先要搞清楚什么是城市。在古汉语中,城和市两个字是分开的,"城"是四周建有墙、沟、池等防卫设施的人类固定居民点;而"市"主要指商品交易的场所。法国地理学家菲利普潘什梅尔曾经认为"城市是一个很难下定义的现实",但中外学者仍然对城市的本质进行了多方面、多层次、多炜度的研究,得出了许多富有创见的结论:社会学家从居民的行为和结构去定义,城市是"占据某一特定地区的人口群体,拥有一套技术设施和机构、行政管理体系,以及自身有别于其他结构的组织形式"。经济学家从经济活动和结构去研究,城市"是一个坐落在有限空间地区内的各种经济市场(住房、劳动力、土地、运输等等)相互交织在一起的网状系统"。人口学家从人口数量、密度和非农人口比

重去探寻，地理学家侧重于城市区域关系和城市形态，哲学家关注城市物态和非物态的统一……马克思在考察资本主义社会的时候，也注意到了城市的发展，马克思说："城市本身表明了人口、生产、工具、资本、享乐和需求的集中，而在乡村所看到的却是完全相反的情况，孤立和分散。"这些五花八门的"城市"定义为我们从不同的层面了解城市提供了指导，在此本书引用吴良镛先生关于"城市"的定义，即"城市是一种依一定的生产方式和生活方式组合起来的居民点"。引申而言，城市是人类社会发展到一定阶段的产物，是人类文明的重要标志。城市是一个非常复杂的体系，既是经济的产物，又是制度的结晶；既有自然的属性，又具社会属性。从形态上看，城市是一种景观或一片经济空间；从性质和职能上看，城市是第二产业、第三产业活动中心及从事第二、第三产业人口的生活聚居地；从区位上看，城市是沿河流、山麓、海岸或铁路、公路沿线分布的一定区域的中心；从文化上看，城市是具有一定高度物质文明、精神文明、制度文明和政治文明的区域空间，是"时代精神精华"的重要载体。

（二）城市化

如果说城市是一种结果，城市化则是一个过程。城市化一词源于英文的 Urbanization，其词头 urban 意为都市的、市镇的；其词尾 ization，表示行为的过程，意为"……化"，"化"就有变化、发展之意，这一词有时也翻译为城镇化。中国有学者认为"城镇化"的翻译更能体现我国现阶段的国情，城镇化是城市化的一个阶段。正如对于城市的定义五花八门一样，学界对于城市化概念的界定也一直是众说纷纭，莫衷一是。

从一般意义上讲，人们普遍接受城市化是指农业人口向非农业人口转化并在城市集中的过程这一说法。但不同学科、不同学者对城市化的具体理解有所不同。经济学家通常从经济与城市的关系出发，强调城市化是从乡村经济向城市经济的转化；地理学家强调城乡经济和人文关系的变化，认为城市是地域上各种活动的中枢，城市化是由于社会生产力的发展而引起的农业人口向城镇人口、农村居民点形式向城镇居民点形式转化的全过程；人口学家研究城市化，主要是观察城市人口数量的增加变化情况，城市人口在总人口中比例的提高，城市人口规模的分布变化及其变动等。高珮义从城市化的研究层次认为"城市化展开来说，可以包括五个方面的层次：第一层次是乡村不断转化为城市并最终为城市所完全同化，第二层次是乡村本身内部的城市化，第三层次是城市自身的发展，即所谓'城市的城市化'，第四层次是作为各种不同学科领域研究对象的城市化，如人口城市化、地域城市化、景观城市化、工业城市化等，第五个层次是最抽象的城市化，即作为城市化整体运动过程的城市化。中国《城市规划基本术语标准》中把城市化定义为人类生产和生活方式由乡村型向城市型转化的历史过程，表现为乡村人口向市人口转化以及城市不断发展和完善的过程。

总之，城市化是一个农业人口转化为非农业人口、乡村地域转化为城市地域、农业活动转化为非农业活动的过程。可以认为，它是非农业人口和非农业活动在不同城市环境下地理集中的过程，也是城市价值观念、城市生活方式在乡村的地理扩散过程。

（三）城镇化

关于城镇化的概念，有两种明显不同的理解。一种理解认为，城镇化是指农村人口不断向城镇转移，第二、三产业不断向城镇聚集，从而使城镇数量增加，城镇规模扩大的一种历史过程，它主要表现为随着一个国家或地区社会生产力的发展、科学技术的进步以及产业结构的调整，其农村人口居住地点向城镇的迁移和农村劳动力从事职业向城镇第二、三产业的转移。另一种理解是城镇化等同于城市化。1999 年，党中央《关于我国经济社会发展的第十个五年计划的建议中》采用了"城镇化"这个提法，全国人民代表大会通过了该计划建议，采用了"城镇化"叫法。在中国"城镇化"就代替了国际上的"城市化"的叫法。虽然"城市化"与"城镇化"在字面上有差别，但如果联系中国具体国情的话，当前中国的"城镇化"与国际上通称的"城市化"没有本质区别，而且"城镇化"更符合中国国情，更具有中国特色。

在笔者看来，两个概念现在所指的内涵基本相同，之所以出现两个概念，主要是因为从 20 世纪 80 年代开始，中国现代城市化历史阶段中曾经重点推进了从"乡"到"镇"的转变，兴起了一个大力发展小城镇的热潮。体现在理论研究上就是以费孝通先生为代表的"小城镇"理论的兴起。1984 年，费孝通先生受胡耀邦同志关于小城镇建设思想的启发，发表了《小城镇大问题》一文，提出了小城镇建设是中国发展农村经济、解决人口出路的一个大问题，从而引发了理论界对小城镇建设的热议，在实践中也掀起了小城镇建设的热潮。1991年辜胜阻在《非农化与城镇化研究》中使用、并拓展了"城镇化"概念，城镇化的提法逐渐被确立。此后在国家政策层面，"城镇化"的提法逐渐正式化。当然"城镇化"取代"城市化"的提法是颇具中国特色的，综合一些关于城镇化概念的理论解释，这个特色的重大涵义即：一是农村地域向城市地域的转化过程；二是农业人口向非农人口的转化过程；三是农村产业及生产方式向城市产业及生产方式的转化过程。但是另外一些关于城市化的概念也被定位在"由农业社会向工业社会转变过程中，伴随业化而出现的一个必然的历史发展过程"。"城市化最本质的含义是第二、第三产业向城市集中，农村人口向城市转移，从而使城镇数量增加，城市规模扩大，城镇产业结构逐步升级的过程，同时还伴随着城市物质文明、生产方式、生活方式向农村扩散的过程。"承认"城镇化"的概念是因为中国城市化是担负了打破城乡二元结构的使命，那么随着中国城镇化率达到50%以上，城镇化的含义已经远远超出了20世纪80年代到90年代所赋予的"农转非"的色彩，笔者认为，现在中国面临的城镇化问题和推进城镇化的使命已经扩大为乡村人口向城市人口转化以及城市不断发展和完善的过程，城镇化概念的使用已经趋同于城市化概念的使用。

（四）新型城镇化

关于新型城镇化目前尚未有标准定义。笔者结合十八大和中央经济工作会议的新思想，把新型城镇化归纳为四个主要方面内容：

第一，是工业化、信息化、城镇化、农业现代化"四化"协调互动，通过产业发展和科技进步推动产城融合，实现城镇带动的统筹城乡发展和农村文明延续的城镇化。这里面有四层内容：一是"四化"协调互动，缺一不可；二是需要产业积聚促进产城融合，尤其是需要通过服务业发展和科技进步来推动；三是统筹城乡和城乡一体化需要城镇发展来带动；四是城镇化发展不是要消灭农村、农业、农民，而是要注重三农问题的解决，增强农村文明的传承能力。

第二，是人口、经济、资源和环境相协调，倡导集约、智能、绿色、低碳的发展方式，建设生态文明的美丽中国，实现中华民族永续发展的城镇化。这里面有四层内容：一是人口、经济、资源和环境相协调，突出统筹均衡发展；二是要把生态文明理念和原则全面融入城镇化全过程，突出资源集约节约和生态环境友好，体现集约、智能、绿色、低碳城镇化；三是建设生态文明的美丽中国，实现人与自然和谐共处，发展生态经济和生态产品，为全球生态安全作出贡献。四是实现中华民族永续发展，突出代际公平和发展的可持续性。

第三，是构建与区域经济发展和产业布局紧密衔接的城市格局，以城市群为主体形态，大、中、小城市与小城镇协调发展，提高城市承载能力，展现中国文化、文明自信的城镇化。这里面有四层内容：一是大中小城市和小城镇、城市群要科学布局、因地制宜、协调发展，突出与区域经济发展和产业布局紧密衔接。二是以城市群为主体形态，突出城市群的紧密联系和辐射带动作用。三是提高城市承载能力，突出资源环境承载能力与城镇化建设相适应，加强城市基础设施改善和综合能力建设。四是注重中华民族悠久文化传承与现代人文关怀相容，强调历史文化和现代文化的亲密结合，城镇化建设既不"邯郸学步"，又不"闭门造车"，要体现出东方大国的风采和力量。

第四，是实现人的全面发展，建设包容性、和谐式城镇，体现农业转移人口有序市民化和公共服务协调发展，致力于和谐社会和幸福中国的城镇化。这里面有四层内容：一是城镇化的本质是为了实现人的全面发展，而不是为了城镇化而城镇化。二是建设包容性城镇，强调城镇不同主体发展权利的同质均等性。三是农业转移人口有序市民化和公共服务协调发展，突出破解城乡二元体制。四是建设和谐式城镇，更注重城镇化的社会管理和服务创新，致力于和谐社会和幸福中国城镇化的奋斗愿景。

三　国内外城镇化研究综述

（一）国外资源型城市城镇化研究状况

西方学者对资源型城市城镇化发展的理论进行了大量的研究。总体来说，加拿大、澳大利亚和美国等的成果数量相对较多，尤其是加拿大学者，在资源型城市研究领域中的成果和理论最引人注目。欧洲国家的成果数量少，仅见英国有少量论文发表，其主要原因是由于欧洲的单一资源型城市不多见。在资源型城市城镇化的研究过程中所运用的理论也在不断更新。早期主要以传统的行为地理学、城市规划学和区域发展理论为主。20

世纪 70 年代末到 80 年代中期，资本积累与国际化理论和依附理论被引入到资源型城市的研究之中。80 年代中期以后，经济结构调整和劳动力市场分割理论逐步得到应用。在研究方法上以描述性、概念性的实证研究占多数，而理论性的规范研究成果及构造模型、运用统计方法相对较少。国外对资源型城市城镇化的研究主要从以下四个方面入手。

1. 资源枯竭型城市经济结构转型研究

经济结构转型是资源枯竭型城市研究的传统内容，西方学者对此已进行了长期的研究。如日本政府为了振兴煤矿区经济，从 1962 年 7 月到 1991 年 7 月总共修订过 9 次煤炭政策，其间大量的研究是关于这些政策背景及其变迁的。德国鲁尔区煤矿城镇的经济振兴就是资源枯竭型城市经济结构转型的成功案例。20 世纪 50 年代，鲁尔区陷入了结构性危机之中，出现了主导产业衰退、就业岗位减少、居民点结构的发展缺乏有机性、生态环境恶化、基础设施短缺、人口外流等问题。有关专家及时地提出了新的发展战略，促进了经济的振兴。还有加拿大著名地理学家布拉德伯里根据对加拿大和澳大利亚资源型城市的实证研究，提出了解决面临问题的对策，如：建立早期预警系统；制订财政援助、转岗培训、搬迁和工作分享策略；建立社区赔偿基金和专项保险机制；促进地区经济基础的多样化；实行地方购买策略；进行区域规划，建立结构联系等，是这一时期比较有代表性的理论。

2. 资源枯竭型城市的社会学研究

美国著名经济学家马什对美国宾夕法尼亚州东北部的煤炭城镇居民的社区归属感进行研究后指出：虽然原有矿区经济衰退，人口大量外迁，但是仍有 1/3—1/2 的人口居住在这里，一个重要的原因就是形成了牢固的社区归属共识。他认为这些地区在形成居民社区归属感方面获得成功的根本原因是，这里根本没有原先存在的社会景观，更重要的是这些人需要这里为其提供利益和财富，同时他们又积累这些财富用以构筑一个新环境。

3. 资源枯竭型城市人口特征研究

资源枯竭型城市人口的迁移和结构特征都不同于其他城镇。欧费奇力格依据 1981 年的人口普查资料，对澳大利亚北部的资源型城市的人口静态特征进行了详尽地阐述。布拉德伯里则从人口迁移的角度，对加拿大魁北克—拉布拉多地区资源枯竭型城市的人口特征进行了研究。他指出：采掘业具有强烈的周期性，因此，对矿业城镇的人口具有深刻影响。兴盛期，就业岗位多，劳动力迁入；衰退期，劳动力迁出，以寻求新的工作或等待衰退期的结束。如果没有这些弹性的、机动的、零散的和具有一定技能的劳动力存在，采矿业将难以运作和生存。矿区城镇的人口迁移，有因采矿业季节性停工而造成的短期迁移，也有因长期衰退而造成的永久性迁移。

4. 资源枯竭型城市矿区发展生命周期研究

赫瓦特于1929年提出了矿区城镇的五阶段发展理论，其划分的依据主要是区域矿产资源的加工利用程度。卢卡斯于1971年提出了单一工业城镇或社区发展的四阶段：第一、二阶段分别为建设期和人员雇佣期，这时人员的变动率高，青年人和年轻家庭占主导，不同种族和民族混杂，性别比失调，人口出生率高。第三阶段为过渡期，集居地从依附一家公司变成独立的社区，社区稳定感和参与意识增强。第四阶段为成熟期，这时成年劳动力的流动性下降，退休人员比例上升。之后，布拉德伯里对其进行了扩展，提出第五、第六阶段，即下降阶段和关闭阶段。米尔沃德和阿什曼根据矿床开采的自然过程，对加拿大布雷顿角岛的悉尼矿区的历史地理进行了简化、归纳和抽象，最终形成了六阶段模式。米氏六阶段模型包含两层含义：一是从地理学上描述了煤炭开采的自然顺序反应在地下的情况；二是地表运输和居民点的发展顺序。在20世纪30年代初到70年代末期这段时期，出版了较多有关资源型城市研究的经典著作，如：英尼斯的《加拿大的毛皮贸易》（1930）、《加拿大的原材料生产问题》（1933）；鲁滨逊的《加拿大资源富集边缘区的新兴工业城镇》（1962）；卢卡斯的《采矿、磨坊、铁路城镇：加拿大单一工业社区的生活》（1971）；赛门斯的《加拿大资源边缘区的单一企业社区》（1976）等等。研究内容以单一城镇或特定区域中的若干城镇为对象的实证研究为主，重点放在人口统计学特征、建筑和城镇规划问题以及单一工业的偏远城镇中的诸多社会问题上。行为地理学、城市规划学和区域发展理论以及社会学、心理学等学科的方法得到了应用。尤其是20世纪60—70年代中期，一批对资源枯竭型城市的行为学和社会学研究，着重考察资源枯竭型城市中孤寂的生活对居民的影响，力图确定社区不稳定的原因。

（二）国内资源枯竭型城市城镇化研究状况

与发达国家相比，中国的城市化进程较晚，相应地大量资源枯竭型城市的形成也较晚。20世纪80年代以前，对资源枯竭型城市城镇化的研究一直是作为城市地理研究的一个侧面，研究的重点是资源枯竭型城市的选址、城市规划、发展战略等，而且是由国家总体发展战略规划决定，主要集中在劳动力地域分工、人口迁移方面。中国对资源枯竭型城市城镇化的研究，按照所研究的主要内容，可以分成两个阶段。

1. 工业综合发展与布局规划研究

改革开放后到20世纪90年代末，开始着眼于从区域发展的角度进行研究，关注工矿资源枯竭型城市城镇化发展中各个方面的问题，特别是人口增长、社会公平和资源环境协调等，并且引入数学、统计等定量方法，弥补前期的描述性、概念性研究。研究范围主要集中在如何构建工矿资源枯竭型城市城镇化体系、城镇化发展的战略选择、城镇化与工业化的关系、城镇基础设施建设等方面。一些学者进一步对资源枯竭型城市的布局规划进行了研究。李文彦认为，对煤炭城市的规划应当充分注意其特殊性，在合理确定城市工业发展方向的基础上，通过合理布局掌握好不同阶段煤炭工业同其他工业的协调关系，结合矿区条件合理规划居民点，重点解决好煤矿占地问题。马清裕对工矿区城镇人口增长与规模预测进行了研究，指出了这类城市人口随资源开发变化的规律性，并且从区域角度详细探讨了工矿区城镇的合理布局。应当处理好主城区与工矿之间的关系，避免城市压矿，尽量依托老城发展，做到分散与集中相结合。1987年，以煤炭部门（城市）为主，召开了全国煤炭城市经济社会发展研讨会并出版了论文集。

2. 城市经济转型与可持续发展研究

20世纪90年代资源枯竭型城市城镇化发展理论的研究进入更高层次，人们从系统的角度和从资源、环境、社会、经济等各个方面，研究资源枯竭型城市的人口增长、经济发展、资源节约、环境保护、生态和谐，寻找工矿资源枯竭型城市城镇化发展途径。1993年原国家计委国土规划研究所以李北方为组长的课题组对中国老矿业城市长期发展问题进行了研究，原中国地质矿产经济研究院刘随臣、袁国华、杨小平等人也开展了中国矿业城市发展研究；1995年李秀果主持完成了"大庆市区域发展战略研究"，与赵宇空合作出版了《中国矿业城市：持续发展与结构调整》，中国科学院地理科学研究与资源研究所沈镭主持完成了《中国五种不同类型矿业城市可持续发展优化研究》等等。21世纪以来，由中国矿业联合会牵头。先后召开了7届"矿业城市发展论坛",成立了矿业城市工作委员会,国家自然科学基金委员会也批准和资助以矿业城市为主题的研究项目。如:中国矿业大学周德群负责的"矿业城镇演变规律与风险规避研究",王震声负责的"资源型矿区产业链延伸的机理与风险控制研究"和"煤炭矿区的衰变机理与再生",大连理工大学武春友负责的"资源枯竭型城市的产业转型与管理研究",甘肃金昌市委书记、市人大常委会主任李建华出版的《资源枯竭型城市可持续发展研究》,等等。近年来,强调系统建立资源型城市学的学科体系,并从多学科、宽领域、跨部门对工矿资源枯竭型城市的城镇化开展了许多综合研究。

四 本课题的研究方法、基本思路

本课题主要研究方法:一是在搜集材料方面,运用文献研究法,对相关文献的收集、整理与分析是本研究的重要组成部分。从课题的选题、研究思路的设计,到研究步骤的确立等都是建立在文献检索的基础上的。通过查阅大量国内外关于城镇化研究等方面的文献资料,把握现状研究概况,分析城镇化研究的理论依据和现实意义。二是在分析材料方面,运用比较分析法。通过对国内外城镇化发展规律及模式的比较,结合目前黄石市城镇化发展的实际情况,提出了适合黄石市城镇化发展的对策与建议。三是调查研究法。以黄石市为研究对象,在本研究开展期内对其城镇化的现状进行调查研究,通过采集资料,重点掌握其存在的问题,分析背后的制约因素,为黄石市新型城镇化的实现途径提供依据和参考。

本书力图在认真分析梳理城镇化一般理论的基础上,通过以黄石市为例,选择科学的理论视角和分析工具,对该市城镇化的历史与现状进行深入分析,总结当前黄石市推进城镇化建设中存在的普遍性、重大性问题,并结合今后一段时期经济社会发展趋势及黄石市这一资源枯竭型城市的现实,就该市城镇化道路设计遵循的原则、目标、特征及基本内涵提出系统的理论框架,结合市内外城镇化推进实践及黄石市小城镇建设的实证研究,就黄石市城镇化目标构建中需要突出的建设重点、动力机制构建及配套改革的推进,提出具体的具有政策意义的建议。本书力图把推进城镇化建设作为一个系统来考察,不仅涉及城市本身发展的规律,产业发展、经济结构调整这一常规的驱动力,还把社会制度的变迁、生态环境的制约等都纳入城镇化道路的内涵，据此提出了黄石市特色城镇化道路的理论内涵和实践设计，对于贯彻落实科学发展观，进一步准确定位黄石市城镇化建设的目标，破解当前在推进城镇化工作中遇到的重大理论和实践困惑、难点问题，具有较大的创新意义。

五 主要观点和文章结构

本课题着眼于探索资源枯竭型城市——黄石市新型城镇化道路的规律和特色，在认真梳理选择城镇化理论与分析方法的基础上，按照科学发展观的要求，借鉴国内外城布化模式的成功经验和失败教训，结合黄石市城镇化的历史、现状和资源枯竭型城市的实际，提出了黄石特色城镇化道路的基本理论框架：以"一元多层次"战略体系推进黄石市新型城镇化；以人为本、住有所居形成黄石城镇化的核心理念；以"区、带、群"为主的城镇空间布局、形成"以黄石市区大冶城区为主中心，阳新城区为副中心，10个中心镇和100个重点村为支撑"的"四个一"为主干的市域城镇体系；大力推进综合配套改革是黄石城镇化的保障。同时，坚持"三化"同步：产业发展是城镇化的根本动力；工业化是城镇化的基础；城镇化发展要注意避免城镇产业空洞化，尤其要避免制造业的空洞化，努力走出工业化、城镇化、农业现代化协调发展的路子。在推进城镇化过程中，要坚持"三个结合"：一是城镇化与工业化相结合。大力发展特色产业，通过特色产业的发展，发挥资源、交通、区位优势，为城镇化发展提供强有力的经济支撑。二是城镇化与农业现代化相结合。要以城镇为依托，培育和发展农业产业化龙头企业，用工业化的理念发展农业，用城镇化这个平台带动农业，实现农业现代化、市场化发展。三是城镇化与服务业发展相结合。新型城镇的一个重要标志就是服务业高度发达。从黄石市现状看，服务业发展严重滞后，成为该市城镇化的一个短板，必须予以高度重视，努力把黄石市建设成为现代化区域性中心城市。构建上述黄石市新型城镇化道路基本理论框架不仅是理论思考的结果，更重要的是实践经验和教训的总结，这一点充分体现在九个方面的具体内容和结论中。

本书主要分为九章，在结构设计上主要有以下考虑：

第一章，主要就城市化与城镇化的内涵进行界定，确定本书城镇化概念的内涵与外延，并对国内外城市化理论的主要流派进行综述。

第二章，主要就中国城镇化历程进行梳理，特别是就科学发展观提出以来中国特色城镇化道路的理论内涵进行一个比较完整的总结，为研究黄石市新型城镇化道路奠定理论基础。

第三章，任何一项科学研究都应借鉴前人的理论，并将这些理论运用于自身的研究活动，进行理论创新。鉴于城镇化理论的广泛性以及城镇化对人口流动、产业集群、空间组织、城乡关系的特定要求，本章以人口流动理论、产业集群理论、城乡一体化理论和制度创新理论为述评对象，为黄石市新型城镇化路径的选择提供理论借鉴，为后续的实证分析和政策研究提供理论支持与依据。

第四章，本章阐述了国外典型资源枯竭型城市德国鲁尔、法国洛林、日本九州等城镇化历史进程、发展模式、一般规律等，为正处于工业化、城镇化快速发展关键时期的中国提供经验和教训，以促进中国的资源枯竭型城市城镇化健康、有序发展。

第五章，阐述了黄石市城镇化的历史沿革。第六章，分析了黄石市新型城镇化的现状和存在的问题。第七章，以黄石市大冶市和阳新县为例，论述了黄石市新型城镇化发展趋势。第八章，提出了黄石市新型城镇化的原则、动力机制、路径和保障措施。

第二章　中国城镇化历程与中国新型城镇化道路选择

同其他发展中国家一样，中国的城市化起步比较晚，发展比较缓慢。新中国成立以后，特别是改革开放以来，中国的工业化进程取得了巨大的历史成就，城乡经济社会发展获得了很大的进步。城市化进程随着工业化的推进迈入了新的历史发展时期。中国作为一个发展中的大国，在城市化的道路上作出了很多开创性的实践和探索。

一　新中国成立以来的城镇化历程

中国城乡二元经济结构的特征非常明显，既有传统农业，也有完整的工业体系，而且这种传统的结构一直延续到现在。这种二元的结构造成了农业人口占总人口的比例很大。新中国成立至今，中国城市化经历了一个由起步、徘徊到加速发展的过程。

（一）改革开放前城镇化与"反城镇化"的实践

新中国成立后，中国进入了现代工业化和城市化的发展时期，国民经济建设规模不断扩大，城市数量与人口比重也不断上升。从1949年到1979年，中国城镇人口增加了1.3亿（当然人口政策的宽松化导致的人口激增是一个十分重要的因素），城市化率也从新中国成立初的10.6%提高到1978年的17.9%。这30年期间，新中国经历了经济社会的大起大落，由于计划经济的运行方式和政治运动的不断开展，导致全国城市化进程十分缓慢，城市化水平从1952年的12.46%上升到1978年的17.92%，平均每年仅提高0.21个百分点，远低于世界同期平均水平。而且在一些地区由于大炼钢铁、"三线建设"以及知青下乡等一些大规模的人口迁移运动,城市化水平大起大落,区域中心城市转移也比较明显。这一时期城市化发展的动力从本质上讲,政治因素超过了经济因素,导致新中国成立后30年来我国城市化发展进程不仅缓慢,而且波动性很大,甚至出现了低城市化水平条件下的"反城市化"过程。

1. 新中国成立初期中国城市化短暂健康发展

新中国成立后最初几年,也就是"一五"期间,由于经济社会的重心在社会主义改造和经济建设,伴随着国民经济的恢复和发展,工业化和城市化进展较为顺利。到1957年全国城市增加到183个,城市人口增加到9949万人,占全国人口的比重上升到15.4%,比1949年增加了4.8个百分点,上了一个较大的台阶。从1949到1957年的8年中平均每年增加城镇人口445万人,年均增长率7.06%,同时期总人口年均增长率仅为2.24%,所增加的城镇人口中大城市增长占了56%。可以说这一时期是城镇化的正常增长。也是新中国成立以来城市化的第一个黄金年代,也是城市化的规律得到正常显示的时期。

2. 城市建设的大跃进运动

在20世纪50年代末的三年大跃进时期,大炼钢铁、赶英超美的狂热工业运动促使中国的城市化进程也随之进入到一个大跃进阶段。大跃进期间,中国重工业产值年均增长速度高达49%(当然有很大的水分,一些土法炼钢、"吹牛皮"的工业项目和产值都被统计进来),轻工业年均增长达14%,人民公社化运动导致在统计上城镇人口急剧增加。由于急于求成,国民经济发展受到"左"的指导思想的影响,农业人口大量涌入城市大炼钢铁搞工业建设,城市人口处于失控状态。1958年到1960年,全国职工猛增2860万人,城镇人口平均增加833万,平均增长率高达9%,城镇人口比重从1957年的15.93%猛增到1960年的19.75%,每年平均上升1.45个百分点。

3. 20世纪60年代后的"反城镇化"阶段

由于大跃进期间农村人口过度流入城市,一方面农村劳动力减少,影响了农业生产,粮食总量供给不足,另一方面城镇人口过度膨胀,使城市基础设施紧张,城镇人口口粮供应短缺,决策层不得不对城市化紧急刹车。当时政府规定,1960年至1961年,除安排大中专和技校毕业生及少数复员军人和学徒外,不再增加新职工。并规定在今后三五年内,一切企业、事业机关都必须停止从农村招收工人。1961年6月中央决定,在

1960年底1.29亿城镇人口的基础上，3年内必须减少城镇人口2000万人以上。1961年到1963年全国共精简职工2546万人，其中1641万人从城镇回到农村，城镇人口从1961年1月至1963年6月，共减少2600万人，形成了近代以来中国历史上罕见的大规模城乡人口流动浪潮。1966年"文化大革命"开始了又一轮"反城市化"浪潮，一是用行政力量和思想动员迫使知识青年下乡；二是出于对国际政治形势的过分严峻估计，进行"三线"建设，沿海工厂大量内迁。1977年中国城镇人口比重下降到17.55%。

（二）改革开放后以小城镇建设为发端的城镇化历程

改革开放后，中国经济社会进入正常发展的轨道，自改革开放30多年来，经济社会各方面建设持续快速发展，城市化进程明显加快，城市化也相应走上了积极稳步、健康发展的轨道。相应地中国城市化水平从1978年的17.92%上升到2011年的51.27%，平均每年提高1个百分点，约为改革开放前4.4倍，明显高于世界同期城市化平均提高的速率；城市数量也大幅增加，从193个增加到661个，相当于改革开放前的12.4倍；建制的镇也由2173个增加到19522个，年均增加643个。

改革开放后出现的城镇化快速发展则肇始于小城镇的大发展。1978年3月在北京召开了第三次全国城市工作会议，讨论制订了城市建设的有关方针政策。会议通过了《关于加强城市建设工作的意见》。此后连续几年，国家先后取消了一些限制城镇发展的规定，实施了一系列扶持城镇发展的政策，如允许知青回城，允许下放干部返城等，这些政策促使城镇人口，特别是大城市的人口数量增长较快，出现了城市化水平的整体提高，但同时也带来了许多问题。也就是在同一年，深圳、珠海、汕头、厦门等4个经济特区建立。此时，中央决策层敏感地意识到大城市的发展需要得到控制，如何解决大量流入城市人口、走符合中国农业大国实际的城镇化道路是一个需要迫切解决的问题。1980年10月，国家建委在北京召开了全国城市规划工作会议，明确提出了"控制大城市规模，合理发展中等城市，积极发展小城市"的城市发展总方针。1983年起，实行市领导县体制和整县改市政策。1984年中共中央相关文件提出，应当允许农民自理口粮、自筹资金进入小城镇务工经商。同年10月13日，国务院发出了《关于农民进入集镇落户问题的通知》，《通知》规定："凡申请到集镇务工、经商、办服务业的农民和家属,在集镇有固定住所,有经营能力,或在乡镇企事业单位长期务工的,公安部门应准予落实常住户口……统计为非农户口"。理论界关于新阶段中国城镇化道路的争论也展开了。1985年费孝通先生发表了《小城镇、大问题》一文,迅速得到了理论界和决策层的认同。可以说,这时关于大力发展小城镇的理念成为了当时社会的主流认识。随之,国务院放宽了建镇标准,规定凡县级机关即地方国家机关所在地,均应设镇建制;总人口在2万以下的乡,只要乡政府驻地非农业人口超过10%也可以建镇;总人口在2万以上的乡,乡政府驻地非农业人口占全乡人口10%以上的也可以建镇;少数民族地区,人口稀少的边远地区、山区和小型工矿区、小港口等地,非农业人口虽然不足2000人,也可建镇。这一系列改革措施使中国小城镇的发展迅速扩展起来,许多乡镇企业也迅速兴起,两者相互促进,使中国建制城镇数量有了迅速发展,城镇人口数量也随之增长。

(三)科学发展阶段城镇化推进的新趋势

进入新世纪以后,中国传统的高投入、高消耗的发展方式遇到了难以克服的障碍,社会经济结构、政治结构和阶层结构等已经不能适应科学发展的要求,不断呈现出许多突出矛盾和问题,比如,收入差距持续扩大,就业难、就医难、上学难、行路难等问题突出,社会事业发展相当滞后,人口增长、经济发展同生态环境、自然资源之间的矛盾加剧。2003年10月,中国共产党十六届三中全会提出了,坚持"以人为本,树立全面、协调、可持续"的发展观,促进经济社会和人的全面发展的科学发展观,要求按照"统筹城乡发展、统筹区域发展、统筹经济社会发展、统筹人与自然和谐发展、统筹国内发展和对外开放"的要求推进各项事业的改革和发展。中国经济社会全面进入科学发展时期,以科学发展观为指导推进城市化必将成为一种全新的城市发展观,它所追求的是城市与农村的经济、社会、人口、资源和环境的全面协调可持续发展。

2011年中国城镇化率已经达到51.27%,21世纪中叶要达到65%。为实现中国城镇化水平的预期目标,一定要紧扣中国的国情,既要考虑城镇化大力推进、加速发展的现实要求,扩大城市规模、增加城市数量,促进人口由农村向城镇和城市的转移,更重要的是要考虑现代城镇化的顺利和成功,更加注重城市发展的和谐和可持续性,决不能发生城市"建成"

之日就是"城市病"产生之时。因此,未来中国城镇化道路必然是以科学发展观为指导的,以人为本、尊重和体现城市发展规律,适应知识经济时代和全球化发展的要求,实现统筹城乡、区域协调发展的一条有中国特色的城镇化道路。在发展趋势上,大概有以下几点:

一是大中小城市与小城镇协调发展的城市体系。大中小城市和小城镇在城镇化过程中各有自己的优势,鉴于中国城镇化发展已经进入加速发展阶段,原有的强调小城镇发展战略已不符合中国新时期城镇发展的实情,在现阶段,要走中国特色的城镇化道路,就要充分利用和发挥大中小城市和小城镇各自的优势,使之互为补充,构成大中小城市与小城镇协调发展、结构合理的城镇网络体系。

二是城乡协调发展、区域协调推进。统筹城乡发展,是全面建设小康社会乃至整个现代化进程中的重大问题。中国城镇化的一个重要目标就是要彻底改变二元结构,实现以城带乡、城乡良性互动协调的发展。因此,城镇化是关系现代化全局的重大战略,是扩大内需、激发经济社会发展活力的重要引擎。我们应当遵循城镇化发展的规律,抓住城乡人口结构转折的重大机遇,以大城市为依托,以中小城市为重点,逐步形成辐射作用大的城市群,促进大中小城市和小城镇协调发展,构建城镇化战略格局。积极稳妥地推进城镇化,把符合落户条件的农业转移人口逐步转为城镇居民,在城镇化中释放内需潜力、促进城乡结构调整。

二 当前中国城镇化进程中的主要困惑与争论

(一) 中国城镇化实践中的问题与困惑

当前是中国城市化快速发展的历史时期,也是城市化过程中的各种问题和矛盾集中爆发的时期。在中国城市化的快速发展过程中,存在着诸如城镇发展质量较差、城乡差距扩大、二元体制难以消除等诸多问题,面临的资源、环境和社会矛盾也日益突出。主要表现为:

1. 城镇化滞后于工业化有所改善,但在一些地区依然严重

按照钱纳里的模型,正常的城镇化率与工业化率之间的合理比例范围在 1/2 左右。这个比值放在 21 世纪之前,显然中国的城镇化严重滞后于工业化,1952 年我国工业化率是 17.6%,城镇化率 12.6%,工业化快于城镇化 5 个百分点。1978 年工业化率为 43.1%,城镇化率仅为 17.9%。

进入21世纪后，这一比值明显得到了纠正，到2001年我国工业化率为50.2%，城镇化率为37.7%，2003年城镇化与工业化的比值上升为0.79。现在在东部沿海地区，这一比值可能更趋于合理。但在广大的中西部地区，比如云南可能超过了1.0，城镇化滞后于工业化的局面在恶化。

2. 体制改革滞后，城镇化推进的驱动机制不健全

新中国成立初期到改革开放前，中国实行的是计划经济体制，城镇化的驱动机制或者说主导模式是政府主导，政策驱动是主要推手。改革开放以来市场经济体制不断健全，城镇化的驱动模式也逐渐从政府驱动向市场驱动、政府引导转变，比如中央政府及时地调整了一系列有利于城市化发展的制度规定，城市化进程取得了积极进展。但计划体制遗留下来的以"分割"城乡的二元城乡体制改革困难重重，制约城市化进程的政策和体制障碍依然存在，如二元的户籍制度、土地制度、劳动就业制度、社会保障制度等。由于这些体制和政策上的限制，进城农民在城市发展中做出贡献的同时，难以获得公平的市民待遇。目前的城市化政策仍然不能适应城市化、工业化和市场化的要求，一方面市场经济的发展为农村人口进城提供了强大的吸引力，另一方面出于对市民既得利益的维护，又对农村人口融入城市加以各种政策的和行政的限制，致使大量实现职业转移和地域转移的进城农村人口，无法实现身份的转变和城市社会的保障。突出地表现为现存的户籍制度，以及与户籍制度捆绑在一起的社会保障、社会救助、医疗卫生和教育制度等，成为了显性的或隐性的阻碍农业人口转化为非农人口的藩篱。近年来各地虽然对户籍制度进行了部分调整，放松了对城镇户口的限制，但限于城市承载能力与需要接纳人口之间的矛盾，多数大中城市采取选择性、有条件开放，间接地阻止进城务工人员落户。随着小城镇经济规模和就业岗位的饱和，农村剩余劳动力主要是向经济发达、就业岗位多的大中城市转移，如2005年到地级以上大中城市务工的农村劳动力占农村外出务工劳动力的65.1%。而大中城市又设置这样或那样的障碍，使得中国城镇化处在一个流动性人口规模不断增大，"进城不留城"的问题更加突出的矛盾阶段。在全面建设小康社会的历史阶段，继续维持城乡分割的政策，既不利于扩大国内有效需求，实现国民经济持续稳定发展；也不利于统筹城乡发展，实现整个国家社会经济的协调发展。消除影响城市化健康发展的制度性障碍，综合协调项政策，打破城乡分割的二元体制，引导包括城乡人口在内的资源要素的合理流动，仍将是城乡体制改

革的重点。

3. 城镇化发展质量参差不齐

在城市化推进过程中，各地普遍存在过分重视城市化的数量指标和速度，轻视质量内涵的现象。不少地方靠行政区划调整以扩大城市辖区，摊大饼式地把城市做大，占地盘、搞开发、建新城。近年来不少地市合并，地级市已成为区域实体，整个地区成为一个城市，但真正的城市建成区还只是区域的一个点（中心），城市发展的质量未得到相应改善，多数城市的经济实力相对较弱。一些地方热衷于数字游戏，通过设市、设镇标准的调整和大量撤县设市设区、撤乡设镇，凭空增加城镇数量。这种县改市、县改区、乡改镇的行政建制的变化，在大量乡村人口未发生职业和地域转移的情况下，在统计上虚化扩大了城镇的数量和城镇人口的规模，导致城镇实体地域与行政地域混乱，实际上并没有增加城镇、提高质量。许多地方把推进城市化片面等同于城镇建设而忽视对进城农民的吸纳，将城镇发展与城镇规模扩大画等号，不顾经济发展的实际需求，盲目扩大建设用地规模，大搞各种形象工程和政绩工程，"开发区热"屡禁不止，耕地资源被无节制地占用和浪费，而非农产业并没有得到充分发展，致使人地矛盾日益尖锐。

（二）中国城镇化道路的争论与困惑

在国内城市化研究的过程中，讨论得最多、分歧最大、争论最激烈而且最持久的是城市化的道路问题。改革开放以来，关于中国城市化道路的争论一直没有中断过，可以预料，这个问题仍将继续争论下去。到目前为止，国内关于中国城市化道路的争论，概括起来主要有以下几种观点。

1. 大、中、小方针派

主要代表人物是李梦白先生，他认为这一方针，"既表述了我国城市发展总的战略思想，又为现在的大、中、小城市规定了不同的发展原则。它是总结了建国以来我国城市建设经验，研究了世界经济发达国家城市发展情况以后，针对我国国情和社会主义现代化建设的需要而制定的，因而是完全正确的。"他指出，把人口向大城市集中看成普遍规律，从而得出大城市规模不应控制的结论是错误的。他认为，"积极发展小城镇，应当包括四个内容：一是随着全国经济建设的发展，逐步把现有小城镇建设好，特别要加强小城镇基础设施建设，以适应进一步发展的需要。二是在大城市周围建设卫星城,以分担大城市的压力。三是条件好的小城市可以根据需要和可能,向中等城市发展,但主要应在提高城市的设施水平和城市功能与作用方面下功夫,而不要去追求人口和用地规模的增长。四是在今后若干年内可逐步多发展小城镇,条件好的镇可以升级为市,条件好的农村集镇可以升级为建制镇。"这可以看作是对"大、中、小方针"最明确最权威的解释。随着城市化实践的发展和理论探讨的深入,这一方针的科学性和可行性受到严重挑战,不少人对其提出质疑。

2. 小城镇派

这一派的主要代表人物就是费孝通先生。大力发展小城镇,主要是基于解决中国乡村剩余劳动力就地向非农产业转移的途径和方式问题。他们的主要论点是:中国原有城市无力接纳如此众多的转移乡村剩余劳动力和乡村人口,而中国的国力又难以再建那么多的新城市。福利补贴、粮食补贴等国家已经负担不起,城市住房、交通、供食、供水、就业、就医等等问题已相当紧张,因此,只能在原有乡村集镇的基础上发展小城镇。这样就可以离土不离乡,进厂不进城,将大量的乡村剩余劳动力就地消化。持此派观点的学者认为,发展小城镇是中国城镇化道路的"方向"、"标志"、"特色"、"奇迹"、"捷径",等等。学术界一方面看到了这种现象的必然性和积极作用,另一方面也有不少人充分注意到了其人为因素和消极后果,指出,小城镇的发展不单没有避免"城市病",而且造成了比"城市病"危害更大的"农村病"。"把这种模式当作农村工业化、城市化的最佳目标模式和终极格局,则是错误。"

3. 大城市派

持大城市派观点的学者认为,中国的城镇化道路应以发展大城市为重点。大城市派理论的来源有两个方面,一方面是西方传统的城市化理论,认为城市的扩展效应是城市化的基础,发展大城市无论从效益还是城市治理来说,都是最佳的选择,小城市会造成资源的极大浪费;二是现代大都市理论,认为现代成熟的城镇化道路就是大都市的培育和形成,标志就是大都市。大城市派的主要论点是:第一,世界城市化的发展道路证明,发展大城市是世界共同趋势,中国尚处在发展大城市阶段。第二,从经济、社会、环境和建设四个方面分析城市规模效益,无论从哪一方面看,大城市的效益都高于中小城市。第三,大城市病和城市规模大小并无必然联系,只有管理无能才去控制城市规模。因此,在中国城市化现阶段,必须选择以大城市为主体的城市化模式。对大城市派观点的诘难，主要有四个方面：一是逆规模效益成本大；二是大城市发展中的"门槛成本高"；三是发展大城市的区域机会成本低；四是发展大城市的疏散成本高。

4. 中等城市派

持中等城市派观点的重要代表人物是刘纯彬先生，他认为中国中等城市明显优于小城镇，与大城市比也不逊色，有些指标甚至超过大城市。小城市的弊端是浪费耕地、浪费能源、污染环境。因此，"中国城市化要以建设中等城市为重点。"有学者提出，中等城市人口规模是否就是最佳规模，仍值得商榷，因为大中小不同人口规模的城市构成一个有机整体，功能不同，作用有别，各有千秋，不能互相代替，只能互相补充。同时国外研究的一些资料显示，中等城市各方面效益是否都较高，仍值得进一步探讨。

5. 城乡一体化派

持此观点的学者认为，当代社会发展趋势不是乡村城市化而是城乡一体化。这种观点在当今的影响越来越大。这种观点认为，从理论上来说，城市化不是社会发展的普遍规律，是工业化规模经济所产生的特征，同时从近代发展情况来看，也已展现了城乡之间趋于融合的新态势。特别是从现代科学技术发展来看，为城乡融为一体也提供了物质技术基础。

以上五种观点都受到不同程度的批评和诟病。当然实际研究中还有许多观点没有总结进来，一些新的观点流派还在碰撞、组合的过程中，还显有些稚嫩，比如多元化的观点认为，鉴于中国人口众多，地域广大，农村人口比重大，地域差异悬殊，商品经济不发达，工业化水平低等特点，决定了中国城市化模式是多元的、多层次的，而决不能采取单一的模式。朱铁臻先生提出的"走多元化协调发展的城市化道路"，可以说是"多元化派"观点的代表性总结。

三　中国资源枯竭型城市城镇化历史进程及发展模式

中国资源枯竭型城市数目众多，资源枯竭型城市的兴起和发展是中国城市化进程中的一个显著特点。从总体上看，相当多资源枯竭城市结构单一的状况并未得到根本性改善，有些城市甚至陷入矿竭城衰的困境。但有些城市已经开始了城市产业多元化方向的探索，并取得了积极的效果。分析这些城市的现状特点及其面临的发展困境，对于引导资源枯竭城市通过加快城镇化来促进经济转型、进而实现可持续发展具有十分重要的意义。

（一）中国资源枯竭型城市概况

1. 中国资源枯竭型城市的数量及分布

国家计委宏观经济研究院课题组在参考采掘业产值规模及其比重、采掘业从业人员规模及其比重的基础上，将中国的资源枯竭型城市界定为118座，占全国城市总数的18%，其中：煤炭城市63座，森林城市21座，有色冶金城市12座，石油城市9座，黑色冶金城市8座，其他城市5座。资源枯竭型城市数量较多的省区为：黑龙江13座，陕西11座，吉林10座，内蒙古、山东各9座，河南、辽宁分别为8座和7座。东北三省合计30座，占全国的25%。这118座资源枯竭型城市土地总面积为120万平方公里；涉及人口1.54亿，其中市区人口为4000万，城市全部非农业人口为4700万；涉及职工1250万，登记失业人数90万，失业人数占职工的比重为7.2%。2000年国内生产总值为11550亿元，人均国内生产总值为7500元，比全部城市的平均水平低1150元；职工年平均工资为7800元，比全国全部城市的平均水平低1700元。根据采掘业产值占工业总产值的比重（20%以上）、采掘业产值（对县级市而言应超过1亿元，对地级市而言应超过2亿元）、采掘业从业人员占全部从业人员的比重（15%以上）、采掘业从业人数（对县级市而言应超过1万人，对地级市而言应超过2万人）等四个指标，同时综合考虑其他有关因素，界定了60座典型资源枯竭型城市。这60个典型资源枯竭型城市，土地总面积为46万平方公里；涉及总人口6650万人，其中市区人口为2500万人；城市全部非农业人口为2600万人，其中市区非农业人口为2100万人；涉及职工800万人，登记失业人数56万人，失业人数占职工比重为7.0%，比全部城市的平均水平高2.1个百分点。2000年国内生产总值为5860亿元，人均国内生产总值为8810元，比全部城市的平均水平高160元；职工年平均工资为8180元，比全部城市的平均水平低1300元。目前，中国约有12%的资源枯竭型城市面临着资源枯竭的困境，城市竞争力大幅下降，经济发展举步维艰。如"九五"期间，辽宁省的北票、阜新，黑龙江省的双鸭山年均经济增长率分别只有4.8%、2.7%和2%。同时，由于资源枯竭型城市的经济衰退,导致了区域性经济增长缓慢,占全国资源枯竭型城市总量1/4的东北地区,经济增长速度低于全国平均水平1个多百分点,山西省更是低于全国平均水平近2个百分点。

2. 中国资源枯竭型城市的发展和类型

中国资源枯竭型城市历史久远。一些矿业名城如邯郸、自贡、景德镇等属古代资源枯竭型城市,淮南采煤历史可以追溯到17世纪。19世纪80年代的洋务运动,兴起了大冶、萍乡、唐山等一批近代资源枯竭型城市。1949年后,相继建成了克拉玛依、大庆、东营、盘锦、库尔勒等石油基地;大同、平顶山、阳泉、兖州、淮南等煤炭基地;鞍山、攀枝花、马鞍山等钢铁基地;白银、金昌、铜陵、德兴等有色金属基地,形成了中国能源与原材料的强大供应系统。

(二) 中国资源枯竭型城市的重要作用

1949年以来,中国资源枯竭型城市曾为社会主义现代化建设做出了重大的贡献。主要表现在以下几个方面。

1. 提供了大量的矿物原料

资源枯竭型城市是中国矿物能源和原材料的主要供应地。矿产资源的开发利用为中国提供了95%的一次能源、80%的工业原材料、75%以上的农业生产资料、30%以上的农田灌溉用水和饮用水。其中,矿业城市为国家提供了94%的煤炭、90%以上的石油、80%以上的铁矿石、70%以上的天然气。大庆市的原油产量占全国的45%,鞍山的钢铁产量占全国的1/7,攀枝花的钒钛产品分别占全国的78%和60%,金昌市提供了全国绝大部分的镍和铂。

2. 增强了国家经济实力

资源枯竭型城市对中国的经济发展和社会稳定具有举足轻重的作用。1999年,全国矿业城市(镇)国内生产总值达到30417亿元,占全国国内生产总值的37.3%,人均国内生产总值为9817元,相当于全国人均国内生产总值的1.5倍。矿业城市以占全国24.7%的人口提供了37.7%的国内生产总值,这是一个很大的贡献。矿业城市(镇)矿业总产值达到2895亿元,占全国当年矿业总产值的81%,占全国当年国内生产总值的3.5%,由于矿业的巨大后续效应,矿业产值及矿产品加工工业产值约占全国国内生产总值的30%;矿产品及相关能源、原材料产品进出口总额约占全国进出口总额的巧%,矿业城市向国家交纳了大量利税,为增强国家财力做出了重要贡献。如大庆市累计上缴利税3103亿元，是国家同期投资总额的46倍。

3. 促进了区域经济发展

资源枯竭型城市多分布在荒无人烟或人烟稀少的穷乡僻壤，其中很多是老、少、边、穷地区。这些城市的发展和区域辐射带动作用，促进了所在地区的脱贫致富，带动了区域经济的发展。资源枯竭型城市是一个区域人、财、物高度聚集的中心，它所固有的辐射力、吸引力和综合服务能力，对区域经济与社会发展具有巨大的带动作用。如攀枝花，从1965年开始，已经发展成为中国重要的钢铁基地、最大的钒钛生产基地，周围辐射20多万平方公里、2000多万人口，成为川滇交界地区科技、经济和社会文化中心。目前，西部地区矿业产值占其工业总产值的18.5%，青海、新疆两省区矿业产值的比重则高达55%以上。

4. 提供了大量的就业机会

资源枯竭型城市的兴起，为社会提供了大量的就业机会。据统计，全国仅矿业城市中的矿业职工就约有827万。矿业人口占地区人口比重最高的地级城市为甘肃省嘉峪关市，约占70%，最高的县级区为河南省上天梯区，约占66%，最高的县级市为山西省的义马市，约占54%，最高的镇为青海省的芒崖镇，约占52%。由于资源枯竭型产业的发展，带动和促进了矿产品加工业与服务业的发展，为扩大整个社会就业做出了重要的贡献。全国矿业城市已吸纳就业人口1.3亿，这对改善人民群众的物质文化生活、促进社会稳定发挥了重要的作用。

5. 加快了中国城市化进程

中国是一个城市化水平不高的国家，1949年城市化率仅有10.6%。由于一大批大型矿产地的发现和勘探开发成功，先后建成了大庆、包头、金昌、嘉峪关、克拉玛依、大同、淮南、淮北、阳泉、乌海、鞍山、本溪、盘锦、松原、七台河、鸡西、铜陵、马鞍山、德兴、三门峡、黄石、郴州、云浮、铜川、白银、石嘴山、东营等众多的资源枯竭型城镇，大大加快了我国的城市化进程。随着西部大开发战略的实施，西部地区还会逐步形成一批资源枯竭型城市，如陕西省的大柳塔就是因神府—东胜煤田的开发而形成的一座新兴矿业城市。资源枯竭型城市无论是过去、现在还是将来，在促进中国城市化进程方面都将起到积极的作用。

(三) 中国资源枯竭型城市的基本特征

1. 城市的形成具有突发性和分散性

中国绝大部分资源枯竭型城市是在矿产资源勘探、开发的基础上由矿区演化而来的。国家在较短的时间内将大量的人力、物力和财力迅速注入矿产地，使原来只有几户人家的小村子或一个荒无人烟的地方骤然变成了一个城市，城市的形成具有突发性。如甘肃省金昌市在20世纪50年代末，这里还是黄羊出没的戈壁沙漠，自1958年发现特大型硫化铜镍矿后，于1959年6月成立了永昌镍矿（又称807矿），为更好地支持镍生产基地开发建设，1981年2月经国务院批复同意设立省直辖市，因辖金川、永昌而得名，取名金昌，亦含有祖国镍都繁荣昌盛之意；又如河南省的平顶山市，原来没有人烟，自1953年开发煤矿以后，才于1957年设立了平顶山市；内蒙古的乌海市煤炭资源开采于1958年，并于1961年设立了乌海市；安徽省的淮北市于煤炭开采两年后的1960年设市。再如黑龙江省的大庆市，也是在大规模开发石油资源的基础上形成了今天的城市；其他的资源型城市如白银、攀枝花、马鞍山等市，都是在资源开采几年或十几年以后设立的城市。自然资源分布的不连续性，决定了中国资源型城市多沿矿而建、随矿建城，布局具有随意分散的特点。中国约有80%的资源型城市分布在中西部地区。如大庆、大同、玉门、克拉玛依、六盘水、攀枝花、金昌、白银等市均深处内陆或边远的荒漠地区，远离经济发达地区和国际国内市场。在"先生产、后生活"思想的指导下，城市基础设施建设落后于生产发展，形成了交通不便、信息不畅、市场封闭、辐射媒介差、辐射效率低、对外开放程度较低等问题，城市经济发展缺乏外力的推动。

2. 经济结构相对单一

首先是产业结构相对单一。资源枯竭型城市对资源具有高度的依赖性，加之中国大部分资源枯竭型城市都走上了追求资源产品数量扩张的道路，导致主导产业单一，极易产生"牵一发而动全身"的结果。在产业结构中，以第二产业为主体，增加值通常占国内生产总值的60%以上，第一、第三产业发展滞后，第二产业中的采掘业与配套产业作为主导产业形成了紧密的产业链。如黑龙江省的七台河市，煤炭工业占工业总产值的比重达到80%以上；石油城市大庆市和东营市，石油总产值占工业总产值的比重分别达到73%和78%，采油和石油加工两者合计分别占两个城市工业总产值的比重达到93%和86%；森工城市伊春市，木材采伐与加工业占该市工业总产值的50%。这种单一性的产业结构难以对资源性的产业衰退产生缓冲作用，经济转型基础比较薄弱。其次是就业结构单一，集中于一二个行业。如四川攀枝花市，采掘及资源加工业从业人员占城镇职工的比重高达45%，大庆市和东营市两个城市石油采掘业职工所占比例分别为25%和55%。一旦资源型产业出现衰退，大批职工下岗便不可避免。截止到2001年底，淮南市的下岗职工达11.8万人，其中采掘业下岗职工3.95万人。最后是产权结构以国有经济为主，且企业规模结构单一。资源枯竭型城市由于企业所有制结构单一，中小企业发展滞后，难以消化大量的转型就业人口，增加了经济转型的难度。如贵州省六盘水市国有及国有控股工业总产值的比重达91%；大庆、东营和伊春等市的这一比重分别达到92%、85%和70%；甘肃省金昌市的金川有色金属集团公司为支柱企业，该公司的工业总产值、固定资产值、利税、职工人数分别占全市的91%、89%、98%和77%；黑龙江鹤岗矿业集团2001年工业产值和利税均占全市的60%以上。20世纪90年代以来，中国国有企业就业人数持续下降，新增就业岗位主要由民营、三资等多种所有制企业提供。

3. 城市公共服务两套体系并存

中国大多数资源枯竭型城市都是依托一到两个大型资源型企业而形成的。在城市发展的初期，无论是石油、煤炭、冶金还是森林城市，基本上都是采用政企合一的管理体制，即大型企业的领导兼任城市的党政领导，城市的基础设施一般都由企业负责建设与管理，企业与城市之间没有形成两个利益主体。随着企业的不断壮大，职工家属规模的不断增加，城市不断扩展，在矿区的基础上又划入了一些区县由城市管理，城市的职能逐步健全，城市与企业逐步分离，但城市的一些基础设施如供水、供气、公交等仍继续由大型企业负责建设与管理。如大庆市的市区公共汽车仍由大庆石油管理局负责运营，白银市的城市供水仍由白银公司负责，鹤岗市的城市供热仍主要由鹤岗矿业集团负责等。无论是过去、还是现在，资源枯竭型城市中的教育和卫生基本上都保持着城市与企业平分秋色的格局，企业和政府的学校、医院各自为政，不能进行统筹规划。这种"大企业、小政府"的格局带来诸多矛盾，形成企业生产经营的短期化与城市要求可持续发展目标的冲突，政府难以帮助企业转型，企业难以发挥城市经济的辐射带动功能，在实际工作中造成了大量的摩擦和内耗。

4. 中国资源枯竭型城市面临许多突出的问题

中国资源枯竭型城市经历了少则几十年、多则上百年的资源开发，目前已出现了一系列的问题，制约着资源枯竭型城市的可持续发展。一是环境压力过大。据有前统计资料反映，全国因采矿损毁土地累计达40万公顷，因采空或超采地下水引起的地面沉降、坍塌、滑坡、地裂缝以及泥石流等地质灾害达千余处，全国每年工业固体废弃物排放量的85%以上来自矿山排放，现有固体矿渣积存量达60亿到70亿吨，全国煤矿每年排放的废水高达6亿吨，废气1700亿立方米，造成了严重的环境污染。据国家环保总局公布的报告显示：2001年中国大气污染最严重的前十位城市是：临汾、阳泉、大同、石嘴山、三门峡、金昌、石家庄、咸阳、株洲、洛阳，资源枯竭型城市名列前茅。二是人才、资金短缺。中国资源枯竭型城市除科技人员、管理人员和部分技术工人从外部迁入以外，大部分劳动力来自周围的农村，文化教育水平低，技能单一，即使是科技、管理人员也存在着结构不合理、知识老化等现象。同时，资源枯竭型城市教育基础薄弱，难以自主培养大批高层次的人才，吸引外界人才进入的条件不但不具备，还出现大批本地人才外流的现象，导致经济转型所需要的高层次、复合型人才奇缺。财力不足更是资源枯竭型城市普遍存在的问题。多数资源枯竭型城市面临"资源丰富、经济贫困"的尴尬局面。三是下岗失业人员多，就业压力大。伴随着一些大型矿山的破产，数以万计的职工面临失业。比如，阜新海州矿破产就涉及从业人员26169人，波及附属集体企业职工23425人。这些下岗失业人员技能普遍单一，而地方吸纳就业能力较弱，就业和再就业面临极大的困难。据中国矿业联合会调查统计，全国面临资源枯竭威胁的矿山有400多座，直接涉及到300多万矿工的就业。根据国家人口计生委调研组2005年7月的一项调查，2005年辽宁省抚顺、本溪和阜新三市的失业率分别为31.12%、21.30%和24.68%。"零就业家庭"问题尤为突出，抚顺、本溪和阜新的零就业家庭分别占城镇失业家庭的35.33%、37.04%和25.55%。

（四）中国资源枯竭型城市城镇化模式

近年来，中国资源枯竭型城市积极探索城镇化发展之路，并取得了初步成效。如，大庆市以石油资源为基础发展石化等替代产业；煤都抚顺市弃煤而选择石油资源，并以此为基础发展替代产业；淮北市以采煤塌陷区复垦、复绿为基础，实施绿色家园工程，在塌陷土地上规划建设现代化工业园区、高科技园区、新城区、休闲观光旅游区、商贸物流中心和高科技旅游区等六大优势产业为主发展生态城市；枣庄市利用高新技术提升改造传统煤炭产业；阜新市退出传统工矿业，发展现代农业；焦作市坚持以结构调整为主线，立足本地资源和优势，做强做大铝工业，大力发展高新技术产业和农副产品加工业，积极发展旅游业，使主导产业从地下矿山资源转向地上山水资源，现已成为中国中部地区最具发展活力的新型工业城市之一；白银市坚持以城市和区域的产业结构优化为导向，大力推动以招商引资为突破口的项目带动战略，尽可能使资源枯竭型产业的退出和新型主导产业的选择同步进行，特别是与中国科学院共建了"中国科学院白银高技术产业园"，带动了精细化工、有色金属新材料、新能源技术、生态恢复材料与技术、环保材料等五大高新技术产业的发展。

1. 综合发展程度较高的资源枯竭型城市

这类城市在资源开发的同时，注重对资源的综合利用；城市产业得到了较成功的调整，出现了较多的非资源产业新增长点，第一、二、三产业得到了合理发展；环境保护意识加强，节能减排措施得力；城市规划日趋合理，城市基础设施、社会保障体系和生态环境建设均取得了较大成果；初步实现了城市经济、社会和生态的协调发展。这类城市有唐山、抚顺、徐州、邯郸、焦作等市。如江苏的徐州市，作为江苏乃至华东地区重要的煤炭、能源生产供应基地，早在20世纪70年代就意识到了单一依托煤炭工业的产业结构所面临的严重挑战及所带来的社会问题，并初步开始发展非煤产业；随着80年代的改革开放，徐州市突破了以能源为主体的工业格局，并随着90年代的市场化改革进一步促进工业结构的优化和升级。目前，徐州市的电子、机械、化工、食品、建材五大支柱产业发展迅猛，已由1990年占全市工业总产值的30%提高到1998年的51%。而煤炭工业产值，已不足全市工业产值比重的10%。可以说，徐州市已经成功地从煤炭资源型城市转化为综合性城市。再如广东的茂名市，随着石油资源的逐渐枯竭，利用其港口优势并借助于开放政策，成功推进了经济转轨的进程。

2. 面临二次创业的资源枯竭型城市

这类城市正处于矿业开发的鼎盛期，正面临着资源带来经济效益下降的威胁，单一的产业结构有待于优化，开始大力发展附加值较高的资源深加工业及非资源型替代产业，并且加强了城市的基础设施建设和环境建设。这类城市有大同、淮南、新泰、石嘴山、大庆等市。如大同市，近几年随着调整力度的不断加大，其煤炭产值占工业总产值的比重，近四年平均每年下降1个百分点。按1990年不变价计算，已从1992年的52.26%下降到1996年的46.93%。同时，城乡建设和环境保护也取得了较大成绩，成为21世纪较早过渡到综合性城市的资源型城市之一。

3. 处于发展期的资源枯竭型城市

这类城市成立时间不久，资源开发方兴未艾，其主体企业正处于上升时期，在发展中往往忽视城市基础设施建设，环保意识不强，产业结构单一。如果不借鉴老工矿城市的经验教训，很容易走上矿竭城衰的怪圈。这类城市有：韩城、攀枝花、东营、克拉玛依等市。

4. 面临向综合性城市过渡的资源枯竭型城市

这类城市的主体企业由于资源衰减及企业机制不活，竞争力不强等原因，在市场经济的大潮中陷入困境，发展停滞，由于所在城市（包括其矿山企业）产业结构调整步伐加快，正在向综合性城市方向转换。这类城市有铜川、铜陵、阳泉、自贡、萍乡等市。如阳泉市，近年来，年产千万吨的阳泉矿务局资源日益萎缩，乡镇煤矿报废40%，通过大力调整产业结构已从单一的煤城逐步向多元化城市过渡，煤炭工业创造的产值在整个城市由原来的40.3%降到21%，一批新兴产业正在成为城市经济的新增长点。

5. 尚未摆脱传统发展模式所遗留大量问题的资源枯竭型城市

这类城市开发时间较长，然而畸形的单一超重型产业结构，使各种社会问题由于主体企业衰退而日益严重，生态环境持续恶化，如果不及早采取应对措施使城市经济复苏，就会走上"油尽灯枯"的绝境。这类城市有如七台河、玉门等。

（五）中国资源枯竭型城市推进新型城镇化意义

第一，新型城镇化是扩大消费、调整产业结构与产业升级的重要引擎，有利于城市经济快速发展。一般情况下，城镇化率越高，经济就越发达。资源枯竭型城市转型过程中实施新型城镇化，不仅可以加快工业的发展，而且对于工业反哺农业、城市支持农村，提升地区经济综合实力具有十分重要的意义。

第二，新型城镇化可以打破城乡二元结构体制束缚，进一步促进城乡一体化发展，实现农业转移人口市民化，提高城市的集聚力。

第三，新型城镇化有利于承接产业转移。新型城镇化要把构筑新的发展平台作为承接产业转移的关键环节和基础工程来抓，加快推进新型城镇化，不断改善交通条件，优化提升软硬环境，增强对省内外资金、技术和人才的吸引力，加速承接产业转移，促进产业转型升级，不断提高市场竞争力，有力推动经济社会赶超跨越发展。

第四，新型城镇化有利于推动城市转型与发展。新型城镇化要通过抓项目、抓发展、抓转型，促进城市的转型与发展。没有城镇化的推进，就没有经济的快速增长，就没有群众生活条件的改善，就没有一个地方形象的提升，就没有现代化水平的提高。

四 科学发展主题下中国新型城镇化道路

党的十六大报告提出了"城镇人口的比重较大幅度提高，工农差别、城乡差别和地区差别扩大的趋势逐步扭转"的要求。并明确指出"农村富余劳动力向非农产业和城镇转移，是工业化和现代化的必然趋势。要逐步提高城镇化水平，坚持大中小城市和小城镇协调发展，走中国特色的城镇化道路"。党的十七大提出，"中国新型城镇化道路，即按照统筹城乡、布局合理、节约土地、功能完善、以大带小的原则，促进大中小城市和小城镇协调发展，城市化的重点是增强综合承受能力，以特大城市为依托，形成辐射作用大的城市群，培育新的经济增长极"。中国特色城镇化战略的提出，既是对以往城镇化战略的继续，又是对以往城镇化战略的反思，其根本目的就是要加快中国城镇化的进程，以保证中国全面小康社会的建成和中国现代化目标的实现。中国新型城镇化道路的确立提出了中国未来城镇化的发展新模式，指明了未来城镇化的方向，将进一步推动中国城镇化的快速发展。

（一）中国新型城镇化道路提出的背景

选择什么样的城镇化道路，是关系到中国经济社会发展的重大战略问题，关系到现代化中国的建成与否的重大选择。世界许多国家城镇化道路的经验和教训已经告诉我们，一定要立足国情、尊重城镇化的规律，创新出一条符合中国实际的具有可持续发展前景的城镇化道路，这是一个必然的选择，再也不能走自己以往所走过的政府主导的、城市化落后与工业化的滞后型城市化道路，当然也要严格控制市场机制的负面效应，防止完全靠市场调节、导致城乡关系对立、带来严重"城市病"的城市化道路，更不能搞城镇化的"大跃进"，导致农村经济发展落后、城市问题丛生的过渡型城市化道路。探索新的有中国特色城镇化道路，必须要考虑以下几个方面的根本要求：

1. 必须把中国特殊国情作为城镇化推进的现实基础

中国特殊的国情是我们规划、推进城镇化必须考虑的重大前提，脱离这一前提将会导致严重的后果。首先是农村人口众多，这就意味着农转非的压力巨大、未来城市综合承载能力的挑战严峻。由于农村人口众多，中国的城镇化不仅面临着城市基础设施的投资与建设任务，而且还面临着大量的农村剩余劳动力的转移。因此，中国的城镇化必须着眼于促进农村劳动力的就业，从而为农民和市民在城乡之间能够自由流动，即农民自由地转化为市民打开通道。因此，要特别重视城乡统筹发展，在工农关系、城乡关系上，适当向农民和农村倾斜，这是保证中国城镇化健康发展的一个根本性条件。其次是城乡、地区发展不平衡。城乡社会保障水平差异大、社会优质资源集聚在城市，农村在教育、就医、就业、养老等方面的条件还很落后，最近几年国务院出台了一系列的改革措施，这些状况有所改观，但还没有得到根本性的改变。除此之外，中国地区之间城镇化水平差异很大，东部地区已经进入了城镇化的中期，大中小城镇体系比较健全，关键问题是城镇发展的质量和现代都市圈的形成。而西部一些地区城镇化刚刚进入起飞阶段，城镇体系不完善，城市规模和质量都还需要大力提升。因此，中国特色城镇化道路，一定要结合不同地区经济社会发展的实际情况，因地制宜地制定各地区的城镇化发展战略。对于经济发达地区，要选择一些交通条件好、有利于发挥规模效应、促进分工协作的地区进行重点发展，打造一批具有国际竞争力的城市群，充分发挥区域经济增长极的作用。对于经济欠发达地区，要选择一些资源环境承载力较好的城市作为中心城市，对其进行大力发展，以其带动周边地区的发展，实现区域协调发展。但无论东西部地区，城镇化战略一定要着眼于未来城乡统筹发展。最后是资源和环境压力巨大。主要是中国土地资源少，城市用地与耕地、水资源之间的矛盾突出，特别是进入 20 世纪 90 年代中期以后，资源环境对发展的约束更加紧张。这就决定了中国既不能片面发展大城市，走"过度城市化"的道路，也不能只强调发展小城镇，走"小城镇化"的道路，而应走集中型与分散型相结合、大众小城市与小城镇协调发展、城市化发展速度与本国资源环境状况相适应的城镇化道路。

2. 要坚持以新型工业化为支撑

产业是城镇化的支撑，城镇化与产业的发展是相互推动的。以工业化促进城镇化是各国城镇化实践的规律性总结。进入科学发展的新阶段，随着发展方式的转变，工业化已经进入了以可持续发展为标志的新型工业化阶段。党的十六大报告明确提出"坚持信息化带动工业化，以工业化促进信息化，走出一条科技含量高、经济效益好、资源消耗低、环境污染少、人力资源优势得到充分发挥的新型工业化路子"。新型工业化道路就是要通过信息化与工业化的互相融合，发挥信息技术的福射、渗透和关联带动作用，提高工业的竞争力，赋予工业化崭新的内容，并建立起以高新技术为支撑的强大工业体系，为信息化提供坚实的物质基础和用武之地。新型工业化道路的特征主要是，第一，以科技创新为动力、注重科技进步和劳动者素质的提高，是信息化带动的、能够跨越式发展的工业化。第二，具有低耗高效性，能够增强可持续发展能力的工业化。第三，从中国各种资源拥有量的实际出发，正确处理发展高新科技产业和传统产业、资金技术密集型产业和劳动密集型产业、虚拟经济和实体经济的关系，是能够优化中国资源配置的工业化。因此，中国特色城镇化道路必须与国家的工业化和经济发展水平相适应，把城市化建设与信息化、跨越式发展、科技创新、人力资源优势充分发挥等结合起来，通过消除体制性、政策性的障碍，逐步建立起新型工业化与城市化良性互动的机制，走与"新型工业化"相适应的中国特色城镇化道路。

3. 要把城镇作为经济全球化主要载体

经济全球化是指人力资本、商品、服务、信息和其他各类要素跨越民族和国家的区域而自由流动，以及通过国际分工在世界范围内提高资源配置效率，从而使各经济间相互依赖的程度日益加深的趋势。当今世界，全球经济活动，在某种意义上来说就是城市经济活动，大多数全球的生产、贸易、投资等经济活动，都把城镇作为主要的组织载体和活动场所，而且这种趋势越来越得到加强。当然作为经济活动载体，城市必然会受到经济全球化的重大影响。比如说美国、日本的大都市都已经在向国际性的都市带、圈发展，这些国际性的大都市带活跃的程度已经直接影响到世界经济未来的走向。具体说来，全球化对城镇发展的影响主要是：第一，城市间的经济网络开始主宰全球经济命脉，多极多层次的全球城市网络体系开始形成，也就是都市圈的影响力不断攀升。第二，城市体系的极化作用加剧，首位城市主宰世界经济的趋势日渐明朗。我们要主动适应经济全球化的新趋势，不仅要参与国际经济大循环，而且要能够在国际经济大循环中逐步占有相对重要的地位。为此，中国应进一步打破行政区域的限制，放眼国际市场，加快国际性城市和创新中心城市的建设，使之尽快成为联结中国与世界经济的新节点，并把中国各级各类城市融合到新的城市网络体系之中。

(二) 新型城镇化道路的内涵和基本特征

1. 新型城镇化的内涵

改革开放以来，伴随社会主义市场经济的快速发展和经济的高速增长，中国城镇化进程逐步加快、城镇化水平日益提高。特别是近十几年来，中国的城镇化水平更是以每年1%以上的速度提升，到2009年已达46.59%，进入了城镇化的加速期。但是，在中国的城镇化进程中仍然存在诸多矛盾，如人口城镇化与土地城镇化不同步、城镇化速度与产业结构演进不协调、城镇化与生态环境恶化、城镇化与农村建设滞后，等等。这些矛盾阻碍了中国城镇化进程，妨碍了城镇化的健康发展，有悖于社会主义和谐社会的主旨。因此，中国必须走一条符合中国国情、具有中国特色的新型城镇化道路。笔者认为，新型城镇化道路的科学内涵是：以科学发展观为引领，发展集约化和生态化模式，增强多元的城镇功能，构建合理的城镇体系，最终实现城乡一体化发展。

(1) 科学发展观：新型城镇化道路的引领思想

新型城镇化道路必须以科学发展观为引领。在社会主义市场经济快速发展和发达国家城镇化水平遥遥领先的背景下，中国的城镇化发展不可避免地走入了人口城镇化、街道城镇化、农村土地城镇化这种"三个集中"城镇化（即人口、产业和生产要素的简单集中）、"农家乐"城镇化等片面城镇化的误区；不可避免地出现了超越经济发展水平和速度的"冒进"现象、缺乏产业支撑的"高屋建瓴"现象和牺牲环境和资源的"粗放"

现象。这些误区和现象是单纯追求城镇化速度和指标的结果，脱离了城镇化发展的经济基础特别是产业基础，破坏了人们的生产生活环境，牺牲了子孙后代的利益，违背了人口、经济、环境、资源协调发展的规律，其结果必将遭到自然的惩罚。而科学发展观强调的是人本性、可持续性、全面协调性，它要求在城镇化的进程中统筹兼顾、协调统一，避免单一化和片面化。因此，只有科学发展观才能引领中国的新型城镇化道路走向现代化、科学化。以科学发展观为引领，中国的新型城镇化道路必须坚持可持续发展。城镇化既是人口、产业和生产要素聚集的过程，更是人口、产业和产业结构、生产要素的升级过程，以及在此基础上人口、经济、环境、资源协调发展的过程。因此，新型城镇化道路不仅要注重人口、产业、生产要素等在数量和规模上的增长与扩张，更要注重其质量的提升以及人口、经济、自然的协调发展；不仅要考虑经济利益，更要考虑社会、环境和资源利益；不仅要满足当代人的需求，更要符合子孙后代的利益。新型城镇化道路要体现"以人为本"的精神，注重改善人居和生产环境，提高人们的生活品质；注重保障居民权益，提升保障水平；注重社会主义精神文明建设，不断提高居民的思想道德、科学文化、劳动技能和身体素质，促进人的全面发展。目前，在城镇化进程中，要特别关注城镇居民贫富差距、低收入群体的生存保障、拆迁户的安置以及失地农民的权益保障等问题。统筹兼顾是新型城镇化道路的根本方法。要以统筹城乡、统筹区域、统筹经济与文化、统筹社会与自然、统筹人口与资源环境、统筹国内改革与对外开放的科学发展观指引新型城镇化的发展，达到城乡、东西部、内外以及人与自然、经济社会的和谐统一、协调发展。

(2) 集约化、生态化：新型城镇化道路的发展模式

第一，新型城镇化道路必须体现集约化发展模式。在这里，集约化发展模式是指充分利用现有城镇物质基础，整合城镇内部各组成要素，完善城镇结构，强化城镇内涵和提升城镇功能。它是一种积极的、内涵式的、职能化的城镇化。我国新型城镇化道路选择集约化模式有其客观必然性。首先，这是中国国情的客观要求。城镇化的主要内容是农村人口非农化，其外部特征表现为农民的减少和城镇居民的增加，这个过程必须得到相应的资源支持。中国农村人口基数大，在城镇化进程中要转移到城镇的农村人口众多。据预测，到2020年中国全面建成小康社会时，城镇化水平可达60%左右，如果以人口总量13.6亿计算，那么，届时将转移农村人口

约 2.22 亿。庞大的人口城镇化对资源供给提出了巨大挑战，有限的城镇如何吸纳众多的农村转移人口、如何节约土地等资源并避免城市病的出现等已成为并将是伴随中国城镇化进程的基本矛盾。城镇化的快速推进对资源、产业提出了集约化要求。其次，这是城镇化自身发展的本质要求。城镇化是人口、产业和生产要素量变和质变的统一体，其中，质变是城镇化的高级形式，是城镇化科学发展的具体体现，而集约化发展模式正是城镇化质变的重要途径。因此，城镇化发展的本质要求必须整合城镇内部的组成要素，完善其结构，提升其功能，走内涵式和集约化的发展模式。社会主义和谐社会是资源节约型社会，新型城镇化道路是资源集约型条件下的城镇化，是循环经济制导下的城镇化。目前，中国经济发展和城镇化面临着资源短缺，特别是土地资源短缺的困境，因此，在城镇化集约发展模式中必须节约、集约、高效利用土地资源，科学制定城镇发展战略，合理确定城镇建设项目标准，严格审批和检查建设项目，坚决取缔浪费城镇土地的建设项目，充分利用现有城镇土地资源，降低城镇用地成本，提高城镇土地利用率，做到"地尽其力"。为此，要追加城镇土地的资本、技术和劳动投入，充分挖掘其潜力，争取获得最佳的综合利用效益；充分利用城镇存量土地，完善城镇存量土地流转机制，适时调整闲置土地的利用方向；提高城镇的空间利用率，包括地上和地下空间，开发修建高层建筑作为地上主体建筑，大规模修建地铁、地下公路隧道、地下停车场、地下商场等建筑、设施，充分挖掘地下空间的潜力；提高城镇建筑容积率，采用市场手段，推动空置建筑转租使用；加大土地管理的执法力度，依据国家相关法律严厉查处粗放型"圈地"、非法占用和建设等违规用地行为。

第二，新型城镇化道路必须突出生态化发展模式。生态化强调的是在人类的生产活动中要注重保护自然环境，美化人类生活环境，达到人与自然、环境和谐发展的状态。生态化是中国新型城镇化道路的必然选择。生态环境是人类生活的基本条件，良好的生态环境是衡量人类生活品质的重要内容。但生态环境具有脆弱性，极易受到人类活动的破坏，其自我恢复功能薄弱，一旦遭受破坏，短期内无法复原。城镇化是人类大规模改造自然环境的过程，对生态环境具有重要影响，而生态型城镇化能促进二者的和谐发展，反之，只会是两败俱伤。目前，在中国的城镇化过程中，出现了许多一味追求人口、土地城镇化的速度和规模的偏颇之举，其结果是以牺牲环境为代价,耕地、林地、草地、湿地大量减少,水土流失,资源枯竭,环境污染。中国经济发展起点低,要在短期内实现经济更加发展、人民生活更加富裕的小康社会,就不能走西方国家的老路,不能走先发展后治理的弯路,必须在发展经济、加速城镇化进程的同时,注重生态环境建设,发展生态化模式。生态化发展模式强调在城镇化进程中要重视生态环境的建设与治理,重视自然资源的合理利用与保护。生态建设要从城外到城内、从面到点地进行。要大力开展林海、草原建设,封山育林、退耕还林、还草,鼓励生态移民,形成草原、森林生态保护区(圈),构建生态屏障;建设"生态农业",优化农业产业结构,建立无公害、绿色农产品基地和有机食品基地,构建生态农业园区;建设"生态工业",调整工业产业结构,发展清洁节能的新兴工业,淘汰高能耗高污染的企业,建立生态工业园区;建设"生态城镇",加强城镇中心、道路两侧、河道两岸等重要地段和居民住宅小区、企事业单位等重要社区的绿化建设,加强城镇河流湖泊、湿地和风景名胜的资源保护。环境治理也要城内外并举:在城外,要加强水土治理,重点治理沙地、盐碱地和河流、湖泊等水系;在城内,要加强城镇污水和垃圾处理设施的改造和建设,提高城镇污染物处理能力;加强污染源治理,包括对废气、污水和噪音的排放整治,降低各种污染物的排放总量。治理手段要多样化,以环保教育为先导,以法治为主导,以罚款为辅助。自然资源的开采要以法律为准绳、以法治为手段,认真贯彻国家有关加强水、土地、矿产、森林等资源管理的法律文件;在法律许可的范围内创新自然资源开采机制;总体规划、统一管理、规模开采、集约经营;制定合理的价格征收标准,依法征收资源使用、补偿等费用。自然资源的使用要以节约为先导,倡导节水节电节能,加强水电资源的循环利用;倡导节约用地,实行最严格的耕地保护制度,科学地开展土地整理和复垦,保持耕地动态平衡。

(3) 功能多元化、体系合理化:新型城镇化道路的基本内容

第一,新型城镇化道路必须增强多元化城镇功能。城镇作为区域中心具有聚集、辐射、生产、生活、服务等多方面的综合功能。在产业集中的基础上,城镇可以集中劳动力、资本、技术、信息、交通等生产要素,并对它们进行加工整理和创新发明,形成新的生产要素、新的产品、新的生产和管理方式,再从大城市到中小城市和小城镇依次传播和辐射出去。同时,在劳动力、产业和生产要素的集中基础上,城镇还能够为城镇居民提

供良好的生产、生活和服务环境。然而，由于受城镇自身经济水平的制约，目前中国大多数城镇的功能还比较薄弱，主要表现为城镇中心作用不突出，聚集和辐射功能不强，不能有效地带动城镇周边地区的发展，从而常常出现"一枝独秀"的局面。同时，由于中国的城镇建设往往偏重于经济建设和发展，从而忽视了城镇自身功能的提升，产生了交通拥挤、住房紧张、就业难、上学难、就医难等"城市病"，人们的生产生活环境受到严重影响。因此，中国的新型城镇化道路必须增强城镇经济、金融、信息、贸易、生态、生产、生活、服务、教育、文化等多元功能，提升城镇在区域的中心作用。

增强多元化城镇功能，首先要大力提高城镇经济发展水平。要优化产业结构，大力发展工业，重点发展高科技新兴工业；着力发展服务业，特别是生产性服务业；扶持乡镇企业，推动其发展成为小城镇的产业支柱。要优化流通结构，包括商品、资金、技术、信息、劳动力等流通结构，充分利用市场动力促进流通渠道多元化；规范各类市场的运行规则，增强城镇流通承载力。要改善城镇投资环境，建立投资主体与投资效益相结合的投资机制，积极吸引社会投资。其次要加强城镇建设，既要加快城镇住房、自来水、燃气、电、交通、绿化、邮政、电信等基础设施的建设，也要不断完善图书馆、体育中心、客运中心、人力资源市场、医院、市民文化广场、影院、剧院等城镇公共服务设施，以此改善城镇的生产生活环境。城镇建设要统一规划、分步建设、统筹管理，做到科学化、集约化和规范化；筹资渠道应多元化，可通过政府投资撬动社会资金，并逐渐增加社会资金的比例。

第二，新型城镇化道路必须构建合理的城镇体系。城镇体系是一定区域内的各种类型、不同等级、空间相互作用密切的城镇群体组织，其聚集和辐射功能是中小城市所无法替代的。中等城市是连接大城市和小城市的桥梁，是传递大城市强大功能的载体，其自身也具有较强的聚集和辐射功能。小城市和小城镇则是广大农村地区生产要素的"蓄水库"，是农村市场经济活动的中心。因此，中国的新型城镇化道路应当坚持大中小城市和小城镇协调发展的原则，充分利用各自的优势，构建一个结构完整、功能完善、运行协调的城镇体系。当然，城镇体系的构建必须以现有的城镇化水平和经济发展水平为基础，必须符合区域实情，因此，东、中、西部地区城镇体系构建的重点不一：在东部，要适当增加中等城市的数量，构建城镇联系的桥梁，着重提升城镇质量，增强城镇功能；在中部，要适当增加超、特大城市的数量，增强其区域中心的作用；在西部，要大量增加城镇，特别是大城镇的数量，新建城镇可以行政区划地位、地区生产总值、产业集群、交通条件、城镇人口数量等为标准。同时，城镇体系的构建要以基建设施为支撑，特别是以交通和通讯设施为支撑。要大力建设快速通道网，包括高速铁路网、高速公路网、空中走廊、巨大港口和信息高速公路，推动以交通运输网和信息通讯网为"骨骼"的城镇体系建设。

（4）城乡一体化：新型城镇化道路的基本目标

中国长期实行的是城乡分离的二元体制，在此体制下，产业发展以工业为主，农业支援工业；经济发展以城镇经济为重点，农村经济发展缓慢；城镇居民福利由国家提供，农民福利则自行解决。其结果形成了快速发展的工业与缓慢行进的农业的反差；日益繁荣的城镇与变化不显著的农村的反差；日益富裕的城镇居民与收入低下的农民的反差，以致出现"农民真苦，农村真穷，农业真危险"的状况。农业发展是城镇化的初始动力，是城镇生活资料、工业原料、剩余资本和剩余劳动力的主要来源；"三农"的发展可以加速城镇化进程，反之，则会阻碍城镇化进程。因此，新型城镇化道路必须打破二元体制，走城乡一体化道路，经济共同发展，居民生活的质量、水平和方式同步发展，最终实现城乡融合。新农村建设与城镇化并举是实现城乡一体化发展的主要途径。新与旧相对，新农村与原有的旧农村相对，可以说今天的农村相对于昨天的农村是新农村，明天的农村相对于今天的农村又是新农村。因此，新农村建设实际上是农业生产力不断提高，农业不断走向产业化和现代化，农民日益富裕，农民生活水平不断提高，农村建设不断推进，农村面貌不断更新的过程。根据《中共中央关于制定国民经济和社会发展第十一个五年规划的建议》对社会主义新农村的规划，即"生产发展、生活宽裕、乡风文明、村容整洁、管理民主"，在城镇化进程中建设新农村，一是要创新农村的发展思路，重点是要以产业为支柱，发展产业"新高地"。大力发展新型农业，优化农业产业结构，构建生态农业；大力推进农村工业的发展，调整传统农村工业结构，大力发展新型农村工业；着力构建农村生产性社会服务业，为农业生产和农村工业生产提供服务支持。二是要增加农村公共产品的供给，夯实农业和农村发展的基础。三是要加强农村市场建设和城乡市场联动机制建设，为农业生产和农村的其他产业发展创造良好的环境。四是要着力提高农民收入，改善农民生活。在工业"反哺"农业的新时期，可适当提高农产品价格，帮助农民从农产品中获取更多的收益；扩大农民收入的渠道，鼓励农民在非农领域就业，帮助转移农村剩余劳动力。五是要加强农村风俗文明建设，树立农村新风尚。要用社会主义精神文明教育农民，提高农民素质，改善农村精神风貌。六是要整理农村面貌，建立整洁的农村容貌。七是要探索农村新的管理模式，大胆尝试公司管理，切实贯彻民主管理。

2. 新型城镇化的基本特征

从新型城镇化的科学内涵来看，新型城镇化应具有以下七大基本特征。

(1) 城镇规模协调

从广义上讲，城镇规模包括城镇的人口规模、用地规模、经济规模等多层概念。历史经验表明，城镇化的滞后与城镇规模分布不合理有关。城镇规模的合理分布问题已经引起了很多国家的关注。

一般来说，城镇规模的分布取决于产业结构的状况。世界银行专家在比较某一时段的不同经济活动时发现，天然纤维纺织业、仓库业、农产品运输业、食品加工业、零售业、农业服务业等传统产业与小城市有着紧密的联系，普通制造业和运输业与中等城市联系紧密，而现代服务业和高技术制造业则与大城市密切相关。所以，产业构成的多样性和丰富性要求城镇也应该呈多层次的规模分布。

大中小城市与小城镇协调发展是新型城镇化的一个重要特征。由于中国特殊国情，农村尚有高达1.5亿的鱼待转移的剩余劳动力，这一历史性任务不只是重点发展大中城市，或者只着重发展小城镇就能完成的，而必须实施各类规模城镇并举、城镇规模结构合理的方针。因地制宜，促进大中小城市与小城镇合理、协调、健康、有序地发展，形成结构良好的城镇体系。

(2) 城镇布局协调

合理的城镇布局体系是保证城镇化健康发展的必要前提。城镇的布局主要取决于区位、自然资源、人口、经济等条件。在传统城镇化进程中，受沿海地区发展战略的影响，中国东部城镇化发展速度明显快于西部，造成了大规模的民工东移南下现象，导致城镇布局失衡。新型城镇化发展是根据各地的自然、人口、经济等实际情况，强调区域内城镇间以及区域间的分工协作，通过制定相关政策措施，使其空间结构分布合理，各种规模、功能的城镇相互协调发展。与传统城镇化发展相比，区域内城镇空间布局得到进一步优化，进而形成合理的大中小城市布局；区域间城镇分工协作得到进一步加强，进而形成促进东、中、西部地区协调发展的城镇化合理布局。

（3）城镇功能协调

在人口迁移意义上的城镇化达到一定阶段后，有必要转向推进功能意义上的城镇化，这是经济社会发展进入新阶段的标志，也是城镇化和城市的提升。城镇功能通常包括经济、政治和文化三大基本功能。在全球化、信息化、市场化和生态化的新历史背景下，城镇功能又有新的发展。与传统的城镇化相比，新型城镇化的发展注重突出城镇的主导功能。城市是现代化的中心，是先进社会生产力和现代市场的载体，城市在区域经济和社会发展的主导地位越来越明显。在新形势下，城市的主要功能就是以市场活动为主要内容的经济中心、以信息传递为主要内容的科技中心，其作用的形式主要是创新、渗透和辐射。新型城镇化发展不但注重发挥城镇的主导功能，还积极发挥其他的功能，使各种城镇功能相互协调发展，共同推进新型城镇化。

（4）城镇产业协调

城镇化与产业发展密切相关。一方面，产业的发展，产业结构的不断升级与优化推动了城镇的形成与发展；另一方面城镇化的发展带动了产业发展。可见，有什么样的产业发展状况，才能有什么样的城镇化水平，即产业结构是否合理和其主导产业是否具有发展竞争力决定了城镇化的水平和质量。新型城镇化发展的产业协调表现在：一是城镇主导产业要有特色，因地制宜，根据不同地区的特点，选择不同的主导产业，以发挥本地区的资源优势，实现资源的优化重组，获得比较利益。二是城镇内部要优化产业结构，提高三次产业水平，改造三次产业内在素质，推动产业结构升级，使其不断优化。三是城镇之产业要合理分工协作，城镇产业的协调发展可以促进各地区经济的协调发展，这是新型城镇化的一个重要特征。

（5）城镇环境协调

城镇化对自然生态环境系统是一把双刃剑，一方面可能冲击和破坏原有生态环境系统，加剧自然生态环境系统恶化，另一方面又可能为改进和完善生态环境系统创造条件和机遇。城镇化的发展必须与环境保护相协调，否则将直接阻碍城镇化进程。传统城镇化的发展忽视这一客观规律，结果造成环境污染加剧，生态环境恶化，使得城镇化的可持续发展遭遇到前所未有的严峻挑战。新型城镇化的发展以人与自然和谐、发展与资源环境相协调为根本的价值取向，坚持将环境的损伤降低到最低限度，充分考虑资源和环境的承载能力，高效合理地利用自然资源、土地资源、空间资源和智力资源等，使城市人口、经济、资源、环境协调发展，走可持续的生态型城镇化道路。

(6) 城镇社会协调

目前，中国正处在社会转型的关键时期，利益关系的调整，新旧观念的冲突，社会结构的重组，改革与发展的不平衡等都会引发各种社会矛盾。在传统城镇化发展中，由于促进社会和谐发展的动力机制和平衡机制不完善，导致某些社会矛盾凸现。这些矛盾的核心都是利益问题，实质是利益关系不顺。妥善地协调各种利益关系、处理好利益矛盾、最大限度地调动人民群众的积极性，是创建城镇和谐社会的必然要求。新型城镇化的发展注重激发社会活力，促进社会公平和正义，保持社会的稳定。具体而言，在经济领域，主要表现效率和公平兼顾；在社会方面，有序、稳定与发展并重；在政治上，发展民主政治与法制建设相结合。总之，城镇社会的和谐发展是新型城镇化发展的一大特征。

(7) 区域发展协调

一方面，城镇化是区域经济发展的动力，是区域经济和社会发展的一个重要过程。城镇化促进区域的经济结构、社会结构、空间结构以城市为模式或导向进行优化调整和重组，从而推动区域经济和社会的演进。另一方面，区域经济的协调发展也必然会促进城镇化的进程。城市生存于区域之中，与区域的经济和社会活动、自然环境有着复杂多样的联系，区域发展和环境变迁在很大程度上规定了城镇化的发展进程。新型城镇化的发展是以区域协调发展为支撑平台，既包括区域内部协调，又包括区域外部协调。城市区域内部的协调就是中心城市和其郊区及边缘区在经济社会发展上的互促互补，消除城市和郊区之间的矛盾和冲突，以实现城市区域的内部利益最大化。城市区域外部的协调包括水平方向的与其他城市区域的协调以及垂直方向的与上一级政府之间的协调。区域协调发展是新型城镇化的一个重要特征。除城镇与所在区域的协调外，还应注重不同区域如东、中、西部地区的协调发展。

第三章 新型城镇化的基本理论

任何一项科学研究都应借鉴前人的理论,并将这些理论运用于自身的研究活动,进行理论创新。鉴于城镇化理论的广泛性以及城镇化对人口流动、产业集群、空间组织、城乡关系的特定要求,本章以人口流动理论、产业集群理论、城乡一体化理论和制度创新理论为述评对象,为黄石市新型城镇化路径的选择提供理论借鉴,为后续的实证分析和政策研究提供理论支持与依据。

一 要素流动与集聚理论

流动与聚集是城镇发展最明显的特征,城镇化的进程就是人类生产和生活活动的流动与聚集的过程。城镇化的流动与聚集过程,主要表现为人口的流动和产业的集聚,涉及人口流动理论与产业集群理论。

(一)人口流动理论与城镇化

未来一定时期,既是城镇化高速推进并与工业化进一步协调发展的关键时期,也是社会经济转型的重要时期。在城镇化发展过程中,人口流动,尤其是农村劳动力的流动具有异常的复杂性与动态性。下面主要从人口流动规律和人口流动行为着手,阐述其对城镇化发展的借鉴与要求。

1. 人口流动规律

人口流动是经济社会发展的必然结果,揭示了现代市场经济下和民主法制国家中人口集体行动的发展趋势。在社会制度安排许可的条件下,不同区域、产业间比较收益的差异量与流动人口的流速、流量呈正相关,导致流动人口的收益率和分布趋向于平均化,社会发展亦因此获得最优化的人力资源配置。① 由于经济社会基础和制度环境等不同，中国流动人口分布规律呈现出城乡"二元"（城市是流动人口聚集地）、东中西"三元"（东部聚集、中部密集、西部稀疏）"三带、五区"（东中西"三带"，京津、东北、皖赣、新疆和云南"五区"）的空间格局等特殊性②。

2. 人口流动行为

在传统人口流动行为理论中，城乡实际工资水平差距、"预期收入"差别导致城乡人口的流动与迁移③；流入地和流出地具有吸引和排斥两方面的作用力，存在文化差异等中间障碍因。新涌现的人口流动行为理论除了对原有理论进行修正和批判外，更加关注"人口流动与经济增长，人口流动、不平等与社会福利，人口流动与劳动力市场政策"等领域。与一般人口流动行为相比，中国人口流动行为最主要的差异在于户籍制度④，不仅对推拉发生一般的影响，而且还使得推拉失去效力。在长期户籍制度的影响下，流动农民工心理发生变形，像"关系"之类的传统因素往往能够对其迁移起到重要作用⑤。因此，应该将非正式制度与正式制度因素结合起来考虑，使两者密切配合、相互补充，共同推进城镇化发展。

3. 人口流动理论对城镇化发展的要求

农村人口向城镇的流动和转移是经济社会发展的客观规律。遵循人口流动的客观规律、建立城乡一体化的劳动力市场、促进城乡劳动力自由流动是解决流动人口问题的根本指导原则。在该原则的指导下，一是允许农村富余劳动力的合理流动，适应社会转型及其不同阶段的要求，既不能过度，又不能停滞；二是取消人为的、行政性的人口流动限制政策，切实保障公民的自由流动权利，利用比较利益差别促进人口流动；三是改革与创新传统的户籍管理制度、社会保障制度以及劳动力市场，强化失业风险机制和劳动竞争机制，建立市场调节机制与城乡劳动力双向流动机制，以降低各种不必要的流动成本和风险；四是加快农村产业化和城镇化发展进

---

① 俞宪忠：《流动性发展》，山东人民出版社2006年版，第130—131页。
② 朱传耿、顾朝林等：《中国流动人口听影响要素与空间分布》，《地理学报》2001年第9期；杨云彦：《九十年代以来我国人口迁移的若干新特点》，《南方人口》2004年第9期；刘玉：《中国流动人口的时空特征及其发展态势》，《中国人口资源和环境》2008年第2期。
③ 阿瑟·刘易斯：《劳动无限供给条件下的经济发展》，上海三联书店2012年7版，第28页；迈克尔·托达罗：《发展经济学》，机械工业出版社2013年（9）版，第89页。
④ 李强：《社会分层与社会发展》，《中国特色社会主义研究》2003年第2期。
⑤ 胡必亮：《"关系"与农村人口流动》，《农业经济问题》2004年第11期。

程，促进城乡经济社会的综合发展，尤其是农村的基础设施、基础教育和社会化服务体系建设等。

(二) 产业集群理论与城镇化

产业集群介于企业和市场之间，是工业化发展到一定阶段的必然趋势。下面主要从产业集群竞争优势和产业集群模式两方面综述其对城镇化发展的借鉴意义。

1. 产业集群竞争优势

从纯经济学角度看，产业集群着力于外部规模经济和外部范围经济，竞争优势主要体现在生产成本、基于质量基础的产品差别化、区域营销、市场竞争、创新等方面[①]。从社会学角度看，产业集群着力于降低交易费用，产生聚集效应、互补效应、共生效应、协同效应、激励效应和晕轮效应，为企业提供一个良好的经营环境，产生外部规模效应[②]。从技术经济学角度看，产业集群着力于促进知识和技术的创新与扩散，实现产品和产业创新等[③]。针对产业集群竞争优势的发生机制，马歇尔[④]的新古典经济学、阿尔弗雷德·韦伯[⑤]的微观企业区位选择、克鲁格曼[⑥]的新经济地理学理论及迈克尔·波特[⑦]的"钻石模型"等理论研究流派都给出了不同的解释。在此基础上，[⑧] 构建了以企业家协调为核心的"新钻石模型"，[⑨]进一步认为外部经济是创造和保持集群竞争优势的最重要源泉，但合作、竞争和路径依赖等也有着重要的影响。

2. 产业集群模式

产业集群模式是适应全球经济竞争趋势的有效途径，是提升区域和国家竞争力的发展策略。根据国家干预的强弱程度以及市场机制和政府作用的互动程度，其主流模式可以分为市场导向型、政府扶持型和计划型三种

---

① 魏守华、石碧华:《论企业集群的竞争优势》,《中国工业经济》2002 年第 1 期。
② 夏智伦:《产业集群的竞争优势与区域竞争力》,《湖南师范大学学报》2005 年第 8 期。
③ 卢向南、李洁:《产业集群竞争优势的理论研究》,《经济论坛》2006 年第 1 期。
④ 马歇尔:《经济学原理》,南海出版社 2010 年 7 月,第 132 页。
⑤ 阿尔弗雷德·韦伯:《工业区位论》,商务印书馆 2010 年 10 月,第 239 页。
⑥ 克鲁格曼:《地理和贸易》,中国人民大学出版社 2000 年版,第 157 页。
⑦ 迈克尔·波特:《国家竞争优势》,中信出版社 2007 年版,第 105 页。
⑧ 李新春:《企业家协周与企业集群》,《南开管理评论》2002 年第 6 期。
⑨ 卢向南、李洁:《产业集群竞争优势的理论研究》,《经济论坛》2006 年第 1 期。

模式。从兼顾产业结构的协调性和培育国家竞争优势方面来看，以政府扶持型模式最为有效，政府的主体地位和市场经济的基础性作用协同共生，有利于落后国家或地区实现赶超战略；从发展趋势来看，市场导向型模式是政府扶持型和计划型模式的演变方向，政府职能逐步转化为适应市场经济体制的经济职能、服务职能等。其国际模式是指产业集群国际化是一个渐进的发展过程，大致要经历内向型、外向型和综合型三个阶段，在逻辑上虽有一定的递进关系，但在实践中可能出现"一定程度的交叉和联系"。[1] 从内部静态知识积累和成员间动态知识互动出发，其学习模式主要包括"薄基础一弱互动"、"薄基础一强互动"、"强基础一弱互动"、和"厚基础一强互动"四种模式[2]；从知识创造和知识积累过程的角度，可以分为"干中学、用中学"、地缘学习、专业化学习、交互作用学习四种模式[3]。

3. 产业集群理论对城镇化发展的要求

产业集群是城镇产业组织的必然趋势。通过选择合适的、前瞻的产业集群模式，培育和提升产业集群持续的竞争优势，从而增强地区的综合竞争实力，这是在城镇化发展中产业集群理论的总体要求。相关研究表明，集群的生成性高于建构性，但并不排斥建构性，因此，作为调控和引导市场经济发展的重要力量，政府在产业集群发展中发挥着关键的作用。一是为产业集群的发展创造良好的社会经济环境，包括实施合理的区位政策和产业政策、健全法律法规体系、营造良好的市场竞争和开放环境等；二是根植于区域现有的优势产业基础，结合地区特色、比较优势和创新发展原则，培育不完全意义上的产业集群，坚持走理性的产业集群发展之路；三是培养国际化经营意识，根据实际的国际环境以及自身实力与发展优势，确定合适的国际化经营模式和国际市场进入战略。

二 城乡一体化理论

城乡一体化和城镇化是经济社会发展的必然趋势。城镇化应是城乡统

---

[1] 郑勇军等：《产业集群国际化模式与其驱动因子关联路径研究》，《科技进步与对策》2008年第11期。

[2] 魏江、申军：《传统产业集群创新系统的结构和运行模式》，《科学学与科学技术管理》2003年第1期。

[3] 李婷、陈向东：《产业集群的学习模式及其创新特征研究》，《科技管理研究》2006年第2期。

筹和城乡一体化的载体，城乡一体化则是城镇化发展的最终目标。对城乡一体化的基本内涵、条件保障和实现模式等要点进行总结，是促使城镇化健康、有序发展的理论依据。

1. 城乡一体化的基本内涵

经济学、社会学、规划学和生态环境学等学科从经济发展规律、城乡关系、规划操作及生态环境等角度，对城乡一体化的内涵给出了不同的界定。部分学者从制度体制、城市化视角出发，对城乡一体化的内涵给出了新的阐释[①]，基本观点为：制度安排是推进城乡一体化的保障，城市化是城乡一体化的基础和驱动力，城乡一体化是城市化的发展目标和指导理念。总体上，城乡一体化着眼于培育更好的新型城乡关系，是生产力和城镇化发展到一定阶段的必然产物，呈现出渐进的动态阶段性特征；城乡一体化不是消灭城乡差别的过程，而是为城乡居民创造一个物心俱丰的生存环境，其实现标志是城乡融合（协调），不仅囊括经济、社会、文化、生态环境等要素的融合，还意味着城乡统一的制度、体制和政策等环境的构建。

2. 城乡一体化的条件保障

城乡一体化是城乡关系由对立到一体的渐进过程，是经济社会发展的高级阶段。城乡一体化的顺利实现，也必然需要必备的条件和保障，它包括：其一，城乡经济一体化是物质条件，是区域经济发展的内在规律和必然要求，主要形式是产业一体化、资源配置一体化和市场一体化。其二制度体制一体化是根本动力，要求打破城乡体制分治和要素分割的制度障碍，在经济要素流动制度方面，创建一个既有自由流动权利、又有合理调控的城乡人口管理机制；在农业发展制度方面，要求完善家庭联产承包责任制、实行农业产业化经营；在基础设施建设的投资制度方面，要求统一城乡规划、有偿使用土地、发展金融支持体系；同时，城乡统一的社会保障制度也是其内在要求。其三，城乡生态环境美化是生态保障和基本追求，要求真正建立起人与自然和谐相处的崭新观念，实现城乡生态环境融合，达到城市生态环境乡村化、乡村环境城市化。

[①] 罗雅励、李同升：《制度因素在我国城乡一体化过程中作用分析》，《人文地理》2005年第8期；陈晓红、李城固：《我国城市化与城乡一体化研究》，《城市发展研究》2004年第3期。

3. 城乡一体化的实现模式

根据城乡一体化主导力量不同，其实现模式可分为：第一，城市主导型模式。适用于中心城市经济较发达、各方面力量都较强、城市所带县乡数不多的地区，以城市带动力为主动力。第二，小城镇主导型模式。适用于经济水平较高、市场化程度较高、个体私营经济发达的地区，农村城镇化和工业化是基本动力。第三，统筹城乡发展模式。适用于地域范围较大、城镇体系结构较复杂的地区，城乡地位平等，共同作用、共同发展。

根据城市化对城乡一体化的作用方式，其实现模式主要有：第一，大都市带动模式。以超级大城市为核心，在互利互惠、优势互补的基础上建立起多样化、多层次的竞争与协作关系。第二，大中小城市共建模式。以大城市为领头羊、中等城市为主力军、小城镇为承接城乡的纽带，大中小城市优势互补。第三，外向模式。以非农产业为"增长极"，为农村富余劳动力的职业转移提供可能和载体，形成较强的外向型经济体系，构筑城乡经济一体发展框架。

4. 城乡一体化理论对城镇化发展的要求

城镇化发展过程是实现城乡一体化的过程，城乡一体化是城镇化发展的目标。根据城乡一体化的基本内涵、条件保障以及实现模式，城镇化发展应基于如下的理论要求：一是城镇化发展应以城乡"和而不同"为特征。城乡一体化不是消灭城乡差别的过程，与"城乡均质"或"城乡一样化"有着本质区别。城市与乡村有机结合，互相吸收先进和健康的因素，摒弃落后和病态的东西；城市与乡村相互依存、相互促进，是一个优势互补的统一体。二是经济一体化、制度体制一体化、城乡生态环境美化不仅是城乡一体化的条件保障，还为城镇化发展提供了物质基础、制度动力和生态保障。三是城镇化发展是一项系统性工程，应在城乡一体化实现模式的参考下，结合地区实际，选择具有地区特色的城镇化路径与模式。

三　制度创新理论

作为新制度经济学体系的核心部分，制度创新理论融合了路径依赖理论和交易成本理论的内容，不仅为原有城镇化路径提供了合理解释和正确对待方式，而且为城镇化路径的重新选择提供了严谨的思维方式与科学原则。

1. 制度变迁的必然性

从本质上看，制度变迁的内在动力源于行为主体对潜在利润最大化的追求。当一项制度的预期收益大于预期成本时，制度变迁就会产生。从结果上看，制度变迁是制度安排由非均衡到均衡的演变。作为一种公共产品，制度本身存在着需求与供给的矛盾。影响制度供给的因素主要有政治领导人对于政治秩序的控制能力以及对改变现存秩序愿望的迫切程度、决策者对新制度设计与实施的成本预测等，在宪法秩序以及"需求—供给"分析范式下，当制度的供给和需求达到基本均衡时，制度安排处于稳定状态；当现存制度安排不能满足行为主体的需求时，制度变迁与创新的行为就会发生。

2. 制度变迁与路径依赖

在大卫·保罗（A. David Paul）、马兰·阿瑟（W. B. Arthur）路径依赖思想的基础上，道格拉斯·诺斯（Douglass C. North）建立了制度变迁中的路径依赖理论。诺斯在 1990 年提出，在规模报酬递增机制的制约下，制度变迁的结果具有不可预期性，突出表现在多重均衡、可能的非效率、锁定及路径依赖。由于制度变迁与现行的制度框架、网络外部性和制度本身网络相关，制度安排会诱致互补性的组织形式，而后者反过来又鼓励新的互补性制度的形成；又由于政治、经济市场的不完备，交易费用高昂，非效率制度在相当长的时期内存在，甚至制度路径被锁定。诺斯揭示出，制度变迁中的路径依赖经历了"认知层面—制度层面—经济层面"的传递途径。诺斯的制度变迁理论有着特殊的涵义："政治过程影响制度选择，制度变迁是一个适应性学习的过程，制度的非效率是历史的常态"。[①]

3. 制度变迁与路径选择

从制度供给与需求的角度看，制度变迁可分为诱致性和强制性两种方式[②]。诱致性制度变迁，亦即内在制度的演进轨迹，以盈利性、自发性、渐进性为特征，是自下而上、从局部到整体的过程。强制性制度变迁，亦

---

① 道格拉斯·诺斯：《制度、制度变迁与经济绩效》，上海三联书店 1994 年版，第 106 页。
② 林毅夫：《关于制度变迁的经济学理论：诱致性变迁与强制性变迁》，上海三联书店 2000（11）年，第 396 页。

即外在制度的设计路径,其基本特征是时间短、见效快,新的规则因设计而产生,是自上而下的强制推行过程。外在制度推行强制性变迁的有效性在很大程度上取决于其结果是否与诱致型变迁下的内在制度互补(见图3-1)。从制度变迁与创新的来源看,可分为创设式和移植式两种。创设式制度变迁是自我设计和自我建构目标制度,初始成本较高、预期可信度较低,具有较大的风险性,摩擦成本较大,动力较弱。移植式制度变迁是根据他方已经创设和运作并具有一定效率的制度创新,初始成本、风险性、摩擦成本都较小,创新的动力较大,可以在比较大的制度空间里进行理性的选择。

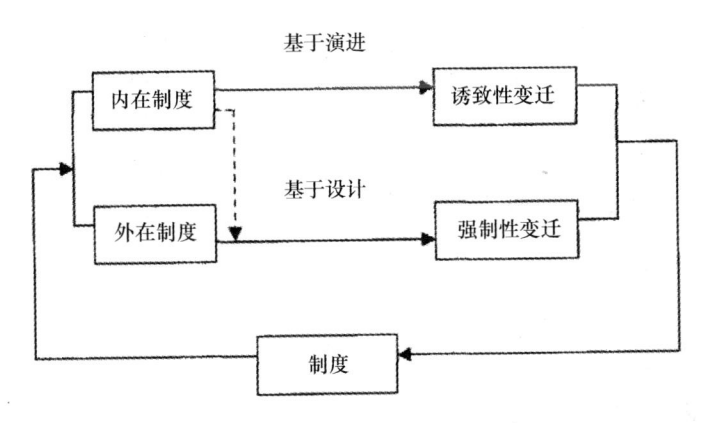

图 3-1 制度变迁的演进和设计

注:来源于吴群刚《制度变迁对长期经济绩效的影响机制:理论,模型与应用》,清华大学博士学位论文,2002年。

4. 制度创新理论对城镇化发展的要求

城镇化的路径转换历程就是制度变迁与创新的过程,制度创新是城镇化发展的动力源。根据制度变迁中的路径依赖与选择理论,城镇化路径应基于如下的理论要求:一是辩证地看待过去与现在城镇化路径的关系。现在的城镇化路径不仅仅是对过去制度变迁的递增过程的描述,还意味着过去的制度框架为现在的组织、个人提供了机会集,决定了现在的城镇化发展绩效。因此,对于城镇化路径的设计,不应只是一味地否定传统路径,而应从传统路径的精华中汲取经验和理论营养。二是选择合适的城镇化路径。制度是社会的总体规则,制度变迁与创新依赖于自身因素、初始条件、环境变化等，道路是多样的、发散的，而不是唯一的、收敛的，不断试错是制度变迁与创新的唯一选择。一方面，城镇化路径的选择应因地制宜，只有适合的路径通过惯性和冲力产生飞轮效应，对国家或地区起到正反馈的作用，城镇化发展才能进入良性循环；否则负反馈发生作用，城镇化发展就会因被锁定在无效率的状态下而导致停滞。另一方面，城镇化路径不存在单一的选择均衡，也即制度的最优化特征是与偶然达到的特定均衡相联系的，是局部的和短期的，这就要求城镇化发展应依据理论动态和现实转变，不断对不合时宜的制度体系进行调整，以尽可能地保持城镇化路径的选择均衡。总之，合适即为"适地与适时兼顾"。三是制度创新是城镇化发展的基本要求。制度创新的功能在于，促进城镇化发展中交易效率提高以及交易成本降低。一方面，现实户籍制度、土地制度、社会保障制度、农村金融制度等已不适应经济社会发展趋势和城镇化要求，加快制度创新尤显紧迫和必然；另一方面，在制度创新的组织上，应采取渐进性的变迁方式；在制度创新的主体上，应采取诱致性变迁和强制性变迁相结合、自上而下和自下而上相结合方式，不仅政府需出面组织，而且也要增强全体民众的参与意识与实践行为。

四　社会保障理论

最早建立社会保障制度的是德国。早在19世纪，德国便创造性地开展了社会保障方面的工作。1881年，德皇威廉一世颁布了《社会保障法》，标志着德国社会保障制度的确立。英国是最早进行并完成第一次产业革命的国家，也是世界上工人运动发展较早的国家之一，因而，英国也成为了西方发达国家社会保障制度建立较早的国家之一。早在19世纪末，美国也在部分地区实行过养老退休制度。1935年罗斯福总统签署了《社会保障法》，自此标志着在德国和英国社会保险制度基础上建立起来的、现代第一个比较完整的社会保障制度在美国面世。

由上可见，从19世纪80年代至第二次世界大战前，是发达国家城镇化快速推进的时期，也是社会经济发展最不稳定的时期，同时也是发达国家社会保障制度形成时期。这一时期对社会保障制度有着深刻影响的是英国经济学家贝弗里奇1942年发表的全套社会保障体系。社会保障制度对于城镇化的作用是巨大的。

1. 社会保障促进城镇化发展

城镇化的过程是一个经济不断发展的过程,可以说,经济发展是城镇化不断发展的保证。经济发展的重要特征表现为货币使用量的增大,大机器工业的发展以及大量农村人口向城市的转移。随着经济的发展,大量向城市转移的人口生活在都市环境里,并完全依靠工资为生活来源,生活方式和生活资料发生了很大变化。在改变了的经济环境中,各种事故和风险威胁着劳动者的正常劳动和生活,一旦正常的工资收入被迫中断或减少,便不能维持本人及其家庭的生活。这样,建立并扩大社会保障,使劳动者免遭各种事故和风险的袭击,以保证对经济发展所需劳动力的供给,也就成为促进和保证经济发展的一个关键因素。养老保险既可以减少在职者的赡养负担,也可以打消在职者对自身养老问题的忧虑,提高工作的积极性和主动性;医疗保险能够保证劳动者改善和恢复健康,提高工作效率;失业保险为失业者提供了寻找工作的时间和进修提高劳动技能的条件,对社会稳定有不可磨灭的贡献;工伤保险、生育保险也同样重要。同时,社会保障基金对经济增长也做出重大贡献,如在新加坡,国民储蓄达到国内生产总值的42%,其中公积金占国民储蓄的1/3,这种高储蓄率使新加坡国内有大量资本可投入生产,从而促进了经济的高速增长。

2. 社会保障促进城镇化稳定

社会保障是实现收入再分配,促进社会公平的手段。社会保障对收入的横向再分配,即在健康工人与患病工人之间、工作者与退休者之间、无生育者与有生育者之间的再分配,是社会保险的各个项目都有的。一方面,人们按时缴纳保险费;另一方面,各保险项目在有人发生劳动风险时将保险金转付给这些人。社会保障对收入的纵向再分配,即将高收入阶层的收入及其购买力转移给低收入阶层。这种纵向的调节有助于克服社会分配的不公和缩小社会贫富间的差距,消除社会不安定的因素,为国家和社会的发展提供稳定机制。

3. 社会保障为城镇化发展创造条件

首先,社会保障是减弱贫困,改善生活条件和促进社会进步的工具。最初的社会保险计划是为了使劳动者得到比社会救济更好的保护,使他们免遭贫困。后来,社会保障的完善和加强,使更多的劳动者在遭遇困难时得到了满足基本生活的需求。虽然社会保障不能消灭贫困,但在减弱贫困方面做出了重要贡献。只有减弱贫困,才能更好地调动社会成员的劳动积极性，保证城镇化的顺利进行。其次，完善的社会保障制度对城镇化进程起着促进作用。城镇化的过程表面上是农民进城的过程，在这个过程中，如何保障农民的生活能够井然有序，社会保障的作用将是不可低估的。

五 马克思主义经典作家的城镇化思想及启示

（一）关于城镇化动力源泉的阐释

1. 农业劳动生产率的提高是城镇化的初始动力

马克思恩格斯认为，农业的充分发展是城镇发展的基础和前提，是城镇发展的初始动力。在马克思恩格斯看来，只有农业能为城镇提供粮食、副食品和轻工原料等基本发展需求，为城镇工业提供早期的资金积累和市场；只有农业劳动生产率提高，不断将农村劳动力解放出来，才能为城镇工业的发展提供源源不断的工业劳动力大军，城镇化才可能实现；任何国家如果农业劳动生产率没有显著提高，农产品剩余就不会增加。然而农产品剩余的多少直接决定着农村剩余劳动力的多少和转移的速度，也就决定着城镇化发展的速度和水平。马克思指出："因为食物的生产是直接生产者的生存和一切生产的首要条件，所以在这种生产中使用的劳动，即经济学上最广义的农业劳动，必须有足够的生产率……使农业剩余劳动，从而农业剩余产品成为可能。"马克思还指出："农业劳动是其他一切劳动得以独立存在的自然基础和前提。"农业劳动生产率的提高引起了社会分工的出现，手工业同农业的分离就是早期的社会分工。手工业是以乡村工业的形式存在的。手工业的独立与发展不仅聚集了大量的农业剩余人口，而且也打破了传统的农业主导的社会生产结构，促使农业向非农化转变。"从事农业的相对人数，不能简单地由从事农业的人数来决定。在进行资本主义生产的国家，有许多人间接地参加这种农业生产，而在不发达的国家，这些人都是直接从属于农业的。因此，表现出来的差别要比实际的差别大。但是对于一国文明的总的水平来说，这个差别极为重要，哪怕这个差别只在于，有相当大一部分参与农业的生产者不直接参加农业，而摆脱了农村生活的愚昧，属于工业人口。"乡村工业使一部分农业人口转向了工业生产，摆脱了农村生活的愚昧，而属于工业人口的人越多，也就意味着人口非农化和产业非农化的步伐越快。由此可见，农业劳动生产率的提高，在为城镇化提供产品贡献、市场贡献、要素贡献的同时，也促进了社会分工的产生、发展与深化，推动城乡结构的变化，加速城镇化的进程。

2. 工业化的发展是城镇化的根本动力

农村工业发展是城镇人口聚集的强力引擎，是城镇化的根本动力。马克思指出："大工业企业需要许多工人在一个建筑物里面共同劳动；这些工人必须住在近处，甚至在不大的工厂的近旁，他们也会形成一个完整的村镇。他们都有一定的需要，为了满足这些需要，还须有其他的人，于是手工业者、裁缝、鞋匠、面包师、泥瓦匠、木匠都搬到这里来了……当第一个工厂很自然地已经不能保证一切希望工作的人都有工作的时候，工资就下降，结果就是新的厂主搬到这个地方。于是村镇就变成小城市，而小城市又变成大城市。"这里手工业者、裁缝、鞋匠、木匠等都是农村工业者。伴随着非农产业的发展与集聚，必然引起熟练劳动力和优秀管理人才的集聚，随之产生了集聚的技术效益。工业经济是规模经济和集聚经济，需要集中于一定的地域。因为大工业是一种要求高度协作的共同劳动，这种共同劳动需要生产资料和劳动在一定地域的集中，此外在交通不太发达的情况下，生产的集中必然会引起居住的集中。这一集中或集聚过程不仅表现为生产的集中，而且还体现在人口的集中、消费的集中、财富的集中和政治文化的集中，从而成为城镇形成发展的必要前提，同时，工业的适度集中，也使一定地域空间的企业通过对经济信息的共享、基础设施的共用、生产工艺的连接、资源互补替代等途径，变单个企业的生产力为综合生产力，产生了一种范围经济效应，从而不仅提高了企业的经济效益，也产生了社会效益和生态效益。

农村工业的发展打破了传统单家独户孤立的、分散的劳动，提高了劳动生产率。马克思在研究工场手工业内部分工时指出："不同种的独立的手工业的工人在同一个资本家的指挥下联合在一个工场里，产品必须经过这些工人之手才能最后制成"，"许多从事同一个或同一类工作（例如造纸、铸字或制针）的手工业者，同时在同一个工场里为同一个资本所雇用"。这两种劳动形式实质上已经提高了工人聚集的程度。马克思进一步指出："构成工场手工业活机构的结合总体工人，完全是由这些片面的局部工人组成的。因此，与独立的手工业比较，在较短时间内能生产出较多的东西，或者说，劳动生产力提高了。"提高劳动者素质实际上也是乡村工业聚集效益的组成部分。"如果说城市工人比农村工人发展快，这只是由于他的劳动方式使他生活在社会之中,而土地耕种者的劳动方式则使他直接和自然打交道。""在大多数生产劳动中,单是社会接触就会引起竞争心和特有的精神振奋,从而提高每个人的个人工作效率。"工场手工业的发展虽然是局部的,但它本身的形成一方面已经起到聚集的作用,另一方面使劳动生产率提高,为农民和手工业者自身的生活需求提供了更多的工业品。在一定收入条件下,当农民在工业品方面消费支出的比重越来越多的时候,表明农民生活实质已经部分地开始城镇化了。农村工业在使总的劳动生产率提高的同时,还使农业劳动生产率以较快的速度提高。农村工业同农业的分离,既提高了农村工业的劳动生产率,也促进了农业劳动生产率的提高。

3. 商品经济的发展是城镇化的加速动力

城镇化的加速动力则是商品经济的发展。马克思指出:"城市工业本身一旦和农业分离,它的产品一开始就是商品,因而它的产品的出售就需要有商业作媒介,这是理所当然的。因此,商业依赖于城市的发展,而城市的发展也要以商业为条件,这是不言而喻的。"他们必须生产对别人有用的产品,才能保证相互之间的交换,从而赋予城镇的经济内容。列宁指出:"商品经济的发展就是一个个工业部门同农业分离。商品经济不发达(或不完全发达)的国家的人口,几乎全是农业人口。""商品经济的发展也就意味着愈来愈多的人口同农业分离,就是说工业人口增加,农业人口减少。"商品经济发展是剩余劳动和剩余产品增多的结果,而商品经济的发展也反过来促进了劳动生产率的提高,随之产生了更多的剩余劳动力和剩余产品,进而导致剩余愈多,交换愈频繁。随着商品经济的发展,从农业中游离出一部分人专门从事商品流通和其他为生产和生活服务的业务。劳动生产率越高,剩余劳动力和剩余产品就越多,交换也就越频繁,从事流通与服务业务的人员就越多。伴随着商品经济的进一步发展,从事服务业务的人员和许多有一技之长的艺人就聚集在那些工业生产和商品交易集中的场所,于是乡村就转变为了城镇。

商品经济的发展不仅是工业化进程的强力推手,而且也推动了传统农业向现代农业的转变。传统农业最根本的特征就是劳动生产率水平低、农产品剩余少、农业劳动力流动性弱。但是,随着工业经济发展要求更多的农产品原料和更多的农业劳动力向工业工人转变,必然推动农业商品化。农业商品化又反过来促进了农业劳动生产率的大幅度提高,进而引起农业剩余劳动力的流动和土地的集中。列宁指出："农业愈是被卷入商品流通，农村居民对供个人消费的加工工业品的需求就增长得愈快……对生产资料的需求也增长得愈快"，商品经济发展就愈快，并促进了农业工人的非农化转变。商品经济的不断发展，推动了机器大工业的迅速发展，也促进了农业机器的发明和在农业中的广泛使用，加速了农业的现代化进程。正如列宁指出："农业机器的大量采用，是以大量农业雇佣人口的存在为前提的。在农业资本主义最发达的地区，这种采用机器同时采用雇佣劳动的过程，是同另一个过程即机器排挤雇佣工人的过程交错着的。"机器大工业时期流动的劳动力，正是被排挤出来的农业工人。同时"机器大大提高了农业劳动生产率，而在这以前，农业几乎完全停留在社会发展进程之外。"工农业劳动生产率的提高成为农民转移的最大的推力。在此基础上，加速乡村城镇化的步伐，原有城镇规模不断扩大，同时又有许多新城镇形成。

（二）关于城镇化演进过程与结果的预见

1. 早期城镇化模式造成城乡对立的恶果

马克思主义认为，古代社会生产力水平低下，社会分工关系模糊，城乡就业浑然一体。在资本主义生产方式和大工业的发展中，城市才由传统意义的军事防御的城堡，逐渐地变成工业、商业、贸易和交通中心。机器在工业中的使用，引发了一场深刻的社会生产方式变革，使农业在国民经济中的决定性地位让位于工业，原来"不过是以土地财产和农业为基础的城市"发展成为一个国家或地区的经济中心，推动资本的雇佣劳动方式在城市工业领域确立起统治地位。在这个过程中，各种有效生产要素和良好发展条件都向城市集中，同时使农村变成与城市完全相反的另一种世界。所以，"城市已经表明了人口、生产工具、资本、享受和需求的集中这个事实；而在乡村则是完全相反的情况：隔绝和分散"。表现在社会形态上，就是"把一部分人变为受局限的城市动物，把另一部分人变为受局限的乡村动物，并且每天都重新产生二者利益之间的对立"，从而使从事农业和工业的同一些人却分别成为"两个不同的阶级"。可见，这种包括阶级对立在内的城乡对立，是传统城市化路径的必然结果。

2. 未来社会城乡关系和城镇化目标是消除城乡对立

与马克思主义的革命观相统一，马克思恩格斯对未来社会（共产主义社会）的重要论断中，明确地把消除城乡对立作为既定要求。在这个社会中，"城市和乡村之间的对立也将消失。从事农业和工业的将是同一些人，而不再是两个不同的阶级"。在马克思恩格斯看来，消灭城乡对立，根本是要形成"农业和工业在它们对立发展的形态的基础上的联合"，化解工农业生产方式的对立，"把农业和工业结合起来，促使城乡对立逐步消灭"。他们认为，把农业和工业结合起来，非常必要，这是消灭城乡对立的"物质前提"。马克思指出："只有使工业生产和农业生产发生密切的内部联系，并使交通工具随着由此产生的需要扩充起来……才能使农村人口从他们数千年来几乎一成不变地栖息在里面的那种孤立和愚昧的状态中挣脱出来。"与此相联系，马克思恩格斯还对当时已经出现的"城市病"作了关注，认为"只有城市和乡村的融合，现在的空气、水和土地的污染才能排除，只有通过这种融合，才能使现在城市中日益病弱的群众的粪便不致引起疾病，而是用作为植物的肥料"。这样，"把城市和农村生活方式的优点结合起来，避免二者的片面性和缺点"。

3. 城乡融合变革的根本路径在于改造农业和转变农民

马克思恩格斯认为，城乡融合的过程实则是城市现代生产方式向乡村的扩展和对传统农业的改造。资本主义工业化过程中的社会生产集中，实则是现代工业对小农生产的掠夺和资本主义生产方式对自然经济的战胜，"凡是它渗入的地方，它就破坏手工业和工业的一切旧阶段。它使城市最终战胜了乡村"。首先，现代生产方式向乡村和农业的扩展和对农村经济的冲击具有历史的必然性。马克思指出："只有大工业才用机器为资本主义农业提供了牢固的基础，彻底地剥夺了极大多数农村居民，使农业和农村家庭手工业完全分离，铲除了农村家庭手工业的根基——纺纱和织布。""科学终于也将大规模地、像在工业中一样彻底地应用于农业"。其次，"发达的、同资本主义基础上的机器生产相适应的劳动制度，就是工厂制度，这种制度甚至在现代的大农业中——由于这一生产领域的特点或多或少地发生一些变化——也占统治地位。"于是，农业再也不能在自己内部自然而然地得到它自己的生产条件，农业生产服务由存在于农业内部向外在的独立生产部门转变，从而也完全地转变为"一种营业"，"农业和工业完全一样受资本主义生产方式的统治"。此外，马克思恩格斯还对城市化过程中以及未来城乡融合、一体发展中劳动者就业转移以及素质转变进行了论述。他们认为，城乡一体发展同时是人口流动和人的自身变化。资本主义生产方式进入农村和农业的过程，在冲破小农私有制的同时，推动了农民向城市就业的转移。马克思指出："小土地所有者的前提是：人口的最大多数生活在农村；占统治地位的，不是社会劳动，而是孤立劳动。""大土地所有制使农业人口减少到不断下降的最低限度，而在他们的对面，则造成不断增长的拥挤在大城市的工业人口。"资本主义生产一旦占领农业，或者依照它占领农业的程度，对农业工人人口的需求就随着在农业中执行职能的资本的积累而绝对地减少。因此，一部分农村人口经常准备着转入城市无产阶级或制造业无产阶级的队伍，经常等待着有利于这种转化的条件。

（三）对推进中国城镇化发展的启示

纵观马克思主义经典作家对城镇化动力的研究成果发现：一是他们把城镇化的初始动力定位于农业生产发展和农业剩余的贡献；二是他们认为农业剩余、工业发展与制度变迁对城镇化的推动作用是依次演化的过程；三是城乡发展最终会走向融合，融合变革的根本路径在于改造农业和转变农民。上述思想对推进中国城镇化发展具有重要启示。

1. 城镇化首先要从农村建设突破

中国总体上已经进入以工促农、以城带乡的发展阶段。从这一背景出发，一定要把强化工业反哺农业、城市支持农村作为构建城乡互助合作关系的主导方向，作为推进新农村建设的有效途径。以工促农应采取多种方式、多种途径进行，要加强对农业和农村生产所需生产资料的供给，开展城市工业和农村工业的配套支持、产业衔接和改造提升，化解工农业产品价格的"剪刀差"，同时要通过一定的政策手段，积极引导城市工商业资本向农村流动，为农村经济发展提供金融支持。以城带乡从根本上说要加强城乡间的内在联系，解决城乡之间产业、市场、发展方式、设施条件、消费水平、公共服务、社会保障、管理方式、治理模式等方面的均等化问题。要害不在于农民移居城市，也不在于城乡之间的距离有多远，而在于农民是否享受到城市的环境条件和消费水准，农村是否具有同城市差不多的"经济社会整体素质"。

2. 在大力发展农村非农产业的基础上塑造新的城和镇

城镇化的基本前提是工业化和各种非农产业的发展，只有实现了工业化，才能彻底走出小农生产，把经济的支点由传统农业转移到现代工业和其他非农产业上，为广大农民创造离开农业的就业途径；才能打造新的增长要素，由主要靠古老的土地和体力劳动创造财富，转变为靠资本、技术、管理、信息、产权等现代生产要素增加收入；才能使城乡经济融为一体，互利互助，协调发展。以农村和农民为主要变革的领域与主体，在解放农村生产力、释放农村发展活力中寻找城镇化新的动力源泉，避免传统城市化模式中农民始终处于被动地位和农村不断被边缘化的现象。要让农民充分利用农村资源在农村就地创业，实现农业产业化、产业工业化和非农化转变，同时实现离土不离乡和农民变市民、乡村变城镇。改革开放以来，我国发达地区的农村城市化过程，也证明了这种"造城"运动既是一场起于"村庄"和"村庄"本身的变革运动，也是"村"与"城"之间关系的转变过程。从"村"来说，它一步步地由联产承包后的家庭单一的小农生产状态，转变为分别从事农、工、贸等多项生产的专业化产品生产单位，又通过乡镇企业的发展和产业水平的升级，使整个产业结构发生根本变化，形成以农业为基础、工业为主体、服务业为支撑的"三产协调"的发展格局。表现在"村"与"城"的关系上，它伴随商品化和产业化生产的出现，破解了小农生产状态下的城乡隔离，又自然地顺应生产与销售的关系，由家庭作坊、前店后厂式的生产逐步转变为区域内产业分工，把生产与销售的职能同时融合在一个"村"内，最终实现销售引领生产，形成城带动着村、村支撑着城、城村一体、由"村"变"城"。这里的"村"变"城"，实则是一个村与城之间的产业结构的融合、生产过程的融合、经济关系的融合，其结果是传统的村的东西被完全地融合掉了，进而使"村"也就变成了"城"。这样的小镇的产生，根本是实现了经济结构和发展状态的城市化，绝非是一个简单的人口集中。

3. 加快破除体制障碍，构建统筹城乡发展的体制机制

由于长期以来采取城乡分割管理体制和城乡不同的治理模式，中国城乡一体化至今仍面临着一系列的体制性障碍，缺少合理规范的融通促进机制。城乡要素市场不统一，物质利益关系不合理，发展状态不协调，户籍管理不同轨，社会保障以及享有公共服务权利不均等，生产和生活服务体系及运行机制不完善。当前，应以户籍制度为突破口，建立城乡居民平等的劳动力就业制度和社会保障制度，让农村劳动力平等地参与就业竞争；废除旧的城乡二元化的市场管理手段，统一乡村市场与城市市场，协同运作，自由流通，构建既包括要素市场又包括产品市场，类型齐全、功能完

备的市场体系,让生产要素在城乡之间自由流动;加快推进城乡规划、产业部局、基础设施建设、公共服务一体化等方面改革,促进公共资源在城乡之间的均衡配置,实现基本公共服务在城乡人口之间均等享有,让农民切实分享经济改革与社会发展的成果。

总之,理论是实践的先导。新型城镇化路径必须以一定的科学理论为指导,结合地区实际,提高路径设计的科学性、减少路径选择的风险性。通过本章的研究,试图为后文研究提供尽可能充分和坚实的理论支持与依据。

六 党的历代领导集体的城镇化思想

(一) 毛泽东的均衡式城镇发展战略

从总体上看,毛泽东时期的城市发展思想是均衡布局思想。这时期的城镇化出现了一些挫折,主要表现在:城市化推进动力单一化;沿海的区域性中心城市萎缩;城市辐射作用变弱;城镇化水平长期滞后于工业化水平等。在新中国建立之前,毛泽东就非常重视城市的发展问题,1945年在《论联合政府》一文中就正确预言"农民——这是中国工人的前身,将来还要有几千万农民进入城市,进入工厂。如果中国需要建设强大的民族工业,建设很多的近代的大城市,就要有一个变农村人口为城市人口的长过程"。毛泽东讲的这个过程,实际上就是我们现在所说的城镇化过程。20世纪60年代以后,毛泽东出于对国际关系的考虑,其城市发展的思想也发生了变化,从开始的"集中"发展转向"分散"发展,开始强调"控制大城市规模和发展小城镇"。

(二) 邓小平的非均衡式城镇发展战略

进入20世纪80年代后,邓小平提出要优先发展沿海城市的"两个大局"思想,"沿海地区要加快对外开放,使这个拥有两亿人口的广大地带较快地发展起来,从而带动内地更好地发展"。这是一种非均衡式城市发展思想。在这一战略思想的指导下,中国通过设立经济特区,增加沿海开放城市数量,设立沿海经济开放区等,充分利用沿海城市条件好、底子厚的优势,使东部沿海城市的经济迅速发展起来。邓小平还提出了要发展乡镇企业、促进小城镇建设的思想。经过20年城镇经济对农村经济的扩散和支持，推动了商品经济的发展。农村工业化的推进和农村城镇化的演进，不仅使农民生活水平不断提高，而且使城乡融合度不断提高，从二元结构向城乡一体化演变，初步建立了基本合理的城镇体系。"农村改革中，我们完全没有预料到的最大的收获，就是乡镇企业发展起来了，突然冒出搞多种行业，搞商品经济，搞各种小型企业……解决了占农村剩余劳动百分之五十的人的出路问题。农民不往城市跑，而是建设大批小型新型乡镇……我们要把农村改革的经验运用到城市，进行以城市为重点的全面经济体制改革。"邓小平还非常重视农村和城市协调发展的问题。"从中国的实际出发，首先解决农村问题"。

"中国有百分之八十的人口住在农村，中国稳定不稳定首先要看这百分之八十稳定不稳定。城市搞得再漂亮，没有农村这一稳定的基础是不行的。所以，我们首先在农村实行搞活经济和开放政策。"

（三）江泽民的西部大开发和小城镇建设战略

在党的十五届四中全会上，江泽民提出"实施西部大开发和加快小城镇建设，都是关系我国经济和社会发展的重大战略问题"。1998年8月，他去安徽考察工作时指出，"要继续大力发展乡镇企业。发展小城镇，使它们在带动农业发展，增加农民收入方面发挥更大作用"。1998年10月，江泽民先后到江苏、上海、浙江考察，并指出：我国有12亿人口，9亿在农村，随着农业生产力的提高和乡镇企业的发展，随着沿海发达地区有些有条件的地方实行土地适度规模经营，有大量的农业富余劳动力需要转移。有计划、有步骤地把农业劳动力转移到新兴的小城镇和乡镇企业，是实现我国农业现代化的必由之路。

（四）胡锦涛的中国特色城镇化战略

2005年9月29日，胡锦涛总书记在主持中共中央政治局第二十五次集体学习时强调，要坚持走中国特色的城镇化道路，推动我国城镇化健康有序的发展。走中国特色的城镇化道路，按照循序渐进、节约土地、集约发展、合理布局的原则，努力形成资源节约、环境友好、经济高效、社会和谐的城镇发展新格局。坚持大中小城市和小城镇协调发展，逐步提高城镇化水平，对于扩大内需、推动国民经济增长，优化城乡经济结构、促进国民经济良性循环和社会协调发展，都具有重大意义。坚持统筹城乡发展，在经济社会发展的基础上不断推进城镇化，可以加强城乡联系，在更大范围内实现土地、劳动力、资金等生产要素的优化配置，有序转移农村富余劳动力，实现以工促农、以城带乡，最终达到城乡共同发展繁荣。提高城镇化水平，增强大城市以及城市群的整体实力，可以更好地配置各种资源和生产要素，进一步发挥城市对经济社会发展的重要推动作用，提高我国经济发展的水平和整体竞争力。

城镇化是现代文明的标志，党的几次重要会议都对城镇化思想进行了详细阐述。十六大确定了全面建设小康社会的奋斗目标，并把加快城镇化进程作为全面建设小康社会的重要任务。十七大再一次重申要走中国特色城镇化道路。党的十七届三中全会认为"我国总体上已进入以工促农、以城带乡的发展阶段，进入加快改造传统农业、走中国特色农业现代化道路的关键时刻，进入着力破除城乡二元结构、形成城乡经济社会发展一体化新格局的重要时期。实现农村发展战略目标，推进中国特色农业现代化，必须按照统筹城乡发展要求，抓紧在农村体制改革关键环节上取得突破，进一步放开搞活农村经济，优化农村发展外部环境，强化农村发展制度保障。要稳定和完善农村基本经营制度、健全严格规范的农村土地管理制度、完善农业支持保护制度、建立现代农村金融制度、建立促进城乡经济社会发展一体化制度、健全农村民主管理制度"。

第四章　国外资源枯竭型城市城镇化历史沿革、现状分析和经验教训

城镇化是经济社会发展的必然趋势，是工业化、现代化的重要标志，同时城市又是交通拥挤堵塞、环境污染恶化、社会分崩瓦解的渊薮。由于经济社会发展水平、区位特点、资源禀赋和环境基础不同，各国城镇化的速度、特点与动力机制等存在显著差异。目前，我国正处于工业化、城镇化快速发展的关键时期，研究、汲取和借鉴所有先进国家的经验和教训，对于促进我国的国外资源枯竭型城市城镇化健康、有序发展具有重要意义。

一　国外资源枯竭型城市城镇化历史进程及发展模式

20世纪80年代以来，以西方发达国家为代表，对国外资源枯竭型城市城镇化发展进行了有益的探索和积极的实践，并已在局部地区取得了明显的成效，积累了丰富的经验。成功的例子有德国的鲁尔工业区、法国的洛林地区、美国的休斯敦、日本的九州等。

（一）德国鲁尔区煤矿城镇的优势互补模式

20世纪50年代，素有"德国工业引擎"的鲁尔区陷入了结构性危机之中，出现了主导产业衰退、就业岗位减少、居民点结构的发展缺乏有机性、生态环境恶化、基础设施短缺、人口外流等问题。有关专家及时地提出了新的发展战略，通过成立鲁尔煤管区开发协会，建立统一的规划机构，制订统一的发展规划和整治改造等一系列措施，在资金、税收等方面采取相应的扶持政策等，促进了经济结构的转变，使鲁尔区原有的人才、

技术等优势得到了充分发挥,形成了新型工业和商贸、教育、服务业优势互补的多元化产业格局,重新成为欧洲产业区位条件最好的地区之一。

(二) 法国洛林地区的优势组合模式

法国洛林地区在煤炭、钢铁等传统产业衰退时,制定了发展新产业、应用高新技术改造传统产业、坚决放弃那些成本高且没有市场竞争力的产业和产品以提高国际竞争力的高起点转型目标,使其成了以高新技术产业、复合技术产业为主,环境优美的新兴工业区。为了发展替代产业,政府采取了一系列措施:成立专门的机构负责产业转型、支持新兴产业、建立经济技术开发区、制定优惠政策吸引外资、积极培育中小企业、加强劳动力职业技术培训。此外,法国政府和欧盟还为其产业转型投入了大量资金。

(三) 日本九州矿区的政府主导模式

这种模式重在强调政府制定产业政策和实施产业援助,早期还采取了补贴等措施。日本政府从1961年至1991年共制定了9次煤炭政策,逐渐减少国内煤炭产量,支持产煤地的经济转型。通过国家的力量,直接在该区域植入具有发展前景的产业,并制定鼓励产业发展的政策,带动区域建立新的产业体系,实现了可持续发展。这种模式注重从资源状况、现有基础、区位条件、技术条件以及投资来源等各方面重新认识和确立新的优势,通过改变资源配置方式,重组资源存量,让增量资金转移到效益好的行业和部门中,实现了资源型城市可持续发展的目标。

(四) 以美、加、澳为代表的市场自由选择模式

这种模式的选择是与这些国家的自身特点紧密相关的。美、加、澳地广人稀,自然资源丰富,而且同属于移民国家,政府很少直接干预企业经营,而主要是通过财政金融手段对经济进行控制。如美国休斯敦的主导产业由原油采掘业逐步转变为原油加工业,而随着加工业的发展,城市功能逐步完善,新兴产业不断发展,城市逐步演化为综合性城市,最终发展成为美国的宇航中心。加拿大的萨德伯里曾因镍矿的破坏性开采,被喻为像"月球景观"一样荒凉,后来当地的政府实施土地复垦计划,在市郊50英里以内建成了5座省级公园,周围环境宜人,成为令人向往的旅游城市。加拿大和澳大利亚为了开发偏远地区的矿产资源,传统做法是"缘

矿建镇"。澳大利亚偏远地区居民点的建立主要缘于采矿业，20 世纪 60—80 年代，因开采矿产资源建立了 24 个资源型城镇，20 世纪 80 年代所建的城镇主要是煤炭城镇。80 年代末期以来，西部采矿业的大发展，促进了"长距离通勤模式"（LDC）的发展。其基本做法是不在偏远矿区建立新的居民点，而是依托距离较近的中心城镇，家属居住在中心城镇，雇员集中时间轮岗上班，长距离通勤。在加拿大的大都市区以外的人口，有 25% 的人口生活在资源型城镇（社区）。

二　国外资源枯竭型城市城镇化的一般规律

2001 年 6 月底，近 500 个中国城市的市长参加了中国市长协会第三次代表大会，并达成一个共识：21 世纪是城市的世纪。按照联合国经社理事会的估计，2008 年，人类历史上第一次城市化水平超过 50%，人类进入城市时代。

自从有了城市，就有了城市化现象。从城市的起源、发展动力和推进规模的角度，可以将人类城市化进程大体上分为三大发展阶段。

（一）工业革命前人类城市发展阶段

指工业革命前建立在传统农业基础上的人类城市发展阶段，从城镇的起源（或人类文明的起源）到 18 世纪中叶工业革命兴起。城市是人类文明诞生的标志之一。众所周知，人类是群居动物，人类的群居体被统称为人类聚落，城镇就起源于原始的人类聚落。这一时期，由于工业革命之前，建立在传统农业基础上的传统手工业和商业难以支撑较大规模的城镇人口，因此在这个漫长的人类发展历史时期，城市发展进程十分缓慢。如果从 5500 年前世界四大古代文明（也就是城镇文明），相继诞生开始算起，到 18 世纪中叶工业革命兴起，在这 5250 多年的历史长河中，人类城镇化水平（与后文统一，城市化从工业革命才开始）仅增长了 3 个百分点，即从零增加到 1750 年的 3% 左右，世界城镇人口大约有 250 万人。期间又经历了城镇起源及扩散阶段、中世纪商业城镇发展阶段和文艺复兴工业革命酝酿阶段，产生了古埃及都城、两河流域古城、印度古城邦、中国古都，还有中美洲的玛雅古城；出现了 40 万人口的雅典古城、100 万人口的罗马古城、100 万人口的西安古城和 70 万人口的北京元明都城等人类农业文明时期的最具代表性的城市。

(二) 世界局部城市化发展阶段

指工业革命后建立在早期工业化基础上的世界局部城市化发展阶段，从18世纪中叶到第二次世界大战结束。工业革命开启了工业化推进人类城镇化的历程。由于工业化对社会制度、人口素质以及技术知识水平要求的门槛比较高，早期由工业化推进的城镇化进程主要发生在西欧和北美等世界的局部地区。这个时期，世界城镇化进程起点不高，速度还不是太快。据统计，从1750年到1950年的200年间，世界城镇化水平仅提高了26个百分点，仅从3%提高到29.2%。这个时期最大的成就是，西欧和北美少数国家完成了高度城镇化的历史任务，成为发达国家。

(三) 世界全球城市化发展阶段

指第二次世界大战结束至今的建立在现代工业化基础上的世界全球城市化阶段。第二次世界大战结束后整个世界开始了工业化和城市化发展进程，城镇化以前所未有的速度向前迈进。从1945—2008年，世界城镇化水平提高了23个百分点，从27%左右提高到50%，完成了城镇化过半的伟大历史创举，人类进入普遍繁荣的城镇时代。这一时期，城镇化的成就主要表现在三个方面：一是发达国家城镇化继续深化，成为新型的、主要靠第三产业推动的、后工业化时期的城镇化先驱；二是一大批新兴工业化国家快速崛起，成为城镇化的最主要推动者；三是广大的发展中国家积极参与到世界城镇化进程中来，并发挥着越来越大的作用。从世界各国的城市化进程来看，存在着如下规律。

1. 城市化发展与经济发展水平紧密相关

经济发展与城市化水平提高，互相促进，互为因果。经济发展到一定阶段特别是工业化发展到一定程度，城市化水平也随之提高。城市作为物质空间载体，能够提供人类活动所需要的规模效益和集聚效益。随着城市化的推进，占主导地位的产业从农业转为工业，再转为服务业，经济发展水平呈现出不断提高的发展过程。1957年，美国经济学家钱纳里（H. Chenery）对于世界各国的人均国内生产总值和城市化水平进行统计分析，发现两者之间存在正相关关系，即人均国内生产总值越高，城市化水平也就越高。例如在城市化加速时期，工业化与城市化的相关系数极高。

1841—1931年间英国为0.985，1866—1946年间法国为0.970，整个发达国家为0.997。工业化率与城市化率曲线几乎是两条平行上升的曲线。反过来，城市化的更高品质也会促进经济发展。从世界城市化发展的实践来看，2005年的世界城市化水平为49.2%。其中，发达国家为74.9%，欠发达国家为45.8%，最不发达国家为27.7%。有学者按照城市化与经济发展水平的关系，将城市化发展模式划分为同步城市化、过度城市化和滞后城市化三种类型。

2. 城市化发展呈现S型增长曲线

城市化发展具有明显的阶段性特征，而且在不同阶段，城乡关系有不同的表现形式。根据美国城市地理学家诺瑟姆对一些发达国家城市化发展历史轨迹的研究，将城市化进程分为按照S型曲线增长的三个基本阶段。在初期阶段（城市人口占总人口比重在30%以下），工农业生产水平较低，工业提供的就业机会和农业释放的剩余劳动力都很有限，城市化发展较为缓慢。在中期阶段（城市人口占总人口比重在30%—70%之间），工业基础已经比较雄厚，农业劳动生产率大幅提高，工业快速发展能够为大批农业剩余劳动力提供就业机会，城市化发展进入加速发展阶段。在后期阶段（城市人口占总人口比重在70%—90%之间），农业人口比重已经不大，农业生产必须维持社会需要的规模，城市化发展又趋于平缓，经济发展的主要特征是从工业经济向服务经济的转变，城市化发展的主要特征是提升质量。从1980年到2005年期间，世界的城市化水平上升了10个百分点。其中，发达国家上升了5.9个百分点，欠发达国家上升了14.7个百分点，最不发达地区上升了10.4个百分点，也印证了S型增长曲线揭示的城市化发展规律。同时，城市化发展还显示出后发加速的特征。这一方面是由于科技进步的速度越来越快，另一方面是由于人们对于城市化发展规律的认识不断加深。例如英国城市化快速发展时期大约用了100年（1800—1900年，26%→75%），美国大约用了80年（1890—1970年，35.1%→73.6%），日本大约用了40年（1935—1975年，32.7%→75.9%），韩国大约用了30年（1960—1990年，28%→75%）。

3. 全球化、信息化对城市化发展的影响日益显著

自20世纪70年代以来，经济全球化不断加速，对世界城镇体系产生了前所未有的影响。

第一，促进了城镇空间经济结构的转型和城镇体系的"极化"。以"产业链"为特征的空间结构，正在转变成为以"价值链"为特征的空间结构。发达国家的有些城市如纽约、伦敦和东京，成为主导全球或区域的经济中心，处于经济活动"价值链"的高端；而越来越多的城市，如发展中国家的许多城市，成为发达国家的出口加工基地，处于经济活动"价值链"的低端，例如中国被称为"世界工厂"，"中国制造"享誉全球，世界500强企业纷纷在中国投资建厂，但一般都位于产业链的低端，"中国制造"近10年使美国消费者节省6000多亿美元。

第二，全球经济一体化的进程以及由此引发的城市发展模式的变化，使得城市经济发展越来越受到外部资本的影响。随着全球化进程中资本流动性的增强，城市之间的竞争日趋加剧。在经济全球化背景下，城市之间的竞争轨迹演变成为"城市规划——综合实力——城市竞争力"。

第三，随着各国经济体系的日益开放，城市和城市地区越来越被纳入全球经济网络。大都市地区的经济主导地位越来越凸显，成为所在国家参与全球竞争的战略性节点。与此同时，信息化加剧了世界城镇体系的"极化"过程。发达的信息技术使经济活动在空间上的分离成为可能，例如某一种产品，可能生产、制造在某一个国家，而管理、控制却在另一个国家。少数城市成为全球或区域网络中的信息枢纽，操控各种资源的时空配置。从长远来看，信息技术的发展，将会强化少数城市在世界城镇体系中的枢纽地位。

三　国外资源枯竭型城市城镇化的主要经验

按照政府与市场机制在城镇化进程中的作用、城镇化进程与工业化和经济发展的相互关系，可以概略地将国外资源枯竭型城市城镇化发展总结为以下三种模式：一是以西欧为代表的政府调控下的市场主导型城镇化；二是以美国为代表的自由放任式的城镇化；三是以拉美和非洲部分国家为代表的受殖民地经济制约的发展中国家的城镇化模式。联合国环境规划署署长曾指出，"城市的成功就是国家的成功"。事实上，这个论断最早由美国《商业周刊》于1998年5月提出。不同国家、不同类型的城镇化模式所获取的成功经验值得我们研究、汲取和借鉴。

（一）制定并实施完善的公共干预政策

英国是工业革命的发源地，也是全球第一个实现工业化和城市化的发达国家。19世纪前半叶，英国工业化和城市化高速发展，以蒸汽机和铁路为代表的技术创新推动工业向城市大规模集中。从15世纪末的"圈地运动"开始到19世纪中叶，英国大约用了三个世纪的时间完成城市化。1760年，英国城市化水平为10%，1800年为26%，到19世纪中叶便超过50%，1900年达到75%。但是，由于城市基础设施匮乏、劳工住房短缺、生活环境恶化，导致传染疾病蔓延，危及社会安定和经济发展。多次惨痛的教训和日益觉悟的民众，促使欧洲各国政府相继采取了有力的行政干预来改变城市的环境。事实上，西方国家政府对城市化的引导和规划首先是着眼于城市卫生防疫和环境保护。例如英国在卫生部成立后的50年中，其城市规划一直由卫生部负责。面对日益严重的城市问题，英国先后制定了《公共健康法》（1848年、1875年）、《住宅补贴法》（1851年）、《住宅改进法》（1875年）、《工人阶层住房法》（1890年）、《住宅与规划法》（1909年）等一系列有关环境卫生和住房标准的法规，采取公共干预政策引导城市化发展。

从20世纪20年代开始，英国北部的传统工业城市出现经济衰退的迹象，为了解决城市化发展中区域经济发展不均衡的问题，政府始终扶持北部区域的发展，防止南部区域的过度发展，在一定程度上缓解了区域经济发展的不均衡。第二次世界大战结束以后，随着大规模重建、人口快速增长和小汽车日益普及，英国出现郊区化趋势。对此，政府采取设置环城绿化带和建设新城的城市规划政策，强调新城居住人口和就业岗位之间的相对平衡，较为成功地遏制了大城市的无序蔓延。20世纪末，英国的城市人口比重达到近90%。英国是最早把城市规划作为政府管理职能的国家，城市规划的卓著成效引起世界各国的广泛关注。1909年英国颁布的《住宅与规划法》是世界上第一部城市规划法律。1947年，英国颁布《城乡规划法》，奠定了英国现代规划体系的基础。英国中央政府在城市规划体系中发挥了显著的主导作用。日本政府在工业化和城市化发展中也发挥积极的干预作用，根据人多地少和资源匮乏的国情，以较小的社会和环境代价获得了较快的经济发展。从20世纪50—70年代，日本以技术进步为主导的工业高速增长，带动城市化的加速发展，为大量农村富余劳动力提供了就业岗位，城市化水平从1950年的37.3%迅速上升到1975年的75.9%，年均递增1.5个百分点。为了缓解大都市圈的过度集聚所带来的区域发展不平衡问题，日本政府自20世纪60年代起，先后制定五次全国综合开发规划（分别是1961—1968年、1969—1976年、1977—1986年、1987—1997年、1998年至今）和一系列法规，并编制三大都市圈发展规划。韩国政府也在城市化过程中发挥了十分重要的作用。在工业化和城市化初期，韩国由于忽视农村发展，导致城乡差距不断扩大。从20世纪70年代初开始，韩国政府将农村发展列入国家战略，开展了声势浩大的"新农村运动"，在工业化和城市化过程中同步推进农村现代化。针对首尔和首都圈的过度集聚发展，韩国政府在各个时期制定了相应的法律、政策和规划，特别是先后四次编制了《国土综合开发规划》。自20世纪90年代以来，为了应对经济全球化的挑战，改善区域发展的不均衡状态，韩国政府实施了地方都市圈战略，实现了地方与首都圈经济的协调发展。

（二）形成合理城镇体系

第一，形成合理城镇体系。以美国、巴西为例。美国共有51个州，3043个7县（郡），35153个市、镇。其中，300万以上人口的城市有13个，20万—100万人口的城市有78个，10万—20万人口的城市有131个，3万—10万人口的城市87个，几千到3万人口的小城市（镇）达34000多个。可见，美国城市的规模差别很大，但以10万人以下的小城市（镇）居多，大约占城市总数的99.3%。巴西共分26个州和1个联邦区。1999年，全国5509个市。其中，100万人口以上的城市共有12个，15万—100万人口的城市有79个，15万人口以下的城市有5428个，占城市总数的98.6%。美国、巴西不仅城市数量多，以中小城（市）镇为主，而且城市的聚集度很高。大量小城市（镇）在快速发展过程中，围绕大中城市周围布局，逐步形成密集的城市群（带），从而形成了大中小城市（镇）相互配合、错落有致的城镇体系。从区域布局看，美国有3个主要的城市群（带），分别是东北部都市群、五大湖南部的工业城市连绵带、加州城市群。巴西的城市群（带）尽管没有美国那么明显和完善，但在城市化过程中城市带的特点也已凸显。例如从圣保罗、里约热内卢到贝洛奥里特的大都会区已经基本成形，周围聚集了大批中小城镇。

再看德国的情况。据统计，2004年德国城市化率达到88%，位居世界前列。与法国巴黎的"一枝独秀"相比，德国城市分布形成了"多中心"格局，共有1个大都市圈，分布在全国各地，聚集着4430万人口，占全国总人口的一半。德国的中小型城市星罗棋布，数量多且分布均匀。全国大中小城市580多个，其中百万人以上城市只有3个，而人口在2万—20万左右的城市却占了60%左右。全国8200多万人口，1/3左右居住在2千—2万人规模的小城镇里。日本、法国等发达国家也以发展中小城市为主，如日本，到1980年，全国共有城市约670个，而百万人城市只有20个，中小城市占97%。城市群（带）的形成和大量卫星城的兴起，不仅有效地解决了传统上靠无限扩张中心城市管辖范围来实现城市规模扩张所带来的缺陷，抑制了大城市规模过于膨胀的问题，而且有利于大中小城市在空间和产业布局上相互依存和配套，形成功能互补的城镇体系。

第二，大城市化和城市群的地位将会更加突出。1957年，美籍法国地理学家戈特曼在他发表的《大城市群：东北海岸的城市化》中首先使用了大城市群这一概念。他将城市群归纳为两大功能，即枢纽功能和培养功能。从世界城市化未来发展的基本趋势来看，大城市化和城市群的地位将会更加突出。目前城市群已经成为全球经济竞争的重要节点，当今世界一些最为发达国家的大城市地区已经成为世界经济、贸易、金融中心。

例如美国的纽约—波士顿—华盛顿城市群，人口约占美国的25%，不仅是美国最大的商业贸易中心，还是世界最大的国际金融中心。加拿大、美国西海岸的城市群也成为很重要的经济中心区，城市发展呈现区域内城市优势互补、联动发展的态势，形成更大范围、更高层次的都市圈甚至跨国的城市圈。据联合国经社理事会的研究，未来将会有更多的城市人口居住在50万以上人口的大城市中，尤其是500万以上人口的城市占比将有一个较大的提高，将从2007年的15.2%上升到2025年的17%，其中规模在500万—1000万的城市数目将从30个上升到48个，人口规模超千万的城市将由19个上升到27个。这些巨型城市群将主要分布在亚洲、拉美和北美地区。同时，随着大城市的不断扩张，使若干个城市之间的边缘逐渐靠近，最终连成一片，形成巨大的"城市带"。

再如东京都市圈。主要指日本东海岸太平洋沿岸城市带，总面积约10万平方公里，占日本总面积的26.5%，人口近7000万，占日本总人口的61%。全日本人口在100万以上的大城市中有10个在该大都市圈内。

在东京都市圈内,又包括东京、大阪、名古屋三个城市圈。东京作为三大城市圈之首,是日本政治、经济、文化中心,也是世界上人口较多、经济实力最强的城市聚集体之一。作为金融中心,全日本30%以上的银行总部、50%销售额超过100亿日元的大公司总部都设在东京。

第三,中小城市(镇)占有重要地位。在城市化的不同阶段,中小城市的发展和作用也表现出很大的差别。从国际经验看,城市化一般经历三个阶段。第一阶段主要表现为人口向城镇集中,并因此促进村镇发展为小城镇,小城镇向小城市转化,大中城市的规模日趋扩大。第二阶段主要表现为人口流向城市的速度加快,大中城市迅速发展,小城镇发展速度相对减慢,甚至出现萎缩和停滞状态。第三阶段人口继续向城市集中,但速度变慢,主要以流向中小城镇为主。同时,大城市人口也向小城镇迁移,由此推动小城镇快速发展。

自20世纪40年代起,美国的城市化进入第三阶段,即人口向城市集中的过程仍在继续,但速度已经放慢,乡村人口主要流向中小城镇,甚至出现大城市人口向郊区小城镇迁移的郊区化或逆城市化趋势。1980年的人口普查表明,在整个70年代,美国50个大城市的人口下降了4%,而这些大城市周围的小城镇的人口则增加了11%,中等城市的人口增加了5%。伴随着中小城市(镇)人口的聚集、产业的扩张和企业数量的增加,中小城市(镇)的商业活动日益活跃,带动了中小城市(镇)经济的发展。70年代以后,美国的中小城市和小城镇得到较快发展。

巴西的城市化起步晚于美国,目前处于城市化的第二阶段,即人口急剧向城市特别是少数几个大城市和特大城市集中的阶段。城市的扩容和人口的膨胀,给大城市带来了日益恶化的交通、环境、社会和住房问题。为了缓解大城市的压力,巴西在圣保罗老市区50—80公里半径范围内建设了8个环境优美、交通便利的卫星城,引导人口流向这些中小城市和小城镇。

韩国曾经历过高速城市化,但随之出现了农村空心化、城乡发展差异扩大、区域发展不均衡加深等一系列问题。作为应对措施之一,韩国政府自20世纪70年代以来,采取了一系列政策措施,促进小城镇发展,形成了"小城市培育事业"阶段(1972—1976年)、"小城镇培育事业"阶段(1977—1989年)、"小城镇开发事业"阶段(1990—2001年)。21世纪初,韩国政府先后制定《地方小城镇培育支援法》和《小城镇培育事业

10年促进计划（2003—2012年）》，掀起新一轮促进小城镇发展高潮。

由于区域发展较为均衡，小城镇兼有交通便捷和接近大自然的双重优势，拥有比大城市更为宜居的生活环境，目前发达国家的小城镇发展已经较为完善，在整个城镇体系中占有重要地位。不少国家的大城市都非常重视卫星城的建设，并将其作为缓解人口压力和解决经济、社会、环境问题的重要手段，加以统筹考虑。

（三）主导产业是城市发展的基础

绝大部分城市都必须要有自己的主题和自己的主导产业，没有产业的城市就像找不到工作的待业青年，是很难成才的。不少城市立足于自己的资源特色、环境条件，确定城市的产业发展战略定位，使城市迅速形成了自己的核心竞争力。比如瑞士的达沃斯，一年一度的"世界经济论坛"使达沃斯小城出了名，会议经济进一步带动房地产、旅游、餐饮业、交通等相关产业。法国戛纳一年一度的电影节，同样使戛纳家喻户晓。

从美国城市化的进程看，许多城市和小城镇原先都是围绕企业发展起来的。例如西雅图市的林顿镇，因为波音公司而出名；硅谷的高科技企业云集，成为世界上最充满活力的小城镇群带。尽管各国城市的规模大小不一，历史文化和市容市貌各不相同，但不同城市的主导产业突出、特色鲜明。比如纽约是美国的商业、金融、文化娱乐和出版中心；西雅图是微软总部所在地，电子信息产业非常发达；迈阿密是美国南部著名的旅游城市和退休老人理想的休养地。巴西的圣保罗是南美洲最大的工业和商业城市，而伊瓜苏市则以旅游业闻名。

反过来，产业发展（产业结构的转换和演进）又是城镇化演进的重要基础。城镇化的实质是由于生产力变革所引起的人口和其他经济要素从农业部门向非农部门转移的过程，转移的根本标志是农业比重的下降和非农业比重的上升，即产业结构的变迁。诺瑟姆将城市的发展分为三个阶段，分别与不同的产业结构相对应。诺瑟姆从人口转移的角度衡量产业结构调整的过程和城镇化发展水平。他的研究表明，工业化的进程将越来越多的人口从农业及工业生产中解放出来，为第三产业的发展提供可能，而工业化后期第三产业的迅速发展又为进一步吸纳传统产业富余人口创造了条件，从而推动城镇化的演进和城市发展（见表4-1）。

表4-1　　　　　　　　　　　产业结构与城市发展

阶段特征		前工业化阶段	工业化阶段			后工业化阶段
			前期	成熟期	后期	
从业人员比例%	第一产业	>80%	50%→20%	20%→50%		<10%
	第二产业	<20%	20%→40%	50%→25%		<25%
	第三产业	<10%	30%→50%	40%→70%		>70%
非农人口/总人口		<20%	20%→30%	30%→50%	50%→70%	>70%

如法国洛林地区由传统的煤炭、钢铁工业向高新技术产业、复合技术产业的转型；有"德国工业引擎"美称的鲁尔区由以煤炭、钢铁为主的产业向贸易、信息产业等的转型；而苏联顿巴斯煤田（现乌克兰）及巴库油田（现阿塞拜疆）由于没有发展新兴替代产业，致使资源枯竭后，迅速由盛转衰。

（四）城市治理的法制化和透明化

城市治理的法制化和透明化就是"依法治市"。从目前的实践看，通常要求城市政府本身就是一个法人，每个城市管理部门在建立前先立法，充分体现管理机构的法律权威性，以法律形式规定执行机构的权限等。按照联合国人居规划署的研究，城市政府管理的透明化意味着信息的共享和以开放的方式采取行动，它是建立良好的城市治理结构的核心，有助于减少城市贫困，提高市民的参与度，是促进城市良性发展的重要途径。在过去，由于缺乏一个较为透明的城市治理结构，导致了城市各阶层之间的隔离、较低的城市财政收入、城市的财政支出不能有效惠及贫困人口等等城市化进程中的问题。解决这些问题的一个重要办法就是提高城市治理的透明度。

此外，对于大城市以及大都市区的治理，在西方国家出现了建立大都市联合管理机构的现象，形成了地方城市政府自治与大都市联合政府的双重机构，并有可能成为一种趋势。

一种方式是成立大都市区政府，这在20世纪50—70年代曾盛极一时。最典型的例子是华盛顿大都市委员会和双城大都市区议会。华盛顿大都市区包括哥伦比亚特区及马里兰州、弗吉尼亚州的15个市县，它们于

1957年成立了统一的组织——华盛顿大都市委员会，现已成为包括18个成员政府、120名雇员、年预算1000万美元的正式组织。双城大都市区（位于明尼苏达州东部的圣保罗和明尼阿波利斯及其附近连绵成片的城镇密集区）总共有372个独立的地方政府单元，包括7个县、138个市、50个镇、149个学区、6个都市组织、22个特别法院，为了解决因机构复杂多样而导致的区域矛盾，它们于1967年成立了双城大都市区议会。议会共有17个成员，由州长按照城市规模提名任命。

还有一种方式是以横向合作为基础，组建松散型城市政府联合组织，例如大都市区地方政府协会。最为典型的就是1961年成立的旧金山湾区地方政府协会，在其全盛时期，有8个县、82个城市作为其资格成员。这些联合机构的职能一般都是协调区际利益冲突和提高资源共享程度，优点是能够充分考虑到都市区的各种功能联系，使政府在提供公共服务方面更加高效合理，促进了都市区的政治经济一体化。

四 国外资源枯竭型城市城镇化发展的主要教训

20世纪工业文明、城市文明在给人类创造巨大财富和技术进步的同时，也给人类带来了规模空前的灾难和创伤。采取不同城市化模式的国家在城市化过程中经历了不少惨痛教训，主要表现在自然资源与环境、社会环境、人群互动关系三个方面。这里主要从城市化先行国家在城市化发展过程中所表现出来的问题进行概括。之所以出现这些问题，除了在城市化过程中由于人口的大量集中所带来的局部社会问题被放大的因素之外——如环境污染、瘟疫流行、种族矛盾与阶级矛盾激化等，主要在于忽视了城市发展政策的重要性。当今许多国家城市发展中的几乎所有问题——包括经济、社会、环境、能源、城市交通等，都和当时城市发展政策的失误有着直接关系。

（一）自然资源与环境代价惨重

在这方面，最突出的例子就是20世纪50、60年代的世界"八大公害"事件（伦敦烟雾事件、日本的米糠油事件、美国的多诺拉烟雾事件、洛杉矶光化学烟雾事件等）。以美国为例。美国在20世纪由于土地制度、政府错误的公共政策等原因，使其郊区化一发不可收拾，并表现为50年代的住宅郊区化、60—70年代的产业郊区化、70年代以后的办公活动郊区化的特征，美国为此付出了沉重代价：土地资源浪费严重、经济成本居高不下、生态环境破坏愈演愈烈、资源能源消耗过度。1940—1990年期间，美国大都市区人口占全国人口的比重从47.6%上升到79.5%，而城市中心区人口占大都市区的比重则从61.8%下降到40.3%。1970年，郊区人口超过了中心城市人口，也超过了非都市区人口。据林肯土地政策学院所提供的资料：纽约大都市区自1960—1985年间人口仅增加8%，而城市化的区域则增长了65%。虽然郊区化发展满足了中产阶级追求理想居住环境的市场需求，却使美国社会付出了巨大的资源和环境代价，其人均能源消耗为欧盟的2—3倍，人均汽油消耗为欧盟的5倍。1943年9月8日，洛杉矶首次发生"烟雾"事件。此后，该类事件不断发生，尤以1955年最为惨重。

（二）社会环境危机重重

在城市化发展的不同时期，伴随着城市规模的扩大和人口的大量增加、城镇化速度与工业化和经济发展水平的不匹配以及城市规划的滞后等原因，一些城市陆续出现了"城市病"，如环境污染、水资源缺乏、交通堵塞、住房短缺、失业、贫困、犯罪、财政拮据等，城市人居环境不断恶化，整个社会环境危机重重。

1. 城市化早期因基础设施不足造成疾病流行

英国等欧洲国家在城市化初期，由于缺乏必要的基础设施，导致了严重的环境污染和传染病的迅速蔓延。1347—1352年，欧洲发生"黑死病"即鼠疫，造成3000多万人死亡。1350—1400年，欧洲人均寿命从30岁缩短至20岁。在随后的300年间多次爆发各种疾病，这一时期因传染病死亡的人数超过了两次世界大战死亡人数的总和。日益扩大的世界贸易带来的大量大范围的人口流动，使得流行病能迅速地跨国和跨地区传播。加上城市垃圾处理不及时和生活用水被污染，造成1832年、1848年和1866年霍乱三次席卷英国。1894年始于香港的鼠疫，波及60多个国家，死亡人数达到1000万。1918年西班牙流感大爆发，死亡人数超过2000万。这说明当人类向大自然索取的能力达到空前的程度时，受到大自然惩罚的可能性也随之提高了。

2. 城镇化高速期引发房地产泡沫危机

城市土地的稀缺性、不可移动性与民众对居住空间需求的急迫性之间的矛盾，导致在城镇化高速期容易引发房地产投机且形成泡沫危机。以日本为例。日本城市化发展的主要特征就是以大都市为核心的空间集聚，实现资源配置的集聚效益和跨越式的经济腾飞。在1950年到1990年期间，东京、京（都）（大）阪神（户）、名古屋三大都市圈的人口占全国总人口的比重从38%上升到51%。尽管大都市圈的发展在日本经济发展中产生了极其重要的推动作用，但人口和产业的过度集聚也造成三大都市圈的房地产价格飞涨，最终酿成泡沫经济。1955年以后，伴随着战后日本经济的迅速复苏和持续的高速增长，特别是重化工产业、大型企业的高速发展和迅猛而至的城市化浪潮，土地需求猛增。由于城市土地数量的有限性和空间的不可移动性，房地产价格上升的幅度快于需求的增加。从20世纪50年代一直到80年代末期，整整35年时间（除了1974—1977年受石油危机冲击，日本房地产价格出现了连续3年回落之外），日本的房地产市场价格一路攀升。据统计，1955—1972年的18年间，日本房地产的总资产上涨143倍，遥遥领先于其他产业。日本国土面积为37.78万平方公里，美国为916.6万平方公里，日本的国土面积为美国的1/24，而地价总值却是美国的4倍，达2000兆日元，居世界各国之首。此外，1955—1989年，日本批发物价上涨2倍多，消费物价上涨约5倍，工资上升21倍，但全国城市土地价格上涨约54倍，东京等六大城市土地价格上升128倍。执政的自民党也不得不承认：日本政府在战败后的经济恢复和起飞方面是成功的，可是在土地政策方面是失败的，其本质就是"错拿不是商品的土地当作商品来对待这一点上"。1990年后，由于"泡沫"的破灭，日本的房地产价格一路下滑。东京地区最高级住宅用地从1990年高峰期的每坪94.5万港元跌至1992年的42.58万港元，只及高峰期的44%。同年，全日本土地总资产因地价暴跌损失高达665兆日元，房地产业全面萎缩，牵连到相关产业，引发了一系列金融危机，导致日本经济连续15年长期低迷，国力大大削弱。

（三）人群互动关系问题丛生

该问题主要表现为贫富差距过大、贫民窟问题突出，引发城市危机和社会骚乱。以城市贫困为例。2003年，联合国人居规划署发布了以全球贫民窟的挑战为主题的年度报告。报告显示，全球贫民窟居民人数在20世纪最后十年里增长到了9.23亿，增长幅度为36%（也就是说，目前全球约有1/6的人口居住在贫民窟）；如果贫民窟居民人数继续以同样速度增长，到了2030年将达到20亿。此外，有1454万人居住在发达国家城市类似贫民窟的环境里。以美国为例。20世纪50年代，美国在经历了战后繁荣之后进入了平稳发展，这一时期被通称为"丰裕的社会"。但所谓丰裕是有限度的，城市贫困问题并未消失。随着郊区化进程，郊区逐渐成为相对独立的"边缘城市"，城市中心区则成为黑人和移民等低收入群体的聚集地，出现财政危机、失业、贫困和犯罪等城市问题，甚至引发种族骚乱。城市更新运动（从1949年开始，到20世纪70年代中期结束，即中心城市再开发运动时期）也未能从根本上解决城市中心区的衰退。尤其是黑人问题，市中心区和郊区形成了截然不同的两个世界，整个国家正在走向两个社会，"一个是黑人的社会，另一个是白人的，两个社会分离而且不平等"。20世纪60年代中期，美国城市中出现了一系列种族骚乱现象。1964—1970年，多达100多个城市爆发了种族骚乱，进一步强化了白人和黑人之间的集体对立。典型的如瓦茨骚乱。20世纪90年代，美国经历了第二次城市危机。1992年4月29日，洛杉矶爆发自20世纪60年代民权运动以来最大规模的反种族歧视暴力事件，致使50多人死亡、2000多人受伤、11900多人被捕，全部经济损失约10亿美元。美国政府动用了2.2万名军警，才平息了这次骚乱。

法国巴黎郊区也曾多次发生大规模骚乱（2005年10月、2009年8月）。

此外拉美、非洲、南亚等地"殖民式城镇化"所造成的恶果日益彰显，宗主国强制性照搬发达国家的城镇化模式，使大量失地农民涌入城市，加剧了城市贫困。20世纪80年代，许多拉美国家陷入持续的经济衰退和债务危机，城市问题也越来越严重，被国际社会称为"失去的10年"。

巴西是过度城市化的典型国家。经过几十年努力，经济发展获得巨大成就，由农业国转变为现代工业化国家。1960年，巴西人均国内生产总值为1049美元，到1980年达到2486美元，2000年人均国内生产总值为3587美元。城市化率由1960年的56%，提高到1980年的67.6%，2000年的81.2%（同期世界平均水平仅为46%）。巴西城市化过程中存在的突出问题是贫富差距过大。国际上采用基尼系数来衡量收入差距，以0.4为警戒线。巴西的基尼系数由1960年的0.5上升到1995年的0.6。到

1999年时，占人口1%的富人拥有国家53%的财富，而占人口20%的贫困家庭仅拥有2.5%的社会财富。目前，巴西全国贫困人口仍占34%，14%的人口未解决温饱。1998年以来，巴西失业率保持在两位数以上。高失业率导致城市贫困人口的增加。城市贫民大部分住在贫民窟。近20年来，巴西城市人口增长了24%，贫民窟人口增长了118%。据2000年的人口普查，巴西有贫民窟3905个，遍及所有大城市，现已发展到中等城市。圣保罗州是贫民窟最多的州，有1548个。作为现代化的国际大都市和世界十大著名旅游城市之一，里约热内卢市城区人口550万人，其中有150多万人住在贫民窟里，4万人以上的贫民窟20多个。贫民窟问题成为巴西最为棘手的社会矛盾之一，不仅影响两代人的发展，而且影响社会安定和生态环境。一些贫民窟为黑社会所控制，成为城市犯罪的窝点。2009年10月3日，里约热内卢市取得2016年奥运会的主办权。然而仅仅过了不到两周，该市警方的直升机竟在光天化日之下被黑帮击落。

自20世纪70年代以来，非洲国家的城市危机也在加剧，20世纪80—90年代已经成为非洲大陆的"城市危机"时期。在肯尼亚首都内罗毕，近半数人口居住在大大小小数十个贫民窟里，其中，离中心仅4公里的基贝拉贫民窟3平方公里左右的面积内居住着70万到100万人口，是世界上最大的贫民窟之一。

还有印度，也曾因种姓问题多次发生社会骚乱。

五　国外资源枯竭型城市城镇化发展对中国的启示

目前，中国正经历着世界上规模较大、速度较快的城市化进程，中国城市化发展令人瞩目，但在发展过程中遇到的问题也极具挑战性，诸如自然资源短缺、能源需求增长、空气污染与交通拥堵严重、生态环境恶化、人居环境脆弱、形象工程盛行、公共安全危机、社会阶层分化（城市化进程中农民利益未得到根本保障）、公共财政不足、城市政策失衡、"土地城市化"大于"人口城市化"等等。吴良镛院士认为：全世界都将面对难以解决的城市问题，"城市可能是主要问题之源，但也可能是解决世界上某些最复杂最紧迫问题的关键"。研究、汲取和借鉴所有先行国家的成功经验和惨痛教训，对探索中国特色城镇化道路，促进我国城镇化的健康、有序发展具有重要意义。

(一) 城市发展不能以牺牲乡村为代价

自改革开放以来,中国的城市发展取得了很大成就,城市化水平从1979年18%提高到2009年的46.6%左右,目前拥有6.22亿城镇人口,形成建制城市661座,其中百万人口以上特大城市118座,超大城市39座。加快推进城市化,是21世纪中国面临的一个重大课题。城市化是未来支撑中国经济最重要的支柱力量。但是,在推进城市化的同时,我们千万不能忽视农业和农村经济的发展。由于历史的原因,中国用人为的制度因素或行政手段(如户籍制度、社会福利保障制度、基本生活品供应制度、教育制度、差别就业制度等)将城乡分割开,导致中国的城乡二元结构由来已久,这亟须引起特别重视。

一般来说,到访过美国的人,对其城乡一体化的景象印象都会较深。如在洛杉矶、休斯敦等大都市周围100多公里内,很难分清城市和乡村的界限。最新研究报告认为,不少美国大都市外围产业链上的村镇居民,其"幸福指数"甚至高于市内居民。为什么美国的城乡差别比较小?最主要的一点是促使经济和社会发展的机会沿交通干线向城郊和农村扩散。美国缩小城乡发展机遇差别的主要途径在于,城乡居民接受教育,特别是高等教育的机会平等。比如1968年实施的《民权法案》(给黑人等少数族裔更多的教育和工作机会)和德克萨斯州20世纪初实施的《前百分之十法》规定:高中毕业生只要其综合成绩进入本校排名前百分之十,德州境内的名牌大学就必须录取,这使非重点高中的毕业生也有机会进入名牌大学。这样确保黑人等少数族裔,特别是中低收入家庭的子女,有机会享受优质高等教育。再如,各州在消费税上向城郊和农村地区倾斜,促使消费机会向内陆州扩散,把消费和发展的机会送给远郊和农村。国际经验表明,凡是城市化水平高的国家,其农业也相应地较为发达。美国是在城镇化、工业化的同时实现农业现代化的,农业生产率的迅速提高解决了粮食和原料问题,并为工业发展提供了广阔的国内市场。同时,农产品的出口为工业化和城镇化提供了大量积累资金。

日本在处理城市与农村发展关系方面较为成功,政府在关注三大都市圈发展的同时,制定了大量法律促进农村的健康发展。如自20世纪60年代以来制定了《农业基本法》、《新全国综合开发计划》、《农村地区引进工业促进法》与《工业重新配制促进法》等,促使工业由大都市向地方城市和农村转移，农村地区涌现出了许多大企业的卫星工厂或分厂；为扶持山区农村及人口稀疏地区的经济发展，日本政府制定了《过疏地区活跃法特别措施法》、《山区振兴法》等。同时，日本政府也比较重视对农村、农业的投资，注重投资方式的多样化。中央政府主要对建设项目进行财政拨款及贷款，地方政府除财政拨款外还可发行地方债券进行农村公共设施建设。农村基础设施的改善，加强了城乡间的联系，也为实现城乡统筹发展、城乡一体化提供了可能。到1980年，农村从事第三产业的比率高达42%，使小城镇获得较快发展。

巴西的情况正好相反，在城市化过程中，片面强调城市的扩张而忽略了农村的发展，导致城乡之间存在着巨大的差距，强化了城乡二元经济结构。

正反两方面的例子告诉我们，要实现城乡一体化，必须纠正传统的偏重城市的政策倾向，在城镇发展与农村发展之间形成一种良性的互动关系。城乡统筹发展将是中国经济持续发展的极为重要的动力。2009年末的中央经济工作会议提出，把统筹城乡区域协调发展与推进城镇化结合起来，大力拓展发展空间。有数据显示，中国城镇化水平每提高一个百分点，就有1000多万农民转化为城里人。

城市流动人口和农民工问题，是目前中国城市发展与社会建设中面临的一个重大问题。目前，每年2亿多进城务工农民，是世界上最大的"钟摆式移民"（两栖人口），它形成了独特的"春运潮"，造成了国家和社会资源的巨大消耗与浪费（例如，全国铁路春运人数：2000年1.28亿，2009年1.92亿，年均增长4.6%；全国公路春运人数：2000年14.5亿，2009年21.1亿，年均增长4.2%）。"钟摆式移民"不能长远融入城市成为市民，是城镇化质量不高的主要原因。农民工进城创造了大量财富，对于城市和国家，作出了巨大贡献，但他们在城市没有得到应有的权利和回报。长此以往，将成为社会不稳定因素。虽然近年来推进城乡二元户籍制度改革取得了明显进展，但大多数城市仅把户籍制度改革停顿在"投资移民"、"技术移民"上，阻碍农民工转化为稳定的城市产业工人和市民。一些地区虽然取消了农业户口和非农业户口的名称，但并未改变附加在户口上的不平等制度。因此有专家指出，中国走上了一条给未来积累巨大社会风险的城市化道路。

单靠城市化本身的自然发展并不能真正减少农民工进城，自动解决农民工问题。城市化应考虑到进城农民的权利，防止出现农民工进城后的边缘性贫困。关键是要为农民进城就业创造更多的机会。我们必须调整城市建设的思路，在城镇规划、住房建设、公共服务、社区管理等方面考虑到进城就业农民工长远发展的需要，使农民工有能力进入到城镇，有条件居住在城镇，有机会在城镇发展，真正融入城镇生活。也就是说，必须在快速城市化进程中统筹城乡发展。一方面要放开户籍限制，促进农村移民更好地融入城市社会，另一方面要加大城市公共产品的供给，特别是住房保障，避免城市贫民窟蔓延。2009年的中央经济工作会议提出，要把解决符合条件的农业转移人口逐步在城镇就业和落户作为推进城镇化的重要任务，放宽中小城市和城镇户籍限制。国家发改委发展规划司司长李守信在2010年3月29日说，在中国6.22亿城镇人口中，有1.67亿为农民工，其中3000万为农民工家属。这些农民工生活、工作在城市，却没有享受到城市居民同等的权益，也没有享受到他们创造的经济成果。应该采取一定的政策措施，使在城市居住半年以上、未取得城市户籍的农民工，有序地转移到城市。2010年5月27日，国务院转发了国家发改委《关于2010年深化经济体制改革重点工作的意见》。该《意见》在"推进城乡改革"部分提到，深化户籍制度改革将加快落实放宽中小城市、小城镇特别是县城和中心镇落户条件的政策。进一步完善暂住人口登记制度，逐步在全国范围内实行居住证制度。这是首次在国务院文件中提出在全国范围内实行居住证制度。中国城镇化的过程，也是消除二元经济结构的过程，是构建城乡一体化发展格局，推进农民工市民化的过程。温家宝总理多次提到"要让人民生活得更加幸福、更有尊严，让社会更加公正、更加和谐"，起码农民工的经济和生活要有保障，能够享受到的公共服务有保障，基本权利有保障，然后政治权力能够逐渐得到保障。

同时，巴西的经验教训提醒我们，城镇化能否健康发展，与农村的土地制度关系很大。保持农民土地承包经营权的稳定，使农民在城市站稳脚跟之前，在城乡之间能够"双向"流动，对城市化的健康发展至关重要。让农民既进得了城，又回得了乡，就不会既失业又失地，变成没有回旋余地的社会问题。

关于土地问题，事实上，十七届三中全会决议就提出要逐步建立城乡统一的建设用地市场，农村集体经营性建设用地可与国有土地享有平等权益。2009年8月，国土资源部与四川省及成都市政府签署合作协议，探索农村集体土地使用制度改革、深化征地制度改革。但是，现阶段要真正做到城乡同地同权同价还存在难度。在尚未出台全国性文件的时候，城乡统一的建设用地市场究竟是什么样子，是不是很多人理想中的城乡平等的"同地同权同价"的市场，目前尚无定论。

（二）走多元化城镇发展道路、形成多极多层次的城镇体系

从城市的空间分布和规模来看，存在两种城镇化模式：集中型城市化和分散型城市化。二者各有利弊，必须有机结合，走多元化的城镇发展道路。从世界城镇化的发展趋势看，随着经济全球化、信息和交通技术的进一步发展和运用，城市的发展潜力与其现有规模间的关系逐步减弱，反而更加取决于该城市与全球其他城市的相互作用强度和协同作用的强度，从而有可能使若干全球信息节点城市发展成为世界城市或国际性大都市，最终促成多极多层次的世界城市体系的形成，推动世界级城市、跨国级城市、国家级城市、区域级城市和地方级城市的分工协作。从过去的发展历程看，一个国家的首位城市将在形成世界城市体系的过程中能发挥很大的作用。例如，自从20世纪80年代电信业被广泛应用之后，纽约、伦敦、东京、法兰克福、圣保罗、中国香港、悉尼等城市的中心商务区或国际商务中心都得到了极快的发展，对所在国经济乃至全球经济发挥了积极的作用。

2009年末的中央经济工作会议、2010年的中央一号文件提出，要积极稳妥推进城镇化，提升城镇发展质量和水平。中国实现城市化将是一个比较长的历史过程，要延续到2020年以后，不能急于求成。推进城镇化，关键是逐步形成合理的城镇体系，提高城镇综合承载能力，促使大中小城市和小城镇协调发展。不能将城镇化片面理解为发展大城市，也不能简单化为遍地开花发展小城镇。结合各国城市化和小城镇发展的经验，加快中国城市化进程，必须从国情出发，积极培育区域中心城市，形成"发展极"和等级次序相对合理的大中小城市序列，带动城乡协调发展。近年来，大城市人口增长高于中小城市和小城镇。大城市、城市群/带是国家核心竞争力的主要载体，理应重视和发展。但小城镇是国家城镇体系的"基层"。大中城市发达，而小城镇萎缩衰退的城镇体系，将会是一种畸形的、不可持续的体系。

中国应坚持两条腿走路的方针：第一，要加快发展中小城市（镇）。

在以大城市圈为核心的城市化进程中，中小城市的作用至关重要。中国有7亿农村人口，不可能全部进入大城市，否则会引发大城市人口过度膨胀所带来的"城市病"。巴西的教训值得借鉴。目前，中国的大城市和小城市（镇）在发展方面存在严重失衡。某位法国驻华大使离开中国前曾说，中国的大城市像欧洲，小城镇和农村像非洲。可见，中小城市和小城镇属于当前我国城镇化过程的薄弱环节。因此，应把中小城市和小城镇的发展作为城市化的重点。第二，要培育具有全球竞争力的城市群/带。经济全球化正在深刻地影响当代世界的城市化发展。培育具有全球竞争力的大都市已经成为城镇体系发展的一个战略目标。发达国家的主要大都市及其所在区域在全球经济中的主导地位日益显著，成为所在国家参与全球竞争的战略性节点。中国目前已有三大都市圈（或称城市群）：珠三角、长三角、环渤海地区。它们在推动国民经济发展和吸纳农村人口方面具有举足轻重的作用。《2009年中国城市竞争力蓝皮书》提出，中国竞争力最强的城市前10名依次是香港、深圳、上海、北京、台北、广州、青岛、天津、苏州和高雄，这实际由四个地区构成，珠三角3个，长三角2个，环渤海3个，台湾2个。而且，大城市、工业化后期的城市的增长最强劲。因此，应适当选择城市群和都市圈的空间布局和发展道路，着力实施中心城市和城市群带动的城市化发展战略，提高城市化质量和水平，这是培育和发挥区域增长极的重要途径。要对东部沿海、西部地区、东北老工业基地（如沈阳经济区）以及中部负担较重的地区实行分类指导。2010年2月5日，李克强同志在中央党校举办的"省部级主要领导干部贯彻落实科学发展观、加快经济发展方式转变专题研讨班"上强调，要以推进城镇化带动区域协调发展，重点加强中小城市和小城镇建设，把培育中西部地区城市群与优化提升东部地区城市带结合起来，开拓经济增长和市场需求的新空间。城镇化的进程是不平衡的，各地区不可能齐头并进。城镇化率不宜作为各地发展指标来互相攀比。目前一些地方片面追求城市化率，（全国有182座城市提出要建成"国际化大都市"）是不现实的。

（三）积极培育城市主导产业

城市发展与产业发展有着直接的关系。著名经济学家缪尔达尔的城市发展积累因果理论认为，当城市发展到一定的水平时，决定城市增长的不再是本地的资源禀赋，而是城市本身集聚资本、劳动力等生产要素的能力。这种能力取决于城市能否形成一种繁荣的主导产业,这一产业将会派生出新的产业,而新的产业又能形成一种繁荣的主导产业及其派生出的新产业。这种累积和循环的产业发展过程,推动城市不断向前发展。因此,城市发展首先要解决的就是产业发展问题。

美国和巴西城市化的经验也说明,因地制宜地培育具有竞争优势的主导产业,是保持城市活力、推动城市发展的重要条件。以美国旧金山附近的小城镇帕洛阿尔托为例,该镇是一个只有5万多人的小城镇,在发展过程中,依托毗邻斯坦福大学的优势,发展包括电子、软件和生物技术在内的高新技术产业,成为世界上充满活力的小城镇之一。可以这么说,离开了产业的支撑,小城镇将失去发展的基础。中国的小城镇建设,普遍存在产业结构雷同、特色产业不明显、主导产业不突出等现象。因此,各地要结合经济结构的战略性调整,合理定位城镇功能,着力培育本地区的主导产业,增强城镇可持续发展的能力。通过主导产业的崛起和形成,带动新产业的发展和配套设施建设,进一步促进城市发展。

日本东京都市圈的经验是,东京的工业进程经历了初级工业化、重化工业化、高加工化和知识技术高度密集化阶段,走过了一个逐步高度化和产业结构不断优化的发展道路。首先,在工业结构高级化过程中,经济结构呈现出高技术化趋势。其次,都市型工业是能够广泛吸收就业、满足现代城市功能服务的行业,一般具有劳动密集,花色品种变化快,耗水少、污染低,占地少的特点,从东京工业结构演化来看,都市型工业在整个过程中都发挥着重要的作用,一直位于主导行业之列。第三,制定合理产业政策,推动产业链形成,有助于促进产业结构调整和经济发展。要充分重视与构筑合理产业链,以优化的城市职能分工促进区域共同发展。

就中国情况而言,我们看到两个互相矛盾的城市政策:一方面,推进城市化是中国城市政策的核心,更多农民工将会进城;另一方面,每个城市都把高科技制造业、现代服务业作为发展方向,使就业基础较差的农民工在进城后难以找到收入较高的工作。因此,在城市总体规划中,应支持多元化的经济结构,为低就业门槛的就业留有余地。也就是说,在积极培育城市主导产业的同时,还要注重城市发展的多样性,保持大城市经济的多元化。日本著名经济学家青木昌彦提出,"只有一种经济组织形式的城市,是难以创造可持续发展能力的"。

(四) 制定系统、稳定、可持续的城市发展政策

城市化是中国现代化进程和经济持续增长中的核心命题，而公共政策又是中国城市化进程中举足轻重的推动变量。

中国城镇化发展的基本目标是实现集约化经济社会、流动性社会（人口流动、交通体系）、市民社会和追求可持续发展的社会。城市化指的不是城市扩大、市容更新、基础设施建设的过程，这种过程叫做城市发展。城市化的本意是农村变城市或农民变市民，其本质是农村人口转移到城市，在城市定居和工作。简单地说，城市化就是农民进城的过程。在进城之前，农民是低收入阶层。因此，城市化的过程又是处理好贫富差距问题的一个过程。显然，这是一项复杂的经济、社会与生态的系统工程，涉及到一系列的公共政策及其相互协调问题。

第一，城市化是工业与服务业发展的过程。一个国家要城市化，要使农民真正进城，需要创造越来越多稳定的、长期的非农就业岗位，使农民不仅能够进城，而且能够在城市定居，非农产业化才能最后实现。从这个意义上来说，城市化是为了更好更快地实现非农产业化。因此，要使城市化深入展开，当前的重要任务是发展适合中国国情、适合于一个地区和城市的具体条件的产业结构，创造更多的就业机会。有了好的经济政策和产业政策，一个地区的就业增长，人口才能聚集起来；而收入提高，税收增长，用于城市基础设施建设的资金才会较为充足，这样城市才能发展起来。

第二，城市化是农民进城的过程。农民工进城，凸显了社会收入差距拉大的现象。而农民工作为一个弱势群体，在很多方面没有保障——包括养老、医疗、住房、子女的教育等。在这个意义上，城市化是一个社会问题，需要方方面面的社会公共政策加以保障，需要重新思考和构建社会保障体制，这样城市化进程才能平稳进行。从长期看，不可能所有的农村都变成城市，必须坚持城市反哺农村，走城乡一体化的道路。中国在各种体制包括土地制度的保障下，成功避免了大量城市贫民的存在，避免了城市贫民窟现象。但是，在城市化进程中，低收入阶层在城市中的存在，仍然对我们各方面的经济政策提出了严峻的挑战。如何使新进城的低收入阶层和原来的"城市贵族"能够安居乐业、各得其所、相得益彰、和谐发展，是城市化进程中公共政策研究方面的一个重要课题。过去我们有些城市为了使城市更美好,为了环保,为了社会治安,为了管理上的种种方便,驱赶"城中村"、"城边村",驱赶外来农民工,这实际上是一种反城市化的行为。当前我国社会群体性事件频发,可以说是社会管理机制滞后于城市化发展的突出反映,从本质上反映了城市化带来的利益变动与冲突。

第三,城市化是土地用途转移的过程。从空间的角度来说,城市化又是土地用途转移的过程。城市化进程并不意味对农产品需求的减少,同时,城市化进程又要求城市用地、商业用地的增加,导致城市用地与农业用地发生冲突,而这又涉及到土地等一系列制度与政策的改变。例如,如何更有效地利用有限的土地进行城市化发展,如何使城市用地更加集约,在有限的土地上提供更多的住房、各种工业和商业的空间,如何使转移出来的农民所拥有的宅基地被充分利用起来,并与农民进城的进程相结合,满足城市用地的基本需求。在这方面,成都、重庆搞的农地交易所是一个有益的探索。

第四,城市化进程是一个复杂的系统工程。城市化意味着大批的农民结束了散居的农业社会生活方式,转移到城市当中,而城市人口大规模增长,大城市越来越多。人们的许多生活必需品的供给,从原来的一家一户各自解决的方式转变为公用品、公用事业的供给方式,这时候一系列有关城市公用事业发展的公共政策就变得越来越重要。如何利用有限的资源,提供价格低廉、质量有保证的各种公用品——如电力、自来水、煤气、公共交通、公共设施,垃圾处理等,就成为城市化过程中非常重要的一系列需要研究的制度与政策问题。同时,城市化进程造成大量的环境污染和破坏,说明人与自然的关系还没有得到充分研究。人口大规模聚集所产生的各种环境问题、生态问题,是下一阶段城市化进程中公共政策问题的一个焦点。此外,城市进一步向低碳生态型发展,建设低碳城市,减少城市的二氧化碳排放量,保护城市环境,是当今世界各国的城市发展方向,正在成为世界城市化发展过程中的新亮点,并影响城市在全球范围内的竞争。在目前全世界都关注全球变暖、应对气候变化的潮流中,中国作为一个发展中国家,也不可避免地要在城市化进程中把降低能耗、减少二氧化碳排放这样的问题纳入公共政策议程。因此,城市化进程是一个复杂的涉及经济、社会、环境、文化等方方面面的系统工程,其中还涉及到各方面政策的相互协调问题。针对以上问题,必须进行深入、系统地研究并制定出系统、稳定、可持续的城市政策,强化制度创新,使经济政策、产业政策、能源交通政策等与社会政策有机组合，形成一个和谐而统一的公共政策体系，来保证城市化进程的健康、有序进行。

综合起来，在讨论、制定城市发展政策时，不应该、也无法局限于具体的"城市问题"。城市发展政策具有全局作用，又带有历史影响，城市发展政策的成败并不完全在于政策本身，而取决于更加高层、宏观的国家发展政策。国家发展政策的正确与否，决定城市发展政策是否出现偏差。反之，在高度城市化的时代，城市发展政策对于一个国家经济社会的长期发展也会产生重大、经久的反作用。在制定国家经济发展政策时，必须特别重视这些政策的空间影响、城市影响。

至于"城镇化率虚高"的问题，这个问题确实存在。如果减掉1.67亿农民工，则中国城镇居民为4.55亿，城镇化率接近34.5%。如果以这个基数来作为制定一系列经济社会发展政策与城市发展政策的依据，那么，肯定与当前的政策存在较大差异。制定正确的政策需要时间，因为对问题的认识需要相当长时间的检验证明。实践和时间都是检验真理的标准。决策者在制定城市发展政策时，要特别注意防止急功近利和好大喜功。

以城市贫困为例。中国自改革开放以来，出现了前所未有的城市化高潮。我们经常听到这样一种言论，2.11亿农民工进城，却没有出现"贫民窟"，这创造了举世唯一的"奇迹"。可是这些人没有住在贫民窟，那住在哪里呢？所有讲奇迹的人都回避了这个问题。这些进城的农民工，他们是不是在城市买了商品房呢？估计很少。是不是住进了国家提供的福利房呢？好像也没听说过。是不是他们自己盖了一些棚户呢？好像也没有。那他们到底去了哪里，是上了天还是入了地？中国其实也有"贫民窟"（被称为"城中村"），但更多的进城农民无疑还是住在工棚里。中国和印度工业化进程都导致大量农民进城，但不同的是：印度农民往往卖掉土地，举家进城后占地搭建简易住房，形成为人诟病的"贫民窟"。但是这些新移民相对易于在城市建立家庭生活，同时形成社会保障压力。中国农民没有地权，不可能卖地，只可能被"征地"而赤手空拳流入城市。他们不能在城市占地，政府不许建立简易住房，又租不起更买不起常规住房，这造成大量成家的新移民只能在城内过集体生活，形成表面上比贫民窟好看的集体宿舍（工棚），并把家庭留在农村，而且自己也不可能扎根于城市，通常在"出卖青春"之后便回乡度过余生。中国因此表面上避免了贫民窟问题。目前，成都、重庆搞的城乡统筹改革非常之有意义，笔者也希望成都、重庆的城市化能开创一个新的模式。对于现代城市新移民的问题，没有尽善尽美的解决方式。数以亿计的进城农民工，我们现在不能给他们提供廉租房，同时也不允许他们在城市里自己盖起棚户区，而且我们还要整顿城中村。现在整顿城中村，大家讨论的都是如何给城中村原来的户籍人口以更多的补偿，拆迁补偿往往都是给房主的补偿，基本上不考虑租户的利益。其实城中村的改造，最大的问题是这些租户都去了哪里？这些租住城中村的农民工去了哪里？有学者提出，目前城市改造所造成的社会紧张，如果不能得到适当疏导，可能酿成更大的社会冲突。

（五）政府的适度引导必不可少

城市化是一场深刻的社会大变革，涉及到经济结构调整、社会结构变迁、城镇合理布局、区域协调发展等一系列重大问题。如同市场经济需要适度的宏观调控一样，城镇化也必须要有适度的宏观调控和引导。基于市场化的适度政府引导对城镇化的健康发展十分必要。无论在发达国家还是发展中国家，各种"城市病"或城市危机的出现，与缺乏公共政策的及时有效干预直接相关。西方发达国家曾经对这些"城市病"、城市问题感到十分棘手，但它们能够通过及时调整公共政策、进行各种政策干预，包括采用各种财政手段介入城市事务，合法限制私人对城市土地的某些不良开发利用，以及政府直接实施城市发展和改造计划等，有效地缓解了各种城市问题。要实现城市化的可持续发展，政府要在城市规划编制、城市发展方向、城市区域统筹协调等方面发挥重要作用。

1. 城市规划至关重要

城市规划说到底是一种社会契约，是为了保证社会的公众利益从而对人们行为、特别是对建设行为采取的一种约束与限制。从各国的情况看，在城市化发展的各个阶段，凡是缺乏科学权威的城市规划体系以及相关的公共政策，城镇发展就会呈现无序状态。所以，城市化发展较为成功的国家，如英国、日本和韩国政府都坚持以城市规划为主体的公共干预政策，编制了各个层面的空间发展规划——英国的城乡发展规划、日韩两国的大都市圈规划和国土综合开发规划等。

法国致力于城市"扁平化"。巴黎的城市规划传统由来已久，除少数大厦之外，大多数楼房都不超过10层。巴黎城建法规规定，市内建筑物高度必须与临近街道的宽度构成一定比例，这样，一方面从客观上降低了人口密度，缓解了交通压力，也减轻了城市医疗、教育和社区等配套服务设施的压力。另一方面，巴黎市有意识地把城市分区，将商业区、大学区、公务区和居住区分开，将一些密集办公的商务区和工业区迁到周边郊区，较好地缓解了巴黎市中心的交通和配套设施压力。

日本也比较重视城市化过程的总体布局，东京的城市规划以放射状大容量轨道交通为依托，沿轨道交通站点（多为过去的小城镇）建设生活服务、文化娱乐和治安配套完善的居民区，带动了周边大片区域的发展。

墨尔本则十分注重可持续发展与大都市规划。和许多发达国家的城市一样，20世纪80年代的墨尔本成了一个功能集中、近乎单调的大城市。个人利益的考虑、规划策略的不足、郊区发展的牵制、机动车的影响、零售商业等活动从城市中心的移出，几乎使城市患上了"摊大饼综合症"。30年后，墨尔本改变了20世纪80年代城市中心的单调和半荒芜状态。10年内（最近一次是在2003年）墨尔本三次入围《经济学人》杂志评选的"全球最适合居住城市"。

反面的例子是美国的"波士顿大开挖计划"。1959年建成的波士顿中央干道原本被寄予缓解拥堵的希望，但结果却适得其反。于是，20世纪70年代总投资146亿美元的"大开挖计划"应运而生，在长约13公里的范围内，将这条高架中央干道全部拆除，把交通引入地下隧道。

因此，我们必须提早开展城市规划，加强对城市的改造与管理。目前，低碳、生态、绿色等构成了中国城市发展的新语境。要吸取英、美等国家的教训，在城市定位、公共设施建设、公共卫生、人居环境等方面提早规划。

2. 紧凑集约发展取代无序蔓延

城市无序蔓延，使得人们在资源和环境方面付出了巨大代价，美国的郊区化是最为极端的例子。从20世纪80年代以来，西方国家开始检讨城市蔓延带来的经济、社会和环境后果，美国政府提出了"精明增长"的理念。近年来，西方国家的理论和实践主张，未来的城市发展应该采取公共交通主导的紧凑空间形态和混合土地用途，以实现人类住区的可持续发展。在中国，随着城镇化进程的不断推进，城镇人口比例将在不久的将来突破50%。目前中国每年有约1500万人进入城镇，这一趋势将在一定时期内持续。这就进一步要求我们在城市甚至区域的范围内倡导土地使用功能的混合，大力推广紧凑节地的发展模式，构建紧凑型的城市空间格局。转变经济发展方式、抑制刚性碳排放、建设低碳生态城市、提高城市的宜居度将成为我国城市发展建设中的重要课题。1957年5月24日，人民日报曾发表题为《城市建设必须符合节约原则》的社论，批评城市建设规模过大、标准过高、占地过多及在城市改扩建中存在着"求新过急"现象，即"反四过"。50多年过去了，"四过"还没被反掉。这一现象值得深思。

3. 区域统筹协调不可或缺

城镇化的本质是区域发展。无论是迈向可持续发展的目标还是应对经济全球化的挑战，城市化发展越来越需要在区域层面进行统筹协调。各国在城市化发展中都出现了由城市走向区域的趋势。1999年，欧盟制定了《欧洲空间发展战略》，为统筹和协调各成员国的空间发展提供指导框架。美国城市理论家芒福德（L. Mumford）曾指出，"真正有效的城市规划必定是区域规划"。以大都市为核心的区域层面上的空间发展管理，能够有效地促进城乡之间的协调和地方之间的合作，由此实现区域之间经济、社会和环境的均衡发展。就中国而言，加快城镇化进程，不仅要加强城乡统筹，还要注意区域层面的统筹协调。要加强各省之间、城市之间发展意图的相互衔接与配合，避免各自为政、低水平重复、形成地方性恶性竞争。区域发展规划有助于提升地区差异化核心竞争力。加拿大城市地理学家雅各布斯提出，多样性是城市的天性，也是城市增长、创新的根源。

此外，多个城市调整行政区划可能形成示范效应。2010年7月初，北京宣布了涉及最核心城区的区划调整方案：位于市中心的东城、崇文、西城、宣武四个区被撤销，同时成立两个新的首都功能核心区——东城区和西城区。新一轮的行政区划调整涉及四个直辖市和深圳、厦门两个经济特区等最核心的城市群。近一年来，上海（新浦东）、天津（滨海新区）、沈阳（大浑南）、重庆（两江新区）、深圳（特区扩容至全市）、厦门（特区扩容至全市）等城市也陆续调整行政区划，并有可能成为一种趋势，并形成某种示范效应。《人民日报》海外版发表文章，标题是"高层级区划调整指向核心城市，行政为经济让路"。对于严格管制户口和以行政区划为单位进行规划的中国城市而言，行政区划调整无疑将改变一个地区居民的"生态"环境，因此经常引起巨大关注。围绕行政区划调整，各方观点不一，见仁见智。有人认为，行政区的调整不能变成房地产商的开发冲动，否则这就是悲哀；有人认为，行政区划非调不可，而且已经具备了相应的调整条件；也有人认为，区划调整不能形成习惯，应该是一种小概率事件，不能普遍采纳；还有人认为，影响是两方面的，利好效应有三个方面，即资源整合效应、边界整合效应和管理整合效应，负面影响是可能造成规模扩大化、发展门槛低端化，以及编制、机构盲目扩张化。中国城市规划设计研究院城市与区域规划设计所副所长张险峰认为，中国现在扩大行政区的做法和国际上的大趋势恰好相反。国外现在更多的是强调分权治理，这样会给各区带来更多的自主权和竞争力。国外的城市和中国城市很大的一点不同就是，它们不需要通过发展土地拉动经济的发展，而是通过资产的增值、技术的进步来带动城市变革，所以不会像中国一样，希望区域越大越好。国外的城市更强调的是功能架构和空间架构，而不是我们所强调的行政架构，他们的城市是松散的行政关系，却有十分紧密的市场关系，一切按照市场规律办事。也就是说，国外的行政边界一般轻易不动，保持延续性。但是行政区划不动，并不影响协作，可以通过协作的方式来发展。比如荷兰的阿姆斯特丹机场，它在另外一个城市的边界处，加一条跑道就到别人的行政区了。它由两个市政府来进行协调，行政边界感觉不到严格意义上的差别。据《南方周末》报道，2009年，中国地方政府土地出让金收入总额达15000亿元，土地出让金收入过千亿的城市有杭州和上海两市。其中土地出让金超过地方财政收入的城市有杭州、佛山、厦门、武汉和宁波等市，土地出让金超过地方财政收入50%以上的城市有沈阳、成都、天津、济南、合肥、常州、无锡、广州、大连、南京等市，土地出让金超过地方财政收入50%以下的城市有北京、青岛、上海、苏州等市。此外，国外的区划很难动，也存在老百姓意愿因素，即城市规划中的公众参与问题。政治家一般都得讨好老百姓，而不是我想干就干，不会像中国这样比较省事儿。这次北京区划调整出现了争议，老百姓觉得崇文、宣武名字不见了，舍不得，他们事先也不知道，突然之间就调整了。在实践中，怎么样才能合理、合法地进行区划调整，民间意见很少被听取，好像只能根据政府的意图来实施，缺乏明确的法律规定。有专家提出，重要的并不在于划几个区或者合并几个区，针对目前我国所处的发展阶段，迫切需要的是城市或区域管理的观念要真正转变。例如，日本现在的47个都道府县行政区域体制，早在一百多年前就已形成框架，至今没有大的改变。一些学者和专家、甚至管理部门的人员也曾提出过各种行政区合并或调整方案，但由于大的区域范围调整或改变的成本很高，并且由此会引发许多不便，因而几乎没有动过。事实上，日本在20世纪60、70年代的区域行政管理问题也不容乐观，经过其后数十年的不断改革调整，并结合当时所面临的国内外环境采取了许多有利于都市间、区域间交流和要素畅通的措施，使得各个行政区之间的交流逐渐趋向便利和一体化。日本的新干线是全球运营效率较高的高速铁路系统。东京至大阪新干线尽管在1964年东京奥运会开幕之前才正式建成通车，但是，建设这条新干线的规划设想早在明治维新时期就已形成，在其后的100余年时间里，该项工程的空间部署及其建设所需土地都一直得以保留，并未因发展阶段转换及其行政管理调整而变化，给人印象深刻。

借着经济调整的时机，区域经济发展已经成为我国经济体中最具活力的领域。而从2008年底到2009年底一年时间内，国家区域经济规划接连出台，到年底已达13个，是中国政府出台区域经济发展规划最多的一年。2010年新年伊始，《长江三角洲地区区域规划纲要》出台。事实上，中国发展到现阶段，改革开放初期靠点状拉动中国经济发展的方式出现了一些新的问题，比如低水平重复建设、地方性恶性竞争等。解决这些问题的方法是扩大区域。从趋势上来看，点状拉动将走向区域经济一体化，也就是发展到更大范围的区域合作。国务院发展研究中心金融研究所副所长巴曙松预计，城镇化推动区域均衡发展将会进一步成为重要的政策切入点。与此同时，要加强发展规划、城市规划、土地利用规划三大规划之间的协调，提高规划的权威性。对此，可以学习新加坡"规划高于权力"的机制——总规划师负责制，杜绝"一任市长、一个规划"的现象。城市规划不应是长官意志的蓝图，不能为了满足某些人为的"功能"（如形象工程、政绩工程）而忽视了社会实际问题的解决。当前，中国绝大部分城市和小城镇都已编制发展规划，不少城市甚至进行了多次修编和调整。但是，中国城市发展规划的法律约束力很弱，随意改动现象严重，致使规划难以落实，"规划规划，墙上挂挂"。目前，不少城市规划缺乏特色，"千城一面"，"南方北方一个样，大城小城一个样"，甚至造成所谓"建设性破坏"，城市的历史、文化底蕴丧失殆尽，这是需要城市决策、规划、建设者们尽量避免的。

4. 国家应给予资源枯竭型城市可持续发展必要的政策支持

资源枯竭型城市大都为国家经济社会发展做出了巨大的贡献，但资源枯竭型城市的自我调控能力有限，国家应制订相关政策，指导和促进这些城市的发展。应设立专门用于资源枯竭型城市企业产业结构调整的专项资金，用于发展高新技术产业；要利用宏观调控手段积极促进地区间经济结构调整，引导经济发达地区向资源枯竭型城市实施产业战略转移和技术辐射，特别是向劳动密集型产业的转移，帮助解决资源枯竭型城市产业结构和就业结构问题；在产业布局上，要优先安排能够发挥资源优势、市场潜力大、国际竞争力强的重大项目；要建立健全社会保障体系，对于一些"特困型"的资源枯竭型城市，国家应拿出一定专项资金，用来解决下岗职工、退休职工"低保"生活待遇，以减轻资源枯竭型城市自身的压力。

第五章 湖北省黄石市城镇化的历史沿革

一 湖北省黄石市概况

黄石市位于长江中游、湖北东南部，1950年8月建市，是新中国成立后湖北省最早设立的两个省辖市之一。毛泽东主席两次亲临黄石市视察工作。全市现辖大冶市、阳新县和黄石港区、西塞山区、下陆区、铁山区四个城区及一个国家级经济技术开发区（黄石经济技术开发区），总面积4583平方公里，总人口260万，是我国中部地区重要的原材料工业基地和沿江对外开放城市。黄石市是华夏青铜文化的发祥地之一，也是近代中国民族工业的摇篮，有3000多年开发史、100多年开放史和60多年的建市史。黄石市素有"江南聚宝盆"的美誉，境内矿产资源非常丰富，已探明矿产4大类78种。黄石市地理区位优越，自然环境优美。黄石市是全国53个重点港口城市和133个客货主枢纽城市之一，处于京广、京九两条铁路大动脉与京珠、沪蓉、大广、杭瑞四条高速公路和长江黄金水道的交汇地带，是承东启西、贯南通北之地。

在中国众多的资源型城市中，湖北省黄石市是资源枯竭型城市一个典型代表。黄石市是以本地铁矿、铜矿、煤炭、石灰石等矿产资源开采、加工，生产钢、铜、水泥、能源为主导产业的综合性资源型城市。据统计，建市以来，黄石市累计向国家提供铁矿石1.9亿多吨、铜精矿（含铜金属）75万吨、原煤7000多万吨、各种非金属矿5.6亿吨；累计产钢3000多万吨、铜300多万吨、水泥1.38亿吨。截止目前，黄石市累计上交利税270亿元，加上统配价差，黄石市工业累计为国家贡献约350亿元左右，相当于国家同期投入的6倍，为中国的经济和社会发展做出了重要贡献。

经过多年来大规模的开采，目前黄石市主要矿产资源进入了开采晚期，保有储量大幅下降，煤、铁、铜、钴和金的保有储量分别只占累计探明储量的24.25%、23.03%、39.68%、26.90%和39.52%，可开采资源严重不足。铁矿石开采量由最高年份的620万吨下降到目前的285万吨，原煤开采量由最高年份的264万吨下降到目前的140万吨。黄石市在2008年向国务院申报"资源枯竭型城市"的报告中称，目前市区142家矿山企业，相继闭坑22家，关停非金属矿山33家，无法正常生产、急待关闭的17家。在现存生产的70家矿山中，50%以上的矿山剩余服务年限不足10年。

如同其他资源枯竭型城市一样，由于由于矿产资源逐渐枯竭和缺乏统筹规划等原因，黄石市在发展过程中也积累了许多矛盾和问题，主要是传统产业转型难，经济结构失衡、失业人口较多，就业和社会保障压力较大、地表植被等生态环境破坏严重，恢复环境和治理污染任务重，维护社会稳定压力较大等。2008年3月，黄石市所辖的县级市——大冶市，被国务院公布为我国首批12个资源枯竭型城市之一，2009年3月，黄石市本身也被列入全国第二批32个资源枯竭型城市名单。在国务院公布的两批共44个资源枯竭型城市中，黄石市就占了两个，这种情况在全国也仅为黄石市所独有。黄石市这个资源枯竭型城市必须加快转型，实施新型城镇化战略，寻找接替产业，加快城市赶超跨越和率先崛起

二 湖北省黄石市"城镇化"溯源

根据人口数量，国际上一般把城镇划分为特大城市、大城市、中等城市、小城市和建制镇。所谓城镇化，就是农村人口进入城市的过程。城镇化是世界各个国家和地区经济社会发展的必然趋势和必由之路，是一个国家或地区现代化程度的重要标志。目前，发达国家已经实现了城镇化，城镇人口占总人口的比例都在70%以上，有的国家已经超过了90%。改革开放之后，中国进入了城镇化加速发展的时期。中国城镇人口的比例已经由1978年的17.92%提高到2006年的43.9%，以每年接近1个百分点的速度增加。特别是2000年以来，中国城镇化加速的趋势比较明显。

（一）党代会报告中的"城镇化"

早在 2002 年中共十六大时期，中央就提出要"全面繁荣农村经济，走中国特色城镇化道路，小城镇建设与乡镇企业、农村服务相结合"，首次提出了城镇化的概念，并在 2004 年、2006 年和 2007 年的中央一号文件中就大中小城市与小城镇协同发展、城乡统一人才与劳动力市场、加大乡村基础设施建设、促进基础设施与公共服务向农村延伸等问题进行了具体的部署。

2007 年的中共十七大，进一步提升了城乡一体化和城镇化问题的重要性，提出要"形成城乡经济社会发展一体化新格局，积极稳妥推进城镇化，建设城市群，培育新的经济增长极"，在随后的 2008、2009 和 2010 年的中央一号文件中，就城乡一体化体制机制改革、稳步推进扩权强县改革试点、放宽中小城市、小城镇落户政策等城乡一体化和城镇化的关键问题做出了统一的部署。

2012 年中共十八大的召开，将城镇化提升到了前所未有的高度。在中共十八大报告中七次提到了城镇化，从"区域协调发展"，上升至全面建设小康社会的载体，更上升至实现经济发展方式转变的重点。可见城镇化在实现全面建设小康社会的实践中占据越来越重要的地位。城镇化地位的急速提升体现了党和国家的新一代领导集体对于城镇化工作的重视。

（二）国家经济社会发展五年规划中的"城镇化"

国家经济社会五年规划中，全面的反映了党代会的精神实质。

在"十五"规划中，中央着重提出了要"实施城镇化战略，促进城乡共同进步"，要"有重点的发展小城镇，积极发展中小城市，完善区域性中心城市功能，引导城镇密集区有序发展"，"重点发展小城镇的我国推进城镇化的重要途径，关键在于繁荣小城镇经济，引导农村各类企业合理集聚，完善农村市场体系，发展农业产业化"。

"十一五"规划提出要"建设社会主义新农村，促进城镇化健康发展"，指出要"建设或培育城镇群"、"分类引导人口城镇化"、"解决进城务工人员、失地农民社会问题，鼓励农民就近定居，控制特大城市人口"和"加强城市规划建设管理，健全城镇化发展体制机制，改革城乡分割的就业管理体制"以此作为未来五年中国城镇化进程中的关键环节。

"十二五"规划中对城镇化有了更加明确而具体的规划,提出要"强农惠农,建设社会主义新农村,积极稳妥推进城镇化",要将"农业人口转移为城镇居民",要全力推进"中小城市和小城镇根据实际放宽落户条件,进城农民工改善社会保障和住房保障"工作。通过对党代会报告和经济发展五年规划的深入解读,我们可以明确,城镇化是一个系统工程,绝非简单引导农村人口进入城市,它至少包含以下五方面内容:经济体制改革的目标是依靠非公有经济推动中国经济转型,必须消除城镇内部的二元结构;要促进创新和升级,提升工业生产效率,为服务业发展打开空间;城镇化意味着农业人口不断进入城市,粮食安全必须保障,所以城镇化与农业现代化密不可分;加快城镇化离不开房地产行业的平稳健康发展;城镇化进程既要重视中小城市和小城镇建设,也要重视培育新的城市群。

三 湖北省黄石市城镇化发展历史

(一) 就中国成立后黄石市城镇体系的总体变化

1949年5月15日,中国人民解放军解放石黄镇。

1949年5月15日,大冶解放。

1949年6月12日,经中原临时人民政府批准,设置"湖北大冶特区办事处",直属中原临时人民政府领导。6月9日,成立大冶县人民政府。9月29日,石黄镇、铁麓等乡成立"湖北省大冶工矿特区人民政府"。《湖北省人民政府鄂民字第715号文》为"石黄工矿特区"。特区人民政府,在市区设黄石港、石灰窑镇公所;郊区农村设申五、长乐、下章、铁麓等四个乡人民政府。

1950年6月16日,石黄工矿区改组为市,定名"黄石市"。1950年8月21日,省辖黄石市正式成立。

1952年6月,大冶县划归黄冈专署管辖。

1959年1月26日,大冶县从黄冈地区划出,改属黄石市。同年12月,撤销大冶县建制,并入黄石市。

1962年6月1日,恢复大冶县建制,仍属黄石市。

1979年,黄石市正式设立黄石港、石灰窑、下陆、铁山4个县级市辖区。

1992年，湖北省人民政府批准黄石经济技术开发区为省级高新技术和经济技术开发区。

1994年4月28日，大冶撤县建市，定名大冶市。1995年1月1日，大冶市正式建市。

1996年12月2日，国务院批准阳新县从咸宁地区划归黄石市。

1999年，建立黄石高新产业开发区、花湖开发区、团城山开发区。2002年，整顿开发区，正式建立黄石经济技术开发区（副厅级）。

2001年10月12日，石灰窑区更名为西塞山区。

2006年，黄金山工业新区成立。2006年6月20日，大冶市政府委托黄石经济技术开发区托管黄金山工业新区协定签字。

2007年12月12日，国务院批准武汉、黄石、鄂州、黄冈、孝感、咸宁、仙桃、天门、潜江等9个城市组成的武汉城市圈为全国资源节约型和环境友好型社会建设综合改革配套实验区（即"两型社会"），黄石市被定位为"武汉城市圈副中心城市"。

2008年9月，武汉城市圈《资源节约型和环境友好型社会建设综合配套改革试验总体方案》获国务院批准

2010年3月21日国务院批准黄石经济技术开发区升级为国家级经济技术开发区，实行现行国家级经济技术开发区政策。

（二）黄石市城镇发展的时序特征

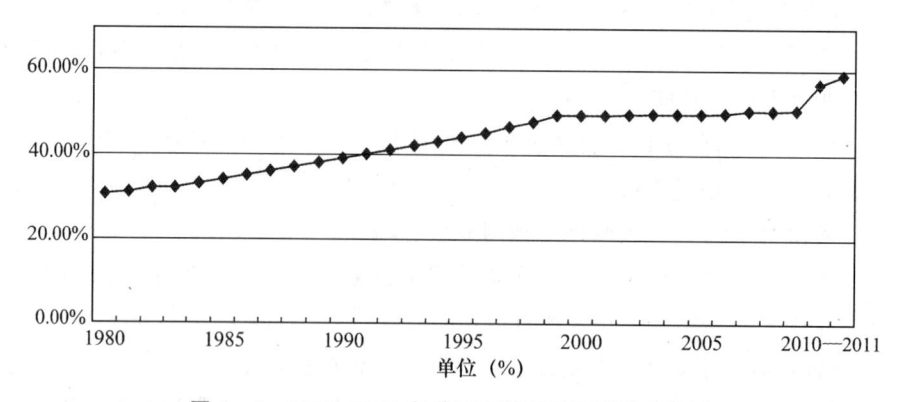

图5-1 1980—2011年黄石市城镇化率变动趋势图

黄石市可以追溯的城镇化历史起始于 20 世纪 80 年代。图 5-1 为 1980—2011 年黄石市城镇化率变动趋势图，从图中可以看出，自 1980 年以来，黄石市的城镇化率始终处于相对比较平稳的上升态势之中。

表 5-1　　黄石市 1980—2013 年城镇化率变动趋势统计

年	城镇化率（%）	地区常住人口（万人）	城镇人口（万人）	年	城镇化率（%）	地区常住人口（万人）	城镇人口（万人）
1980	30.50	172.41	52.59	1997	46.52	218.99	101.87
1981	31.00	176.21	54.62	1998	47.66	224.09	106.81
1982	32.00	179.57	57.46	1999	49.31	232.18	114.48
1983	32.00	181.63	58.12	2000	49.29	234.95	115.8
1984	33.00	184.16	60.77	2001	49.29	235.93	116.29
1985	34.00	188.73	64.17	2002	49.50	236.84	117.23
1986	35.00	190.56	66.7	2003	49.60	237.77	117.94
1987	36.00	192.46	69.29	2004	49.60	238.69	118.39
1988	37.00	194.32	71.9	2005	49.61	239.9	119.01
1989	38.00	195.48	74.28	2006	49.75	240.95	119.87
1990	39.00	197.35	76.97	2007	50.41	241.9	121.94
1991	40.00	199.25	79.7	2008	50.35	242.2	121.95
1992	41.00	200.88	82.36	2009	50.55	242.61	122.64
1993	42.00	212.86	89.4	2010	56.80	242.93	137.98
1994	43.00	213.89	91.97	2011	58.95	243.46	143.52
1995	44.00	215.36	94.76	2012	—	—	—
1996	45.00	216.45	97.4	2013	60.10	—	—

数据来源：《黄石市统计年鉴》（2013）

从 1980—2011 年黄石市城镇化率变动趋势图（见图 5-1）和黄石市 1980—2013 城镇化率变动趋势统计表（见表 5-1）中可以看出，黄石市的城镇化进程可以大致分为三个阶段（见表 5-2）。

表5-2 黄石的城镇化进程中的阶段划分

阶段	属性	年度	城镇化率变动	阶段特征
第一阶段	自然增长阶段	1980-1998	30.50%-47.66%	就业驱动、人口自然迁移（人口城市化）
第二阶段	城镇化瓶颈阶段	1999-2009	49.31%-50.55%	城乡分割严重、高代价的粗放式城镇化
第三阶段	高速发展阶段	2010年后	56.80%-60.10%	创新驱动、内需主导、产业优先、以人为本、理性发展、城乡一体（农村城镇化）

第一阶段，自然增长阶段，时间为1980年到1998年，城镇化率的变动从30.50%到47.66%。黄石市矿产资源极为丰富，矿产资源开发历史悠久，截至今日，资源开发仍然是黄石经济发展的主要增长点。矿产资源采选业和冶炼加工业不仅是黄石市吸纳就业的主渠道，而且带动了运输业、修理业、餐饮业、服务业等产业的迅猛发展。黄石市最初的城镇化就是得益于此。此外，随着地区经济的发展和城乡差异的存在，使得农民进城就业、居住成为了一种趋势。城镇化率在很长一个时期内就是靠着这种"自然的增长"而逐步提高，即单一的农村人口向城镇转移（人口城市化）。

第二阶段，城镇化瓶颈阶段，时间为1999年到2009年，城镇化率的变动从49.31%到50.55%。十年间，长期的矿产资源粗放式开发利用导致资源枯竭趋势明显，产业吸纳就业的能力日趋下降，同时由于城乡差异的日益显著，城镇化已经从简单的就业驱动变为"农民市民化"的过程。然而，由于基础设施建设的限制，城镇化遭遇发展瓶颈，在这个阶段演变为简单粗放的城镇化，即通过大规模投入基础设施建设实现城市的版图扩张，以此来容纳新增的人口。同时由于社会保障、公共服务等的限制，致使人口的迁移速度增长缓慢。十年时间只增长了1.24个百分点。

第三阶段，高速发展阶段（跨越式增长阶段），时间为2010年后，城镇化率的变动从56.80%到60.10%。从发达国家城市化普遍经验看，不管是小城镇还是大中城市发展都经历由慢到快再到慢的过程，都要经历起步期、加速期、成熟期、发展期等阶段，其中50%是重要转折点。而黄石市2009年城镇化率为50.55%，2010年为56.80%，恰好越过了

50%的转折点，黄石市也由此进入到了城镇化的快速发展阶段，实现了跨越式的发展。这个阶段的基本特征是以资源枯竭城市的经济转型为推力，以工业化为基础，以市场化和国际化为动力，以信息化为催化剂，创新驱动、内需主导、产业优先、理性发展、城乡一体，城镇化进程在这个阶段已经不在是单一的人口城市化，而过渡到了农村城镇化的高级形式，即农村劳动力的就地转移（农村城镇化）。

2010年以来，黄石市城镇化走出了一条跨越发展的新路，城镇化水平稳居全省第三位，高于全国和全省平均水平。为了进一步实现"宜居城市"这一目标，黄石市将以重点骨干企业为依托，培育大产业，同时着力构筑黄石市大旅游系统，促进县域经济和镇域经济跨越式发展，建设鄂东特大城市。力争到2015年，城镇化率达到65以上，市域中心城市（黄石市区大冶市区）人口120万人，城市建成区扩展至100平方公里以上，力争在湖北省14个大城市中进入前4位。

跨越式的发展得益于地方政府对城镇化的高度重视，黄石市政府从九五计划开始就将城镇化率作为衡量地方经济社会发展的一个重要指标，进行了严格的目标控制（见表5-3）。

表5-3　　　　　　　　黄石市"九五"计划到"十二五"规划

规划	时间（年）	目标	实际完成
"十二五"规划	2011-2015	2015年城镇化率达到60%以上	2013年7月城镇化率已经超过60%
"十一五"规划	2006-2010	城镇化进程继续保持高于全省平均水平，2010年城镇化率达到55%	2010末城镇化率达到52.2%（2012年统计公报数据，2012年统计鉴中为56.8%）
"十五"计划	2001-2005	城乡结构有所改善，城镇人口占总人口的比重提高到45%	2005年末城镇化率达到49.61
"九五"计划	1995-2000		2000年末，全市总人口250.87万人，其中，城镇人口88.58万人，占总人口的35.3%。

3. 大冶市和阳新县城镇化进程

黄石市的城镇化率由中心城区、大冶市和阳新县的城镇化率共同构成，由于历史的原因（如阳新县1996年底划归黄石市等），无法获得系统而权威的数据，只能获得少量的相关数据。然而从已经获得的少量数据

来看，仍然可以大致了解大冶市、阳新县的城镇化进程。（见表5-4）

表5-4　黄石市、大冶市、阳新县城镇化率（2009—2013年）　　（单位：%）

年份	黄石	大冶	阳新
2009	50.55	45	36.6
2010	56.8	52	38.2
2011	58.95	-	39
2012	-	53.2（46）	40.7（30）
2013	60.1	55	（35.3）

数据来源根据《大冶市统计年鉴》、《东楚晚报》、荆楚网等整理，括号中数据为不同口径的差异数据。

（1）大冶市、阳新县城镇化发展水平与黄石市有较大差距

从现有的数据可以看出，大冶市和阳新县自2009年以来的城镇化水平（部分数据缺失）较黄石市有较大差距，尤其是阳新县。自2009年以来，黄石市中心城区的城镇化率已经超过90%，并以每年1%的平均速度平稳增长；而大冶市城镇化率平均比黄石市城镇化率低5个百分点左右，阳新县城镇化率较黄石市低15-20个百分点。城镇化水平的不均衡主要来自于地区经济发展水平和产业结构水平。

（2）大冶市、阳新县城镇化发展特征与黄石市保持一致

虽然城镇化发展水平不均衡，但是大冶市和阳新县的城镇化进程与黄石市的城镇化进程保持了一致。自2009年以来，大冶市和阳新县的城镇化率始终以每年接近1%甚至超过1%的速度增长，与黄石市2010年以来的城镇化高速发展的步伐基本保持一致，符合黄石市城镇化发展第三阶段，即高速发展阶段（跨越式增长）的特征。

基于以上两点，我们的黄石市城镇化变迁发展研究将从大冶市和阳新县的城镇化发展入手，深入分析大冶市、阳新县在城镇化过程中的产业发展、人口转移、要素配置等问题，以此来揭示黄石市的城镇化发展的重要特征与趋势。

第六章 黄石市城镇化现状、问题和机遇分析

一 黄石市城镇化现状

(一) 城镇化进程加快,城镇化水平高于全国和全省

2011年,黄石市户籍总人口260.14万人,常住人口243.46万人,其中城镇人口143.52万人,城镇化率58.95%。黄石市城镇化水平高于全球平均水平约7个百分点,高于全国平均水平7.68个百分点,高于湖北省全省平均水平7.12个百分点,高于周边的咸宁市、黄冈市和九江市分别为9.65个百分点、22个百分点、10.6个百分点,但与武汉市相比仍有一定差距,也低于鄂州市1.43个百分点。与湖北省两个副中心城市宜昌市、襄阳市相比,黄石市在人均国内生产总值指标上略低于襄阳市,而落后于宜昌市较多,但是在城镇化水平指标上,黄石市的城镇化率高于宜昌市8个百分点,高于襄阳市约6个百分点(见表6-1)。

表6-1　　　城镇化水平及主要经济指标比较(2011年)

地区	城镇化水平(%)	人均国内生产总值(元)	省内人均国内生产总值排名	财政收入(亿元)
全球平均水平	52.00			
全国平均水平	51.27			
全省平均水平	51.83	34132	0	1470
武汉城市圈	56.81	39043	0	925.74

续表

地区		城镇化水平（%）	人均国内生产总值（元）	省内人均国内生产总值排名	财政收入（亿元）
黄石市及周边城市	武汉市	75（2010）	68227	1	673.26
	黄石市	58.95	38074	6	53.84
	鄂州市	60.38	46751	3	26.31
	咸宁市	49.3	26450	9	35.56
	黄冈市	36.9	16894	16	51.61
	九江市	48.36	26464	0	101.03
	宜昌市	50.80	52671	2	113.98
	襄樊市	51.99	38672	5	97.41

资料来源：《中国统计年鉴》、《湖北省统计年鉴》、《黄石市统计年鉴》、《九江市统计公报》。

从城镇化发展阶段看，按国际通常的划分标准，人口城镇化的过程一般可以分为四个阶段：第一阶段为城镇化的起步阶段，城镇化人口比重达到25%；第二阶段为城市化加快发展阶段，城镇化人口比重从25%上升至50%，非农产业比重达50%—70%；第三阶段为城镇化强化阶段，城镇化人口比重由50%上升至75%，服务业比重达到50%；第四阶段为城镇化的稳定阶段，城市人口比重超过75%，经济发展进入后工业化社会时期。实际上，城镇化率达到50%是一个临界点，一旦进入这个临界点，城镇化将会加速发展。用此标准衡量，2007年，黄石市城镇人口121.9万人，占常住人口241.9万人的比重达到50.41%，即黄石市2007年就已经越过了的城镇化率50%的临界点，进入城镇化发展的第三阶段——一个城镇化快速发展的时期。截止2013年，黄石市城镇化率已经达到60.1%，超过了60%（见表6-2）。

表6-2 2003-2012年黄石市城镇城镇化率一览表

年份	常住人口（万人）	城镇人口（万人）	城镇化水平（%）
2003	237.77	117.94	49.60
2004	238.69	118.39	49.60
2005	239.90	119.01	49.61

续表

年份	常住人口（万人）	城镇人口（万人）	城镇化水平（%）
2006	240.95	119.87	49.75
2007	241.90	121.94	50.41
2008	242.20	121.95	50.35
2009	242.61	122.64	50.55
2010	242.99	137.98	56.78
2011	243.46	143.52	58.95
2012			60.10

资料来源：《黄石市统计年鉴》。

（二）城镇空间分布集中，主要集中于黄石市北部区域

黄石市下辖4个中心城区、1个县级市和1个县。从地理上看，黄石市北部以平原为主，铁路、公路、水路交通便利，人口密集，经济发展水平较高，城镇集中；南部即阳新县属鄂东南低山丘陵区，其西北、西南、东南部多低山，交通条件较差，山区人口分散，经济发展水平较低，城镇规模小分布散。以黄石市市区、大冶市与阳新县为界划分南北，黄石市南部国土面积占黄石市总面积的60.92%，常住人口占黄石市常住人口的33.79%，国内生产总值占13.87%，设有一个阳新县下辖16个镇；北部国土面积占黄石市总面积的39.08%，常住人口占黄石市常住人口的66.21%，国内生产总值占86.13%，集中了黄石市4个中心城区——黄石港区、西塞山区、下陆区、铁山区和黄石市下辖的1个县级市——大冶市（见表6-3）。

表6-3　黄石市城镇空间分布南部差异一览表（2011年）

地区	国土面积（万平方公里）	常住人口（万人）	人口密度（人/平方公里）	城镇人口（万人）	城镇化水平（%）	国内生产总值（亿元）	人均国内生产总值（元）	财政收入（亿元）
合计	4582.9	243.46	531.24	143.52	58.95	925.96	38075	92.07
北部	1800.1	161.92	899.51	160.7	62.42	797.26	49238	83.81

资料来源：《黄石市统计年鉴》。

(三) 涌现了一批湖北省百强乡镇，新型城镇化体系初步形成

城镇化，从最一般意义上理解，就是农村人口逐步转化为城镇人口的过程。黄石市乡镇人口占全市总人口的一半左右，加快乡镇经济的发展，无疑将大大加快黄石市的城镇化进程。在推进城镇化的过程中，黄石市十分重视乡镇经济的发展，取得了显著的成绩，涌现出一批湖北省百强乡镇。在 2011 年度湖北省百强乡镇中，排名前十的名单中，黄石市就占据了四席，分别是第一名大冶市罗家桥街道办事处、第二名大冶市陈贵镇、第三名大冶市灵乡镇、第六名大冶市还地桥镇。此外，在 2011 年度湖北省百强乡镇中，大冶市金湖街办排名第 18 位，大冶市保安镇排名第 58 位，阳新县富池镇排名第 94 位。黄石市涌现出一批湖北省百强乡镇，促进了全市乡镇经济的发展，也极大地推进了黄石市城镇化的发展。目前，黄石市进入百强乡镇的各镇、街办城镇化率除还地桥镇外均已经达到或超过 50%（见表 6-4）。

表 6-4　2011 年黄石市湖北省百强乡镇城镇化率一览表

比较项目	罗家桥街办	陈贵镇	灵乡镇	还地桥镇	金湖街办	保安镇	富池镇
省百强乡镇排名	1	2	3	6	18	58	94
乡镇总人口（人）	117710	65992	52970	91896	87686	67673	59845
农民人均纯收入（元）	8928	10282	9438	8972	8702	9042	7416
城镇人口（人）	61856	34646	34060	42350	43843	34666	30581
城镇化率（%）	52.55	52.50	64.30	46.08	50.00	51.23	51.9

资料来源：《黄石市统计年鉴》、课题组调查数据、《湖北日报》。

与传统的城镇化不同，中国新型城镇化是以城乡统筹、城乡一体化发展为基本特征的城镇化，是大中小城市、小城镇、新型农村社区协调发展的城镇化。经过多年的努力，黄石市目前已经初步形成了一个新型城镇化体系。构成这个新型城镇化体系的有一个大城市——黄石市区，一个中等城市——大冶市，一个小城市——阳新县兴国镇，一个重点中心镇——以

大冶市的陈贵镇、灵乡镇、还地桥镇和阳新县的富池镇、龙港镇为代表重点中心镇，作为一般镇的其他建制镇，并且一直延伸到大冶市和阳新县的农村中心村社区。

黄石市市区构成了黄石市新型城镇化体系第一层级。2011年，黄石市市区4个城区和黄石市经济技术开发区常住人口达到79万人，按照我国现行的城市人口在50万—100万人为大城市的城市划分标准，黄石市市区已经成为大城市。

大冶市市区构成了黄石市新型城镇化体系第二层级。2011年，大冶市市区东岳路街办、罗家桥街办、金湖街办3个街办常住人口达到29.5万人，按照我国现行的城市人口在20万—5万人为中等城市的城市划分标准，大冶市市区已经成为中等城市。

阳新县城区作为小城市构成了黄石市新型城镇化体系第三层级。2011年，阳新县城区——兴国镇常住人口达到16.2万人，按照我国现行的城市人口在20万人以下的为小城市的城市划分标准，阳新县城区已经成为小城市。

大冶市陈贵镇和阳新县富池镇为代表的一批黄石市重点中心镇构成了黄石市新型城镇化体系第四层级。重点中心镇是承担小城镇转移农村人口的主要载体。2011年，黄石市所属的大冶市和阳新县共计有25个乡镇（不包括作为大冶市城区的东岳路等3个街办和作为阳新县城区的兴国镇），其中属于湖北省和黄石市重点中心镇、特色镇的有，大冶市陈贵镇、灵乡镇、还地桥镇和阳新县的富池镇、龙港镇，属于黄石市重点中心镇、特色镇的，还有大冶市的保安镇、金牛镇和阳新县的白沙镇、浮屠镇、韦源口镇、王英镇（见表6-5）。

表6-5　　　　　2011年黄石市重点镇基本情况一览表

重点镇名称	总人口（人）	国土面积（平方公里）	镇区面积（公顷）	城镇人口（人）	企业总产值（万元）	财政总收入（万元）	农民人均纯收入
陈贵镇	65992	160.4	361	34646	2075652	57413	10282
灵乡镇	52970	135	3360	34060	1635180	45585	9438
还地桥镇	91896	228	1975	42350	1435643	59493	8972
富池镇	59845	156	1029	30581	297618	26500	7416
龙港镇	105466	155	1400	13895	48938	1312	3866
白沙镇	97067	189.4	1210	18910	74918	5935	5051

续表

重点镇名称	总人口（人）	国土面积（平方公里）	镇区面积（公顷）	城镇人口（人）	企业总产值（万元）	财政总收入（万元）	农民人均纯收入
浮屠镇	86866	188.98	1032	15652	71482	2985	4825
保安镇	67673	120	420	34666	618491	14279	9042
金牛镇	81865	156.5	250	25165	61062	763	6113
韦源口镇	32762	78.3	486	8800	212002	12600	5280
王英镇	52434	276	300	5535	29227	685	3379

资料来源：《黄石市统计年鉴》。

大冶市殷祖镇、茗山乡和阳新县陶港镇、排市镇等15个一般建制镇构成了黄石市新型城镇化体系第五层级。这些一般镇大多数经济发展水平不高，城镇化程度相对较低，有大量农村过剩劳动力需要向城镇转移。

黄石市乡镇地区的集镇和中心村构成了黄石市新型城镇化体系的第六层级。集镇是指乡政府所在地和由集市发展而成的作为农村一定区域经济、文化和生活服务中心的非建制镇；是介于乡村与城市之间的过渡型居民点，一般是对建制镇以外的地方农产品集散和服务中心的统称。20世纪70年代，黄石市行政区域内的乡政府（即人民公社）126个，这些乡政府所在地均为集镇。以后历经行政体制改革，目前黄石市有建制镇政府为25个，乡政府1个，但被撤销的乡政府所在地的集镇并没有消失，而是依然存在。因为集镇作为建制镇以外的地方农产品集散和服务中心是历史上形成的。由于集镇具有有利的交通位置，通过定期的集市和商品交换，能够满足周围一定范围的乡村的经济需求，因此集镇的存在与否并不以行政中心的变迁为转移。只有周边乡村有集市需求，集镇就会存在。可以认为，在城镇化发展中，集镇就是天然的中心村。显然，在构建新型城镇化体系中，集镇作为介于乡村与城市之间的过渡型居民点，是不可或缺的。黄石市在构建城乡一体化的新型城镇体系中，十分重视集镇建设，大冶市提出了建设20个重点集镇的目标任务，以加强重点集镇的基础设施的建设，完善小集镇的商贸功能。

中心村是由若干行政村组成的，具有一定人口规模和较为齐全的公共设施的农村社区，它是集镇之外介于乡镇与行政村之间，是城乡居民点最基层的完整的规划单元。从规划角度看，中心村是指在城镇建设空间布局时，能达到支撑最基本的生活服务设施所要求的最小规模的点，也是进行新型农村社区建设的主要选择和建设对象。在新农村建设中，大冶市和阳新县分别规划了和建成了一批中心村社区，使之成为黄石市新型城镇化的节点。大冶市在推进工业化、信息化、城镇化、农业现代化过程中，坚持"镇村联动"，以镇为支点，以村为节点，以"2个城镇群、8个中心镇、100个中心社区（中心村）"为试点，推进"产业向乡镇特色工业小区集中，自然村向中心村（社区）集中，农民向城镇和中心村（社区）集中"，引导农民向城镇和中心村（社区）有序转移，大大加快了大冶市城镇化进程。

（四）黄石市市区和大冶市城区对接，拉开了特大城市的建设框架

目前，黄石市的城市建设发展已经进入创建"鄂东特大城市"的新阶段。黄石市的城市建设发展，由中等城市到大城市，再到向特大城市迈进，经历了一个较长的发展阶段。黄石市1950年建市，很长时期一直是湖北省第二大城市。但是黄石市城市发展空间十分有限，直到20世纪80年代，黄石市市区国土面积仅有179平方公里，市区人口在50万人以下，也就是一个中等城市。1989年，黄石市市区人口第1次突破50万人规模，1995年突破60万人规模，2006年仍然不到70万人，城市规模仍然不大。

2006年，黄石经济技术开发区托管了位于黄石市区南部，原属于大冶市的两个乡镇，成立黄石市黄金山工业新区，使黄石市市区面积新增150平方公里，达到388.8平方公里，较之黄石市市区原有面积增加约三分之二，为黄石市创建大城市提供了地域条件。

2008年，黄石市提出发展大产业、大园区、大城市的"三大战略"，加快发展黄石市大产业、大园区，促进了黄石市大城市的发展。为适应黄石市大城市大物流的发展需要，2010年，黄石市经济技术开发区创建黄石新港物流园。该园区位于黄石市区东部，紧靠长江黄金水道，区域面积30平方公里，原为阳新县管辖范围，由黄石开发区与阳新县政府共同开发建设。

2011年底，按照城市功能化建设的要求，黄石市提出今后五年大城市建设的"跨双百"宏伟目标。"跨双百"，就是城镇建成区面积跨200平方公里、城镇人口跨200万，形成现代化、区域性大城市格局，城市空间布局更趋合理，基础设施功能较为完备，城市生态环境明显改善，当年，黄石市市区人口近80万人，黄石市城镇人口143.5万人，城镇化率提升至58.95%。

2013年初，黄石市提出了"对接武汉，比学九江，努力把黄石建设成为鄂东特大城市"的目标任务。这是黄石市首次明确黄石市创建特大城市的城市建设目标。2013年5月，黄石市提出环大冶湖发展战略。由此，黄石经济技术开发区托管了大冶湖南岸阳新县的大王镇、太子镇、金海开发区"两镇一区"，区域面积255平方公里，至此，黄石经济技术开发区面积达到415平方公里，黄石市市区管辖的国土面积则达到648.8平方公里，较之2006年前黄石市市区原有面积增加约1.8倍，为黄石市创建特大城市奠定了基础。

环大冶湖发展战略对黄石市创建鄂东特大城市具有极为重要的意义。环大冶湖地区分为北岸和南岸两大区域。大冶湖南岸为阳新县太子镇、大王镇、金海开发区等区域。大冶湖北岸环绕着大冶市城区、黄石市经济技术开发区黄金山工业新区、黄石市西塞山区工业园等区域。

整个环大冶湖区域可划分为四个城市片区，分别为中部都市发展片区、大冶湖南岸发展片区、临江产业发展片区以及西部产业发展片区。中部都市发展片区包括大冶市城区、黄金山工业园区等，集中布局金融商务等高端服务业，引领环大冶湖地区成为黄石现代服务业发展的重要承载地。大冶湖南岸发展片区包括大冶市金湖街办—大冶市大箕铺镇—原阳新县大王镇共建区以及阳新县大王镇—太子镇共建区，主要布局旅游服务、休闲度假等功能，形成环湖特色产业带。临江产业发展片区含黄石市西塞山工业园、阳新县韦源口镇区、新港物流园棋盘洲港区以及新产业园区。

通过环大冶湖发展，使黄石市市区与大冶市城区对接连为一体，成为黄石市拥有130万城区人口的整体中心城区，使黄石市市区与阳新县区域对接，把黄石市建设成为城市建成区面积达到200平方公里，城区人口达到200万人的鄂东特大城市。预计"十二五"期末，黄石市特大城市格局基本拉开，城市空间布局更加优化，大交通、大港口、大物流建设取得较大进展，中心城区与大冶城区连为一体，在磁湖、大冶湖之间基本建成一座现代化新城，黄石市一个中心即黄石市市区—大冶市城区构成的中心城区、一个副中心即阳新县中心城区、十个中心镇和100个中心村为支撑的"四个一"城镇体系基本形成，辐射鄂东皖西赣北的功能充分体现，黄石市作为鄂东特大城市基本建成。

(五) 城镇化工业功能领先,夯实城镇化发展基础

作为一定区域的中心的现代城镇,一般具有包括行政中心、工业中心、交通运输中心、商业中心、金融中心、科技中心、文化教育中心、医疗中心等诸多功能,其中,工业中心是其基础性功能。因为一般而言,现代城镇是现代工业化的产物,没有现代工业的发展,就没有现代城镇的发展。

黄石市一个因矿立市的工业城市,有着深厚的工业文化底蕴和雄厚的工业基础,素有"青铜故里"、"钢铁摇篮"、"水泥故乡"和"服装新城"之称。黄石市拥有国家级经济技术开发区——黄石经济技术开发区,拥有黄石新港(物流)工业园、大冶经济开发区、阳新工业园、黄石港工业园、西塞工业园、下陆长乐山工业园、大冶灵成工业园7个省级工业园区,拥有湖北新冶钢、大冶有色金属、华新水泥、中国劲酒、东贝集团、新兴铸管、三环锻压、中铝华中铜业、武钢大冶铁矿、湖北美尔雅、美岛服装、三丰智能等一大批国内外知名企业。经过多年以来的建设和发展,黄石现已形成黑色金属、有色金属、建材、能源、机械制造、纺织服装、食品饮料、化工医药8个主导产业集群,其中,有11家企业入围湖北百强,数量稳居湖北前三;大冶有色金属、新兴铸管、华新水泥、大冶特钢进入中国企业500强。东贝集团公司和中国劲酒公司拒全国同行业第一位,东贝集团公司产销量居全球前三位。

在黄石市城镇化发展中,工业中心功能不断强化,发挥了主导作用和领先作用(见表6-6)。从第二产业增长速度看,2005—2011年,以工业为主体(工业占第二产业产值的90%)的第二产业增长速度,平均高出黄石市地区生产总值增长速度约2个百分点。从工业在地区生产总值中所占的比重看,2005-2011年,以工业为主体的第二产业在地区生产总值中所占比重,始终超过50%,处于53%—62%之间,由此决定了工业增速高,黄石市总体经济增长就快,反之相反。从工业从业人员所占比重看,2005-2011年,以工业为主体的第二产业从业人员占全市从业人员比重的40%,分别高于黄石市第一产业和第三产业从业人员比重。从工业化对城镇化的影响看,黄石市工业化水平与城镇化水平之间呈现高度正相关,2005-2011年,黄石市以工业为主体的第二产业占地区生产总值比重,高出黄石市城镇化率4-5个百分点。

目前,黄石市工业正处于工业化中期加速发展阶段,2011年,黄石市拥有产值过百亿元的工业企业 3 家,过 10 亿元的工业企业 17 家,规模以上工业企业达到 477 家,完成工业总产值 1738 亿元,完成工业增加值 522.4 亿元,占黄石市地区生产总值的比重超过 50%,达到 56.42%,比 2010 年工业增加值占黄石市地区生产总值比重提高 1.5 个百分点。2010—2012 年,黄石市第二产业增速连续两年达到或超过 20%,城镇化工业功能领先,夯实了黄石市城镇化基础,加快了黄石市城镇化进程。

表 6-6　　　　　　　黄石市第二产业状况一览表

年度	地区生产总值		第二产业			第二产业		城镇化率
	总量/亿元	同比增长%	总量/亿元	同比增长%	国内生产总值占比	从业人员	占全市从业人员比重	
2005	328.19	12.6	176.06	14.5	53.65	53.08	39.98	49.61
2006	384.90	14.2	212.53	16.5	55.22	53.19	40.02	49.75
2007	447.05	16.2	247.62	19.8	55.39	53.31	40.07	50.41
2008	530.57	10.9	297.5	11.4	56.07	53.43	40.12	50.35
2009	571.59	11.1	314.12	11.2	55.00	53.55	40.17	50.55
2010	690.12	15.7	394.91	20.0	57.22	53.67	40.21	56.80
2011	925.96	15.8	577.56	20.9	62.40	54.00	40.36	58.95

资料来源:《黄石市统计年鉴》。

二　黄石市城镇化的主要问题

(一) 农业现代化滞后,影响新型城镇化健康发展

中国的城镇化不是传统意义的城镇化而是新型城镇化。新型城镇化新就新在统筹城乡发展,实现城乡一体化发展。按照城乡一体化的发展要求,黄石市城镇化进程应该是与工业化、农业现代化协调发展的进程。但是,从实际情况看,黄石市的农业现代化的发展明显滞后于其工业化、城镇化的发展。

1. 农业基础设施老化比较严重

现代农业要求实现包括农业水利等基础设施在内农业生产条件现代化。而据黄石市有关部门调查,黄石市农业基础设施老化比较严重,全市

农村水利设施多半修建于20世纪六七十年代，大部分已经运行三四十年。由于长期投入不足，管理不善，农村大中型泵站、水渠和渠道老化，抗灾能力不强，灌溉能力下降，影响了农业生产的正常发展。

2. 农民组织化程度低

大力发展农民合作经济组织，提高农民生产的组织化程度，是推进现代农业的客观要求。但是黄石市加入农民合作组织的农户只有20%左右，大多数农户还是以零散经营、单户单干为主，致使农业规模不经济，土地利用率不高，甚至出现耕地大面积抛荒现象。据有关部门统计，全市农田抛荒面积超过12万亩。

3. 农业科技含量低，农民收入不高

现代农业要求农业科技化。农业科技化有利于提高农业劳动生产率，增加农产品附加值，实现农业优质高产高效，提高农民收入。但是，距有关部门调查，黄石市农业科技含量还比较低，农产品附加值还不高，全市农民人均纯收入还停留在较低水平，2011年仅为6487元，在湖北省17个市州中排名第13位，即倒数第5位，与2010年全省排名相同，低于湖北省全省平均水平6个百分点，与2010年的低于全省平均水平5.3个百分点相比，差距进一步扩大（见表6-7）。

表6-7　　　　　　　　　**湖北省各市州农民纯收入与排名**

地区	2011年		2010年		地区	2011年		2010年	
	总量	排名	总量	排名		总量	排名	总量	排名
全省	6898		5832		荆州市	7664	6	6453	6
武汉市	9814	1	8295	1	黄冈市	5438	14	4634	14
黄石市	6487	13	5524	13	咸宁市	6588	12	5606	12
十堰市	4044	16	3499	16	随州市	7427	8	6279	8
宜昌市	7055	10	5980	10	恩施州	3939	17	3255	17
襄阳市	7549	7	6365	7	仙桃市	8006	3	6807	3
鄂州市	7909	4	6645	4	潜江市	7684	5	6486	5
荆门市	8248	2	6951	2	天门市	7407	9	6207	9
孝感市	7029	11	5943	11	神农架	4640	15	4083	15

资料来源：《湖北省统计年鉴》、《黄石市统计年鉴》。

黄石市现代农业发展明显滞后于工业化、城镇化，妨碍了农业劳动生产率的提高,影响了农民收入的增长,不利于农业过剩劳动力及农业人口向城镇的转移和黄石市新型城镇化的健康发展。

(二) 服务业发展滞后,影响城镇化功能和进程

城市作为一定区域的经济中心,除了工业中心之外,更多的是由商业贸易、交通运输、餐饮住宿、旅游观光、银行保险、信息咨询、科技、文化教育、医疗卫生等服务业构成的服务中心。因此,黄石市作为城区人口超过百万的大城市,在其城镇化进程中,不仅要发展工业,同时也需要大力发展服务业。但是,从实际情况看,黄石市的服务业发展同样明显滞后于其工业化、城镇化的发展。

1. 服务业增速滞后,占第二产业比重持续下降

由表6-8可知,黄石市服务业产值虽然持续增长,但其增长速度落后于黄石市地区生产总值和黄石市第二产业产值增长速度,并且差距不断拉大。按照2005-2011年平均增速计算,黄石市第三产业落后于黄石市地区生产总值增速2.05个百分点,落后于黄石市第二产业4.6个百分点。2005年,黄石市服务业产值增速低于黄石市地区生产总值增速和第二产业产值增速分别为1.6个百分点何2.5个百分点,到2011年,这一差距扩大为4.7个百分点和10.8个百分点,其增速已经不及第二产业增速的一半。与此同时,黄石市服务业产值占第二产业比重也由2005年的69.05%下降到48,41%,大幅减少了20.64个百分点。

表6-8 黄石市第三产业增速及占第二产业比重变化情况一览表

年度	生产总值		第二产业		第三产业		
	总量(亿元)	同比增长(%)	总量(亿元)	同比增长(%)	总量(亿元)	同比增长(%)	占第二产业比重
2005	328.19	12.6	176.06	14.5	121.57	11.0	69.05
2006	384.90	14.2	212.53	16.5	140.55	13.6	66.13
2007	447.05	16.2	247.62	19.8	161.91	12.4	65.39
2008	530.57	10.9	297.5	11.4	191.62	12.0	64.41
2009	571.59	11.1	314.12	11.2	212.21	11.9	67.56
2010	690.12	15.7	394.91	20.0	241.58	11.1	61.17
2011	925.96	15.8	577.56	20.9	279.59	10.1	48.41

资料来源:《黄石市统计年鉴》。

2. 服务业在地区生产总值中所占比重偏低,大大落后于全省全国平均水平

由表6-8、表6-9可知,由于黄石市服务业增速滞后,导致其占黄石市另起地区生产总值的比重持续下降,由2005年的37.04%降至2012年的30%。

表6-9　　　　黄石市第三产业占地区生产总值比重一览表　　　　单位:亿元

年度	地区生产总值	第三产业		年度	地区生产总值	第三产业	
		总量	比例			总量	比例
2005	328.19	121.57	37.04	2009	571.59	212.21	37.13
2006	384.90	140.55	36.52	2010	690.12	241.58	35.01
2007	447.05	161.91	36.22	2011	925.96	279.59	30.20
2008	530.57	191.62	36.12	2012	1040.95	310.05	30.00

资料来源:《黄石市统计年鉴》。

2011年,服务业增加值在全国的国内生产总值中所占的比重为43.1%,在湖北省地区生产总值中所占的比重为36.8%,在黄石市的比重仅为30.2%,落后于全国近13个百分点,落后于湖北省6.5个百分点(见表6-10)。

表6-10　　2011年黄石与全国、全省第三产业增加值和比重情况一览表

区域	单位	全国	全省	黄石
第一产业增加值	亿元	47712	2569	68.8
比重	%	10.1	13.1	7.4
第二产业增加值	亿元	220592	9819	577.6
比重	%	46.8	50.1	62.4
第三产业增加值	亿元	203260	7206	279.6
比重	%	43.1	36.8	30.2

资料来源:《中国统计年鉴》、《湖北省统计年鉴》、《黄石市统计年鉴》。

与湖北省各市、州相比,在2011年湖北省17个市、州服务业排名中,黄石市在服务业增加值总量指标上排名第8位,低于武汉市、襄阳

市、宜昌市、黄冈市、荆州市、孝感市和十堰市,在增速指标上排名为第16位,即倒数第2位(见表6-11)。

表6-11　　　　2011年湖北省分市州第三产业增加值一览表　　总量单位:亿元

市州	总量	排名	增速%	排名	市州	总量	排名	增速%	排名
武汉市	3303	1	9.6	17	黄冈市	348	4	15.4	4
黄石市	279	8	10.1	16	咸宁市	224	10	13.4	11
十堰市	302	7	13.2	12	随州市	170	12	17.1	2
宜昌市	605	3	14.5	9	恩施州	167	11	14.6	8
襄阳市	624	2	15.0	5	仙桃市	120	14	15.0	7
鄂州市	140	13	18.8	1	潜江市	105	15	13.4	10
荆门市	282	9	15.5	3	天门市	74	16	13.2	13
孝感市	309	6	15.0	6	神农架	7	17	11.3	15
荆州市	329	5	11.4	14					

资料来源:《湖北省统计年鉴》、《黄石市统计年鉴》。

3. 服务业结构不合理,现代服务业发展滞后

由表6-12可知,自2005年以来,黄石市创造服务业增加值的前五个行业是批发零售业、交通运输仓储及邮政业、房地产业、金融保险业、住宿和餐饮业。这些行业在服务业增加值总量中占了三分之二左右的比重,但它们多数为传统服务业,而金融业、信息传输、计算机服务和软件业、电子商务、租赁、咨询和中介服务等现代服务业在服务业增加值中所占比重很低。

表6-12　　　　　　　　黄石市第三产业内部构成

行业	2005年	2012年	
	占国内生产总值比重	总量(亿元)	占国内生产总值比重
交通运输仓储业邮政业	19.9%	50.65	16.3%
批发零售住宿餐饮业	27.9%	67.93	21.9%
金融保险业	6.3%	26.18	8.4%
房地产业	11.3%	30.53	9.8%
其他服务业	34.7%	112.18	36.2%

资料来源:《黄石市统计年鉴》。

黄石市服务业发展滞后导致服务业比重偏低、现代服务业发展不足，显然不利于加快农业过剩劳动力向城镇的转移，不利于提高城镇劳动生产效率，影响了黄石市城镇化进程。

（三）中等城市发育滞后，地区之间城镇化发展不平衡

合理的城镇化体系，一般由大、中、小城市及周边的乡镇地区有机联系，形成一个经济区。从现阶段黄石市城镇化体系看，有一个大城市——黄石市区，一个中等城市——大冶市，一个小城市——阳新县兴国镇，周边有大冶市的陈贵镇、灵乡镇、还地桥镇和阳新县的富池镇、龙港镇为代表重点中心镇作为一般镇的其他建制镇，并且一直延伸到大冶市和阳新县的农村中心村社区。由此可见，黄石市目前已经初步形成了一个较为合理的城镇化体系，但是依然存在一定的问题。

一是中等城市发育滞后，城镇化体系两头大中间小。两头大是指黄石市城镇化体系的最上层是超过 50 万人市区人口达到 70 万人以上的大城市，底层则存在众多的建制镇，总计达到 25 个。中间小是指中等城市发育滞后。按照中国现行城市划分标准，城区人口在 20-50 万人之间的为中等城市。按照这个标准，由东岳路等三个街办构成的大冶市区人口近 30 万人，但城区人口 20 万人，刚刚达到中等城市标准，而土地面积 2782.8 平方公里，拥有 102 万人 16 个镇的阳新地区却没有一个中等城市，其主城区偏小，城区人口只有 15.8 万人（见表 6-13），也就是一个小城市的规模。由于阳新地区缺乏一个中等城市，不能发挥中等城市作为中心城市的经济辐射力和吸引力，有效带动周边 16 个建制镇的经济社会发展。

表 6-13　　　　　黄石市城区基本情况一览表（2011 年）

地区	国土面积（平方公里）	总人口（万人）	城区面积（平方公里）①	城区人口（万人）②	城镇化率（%）	财政收入（亿元）	城镇人均可支配收入
黄石市区	233.8	71.51	69.5	68.4423	95.71	33.46	17702
大冶市城区①	251.81	29.5124	20.87 15.66	20.76	60.13	22.0565	18015
阳新县城区④	120	16.2225	15.43	15.7658	97.18	2.5655	12098

①大冶市城区指东岳路、罗家桥、金湖三个街办辖地。
②阳新县城区即兴国镇镇区。

③大冶市城区面积为《黄石市统计年鉴》数据,东岳路街办 3.9 平方公里、罗家桥街办 10.86 平方公里加金湖街办推算城区面积 6 平方公里之和。如果按照《黄石市统计年鉴》计算为 15.66 平方公里。

④大冶市城区人口为《黄石市统计年鉴》数据,东岳路街办和罗家桥街办城区人口加金湖街办推算城区人口之和。黄石市城区人口(不包括黄石市经济技术开发区人口)为黄石市区人口减西塞山区西塞山街办和西塞山河口镇农村人口。

数据来源:《黄石市统计年鉴》。

二是地区之间城镇化发展不平衡。从黄石市所辖三个行政区城镇化发展水平看,2011 年,黄石市市区城镇化发展水平最高,按照城镇化率计算,达到 76.23%;大冶市其次,其城镇化率为 53.31%;阳新县排名第三,其城镇化率为 48.33%(见表 6-14),大冶市、阳新县城镇化率落后于黄石市区分别约为 23 个百分点和 28 个百分点。从经济总量即国内生产总值看,三地之间差距更大,大冶市、阳新县分别是黄石市区的 58% 和 25.5%,落后 42 个百分点和 74.5 个百分点。

表 6-14 黄石市所辖行政区城镇化水平一览表(2011 年)

地区	国土面积(万平方公里)	常住人口(万人)	城镇人口(万人)	城镇化水平(%)	国内生产总值(亿元)	人均国内生产总值(元)	财政收入(亿元)
合计	4582.9	243.46	143.52	58.95	925.96	38074	92.07
黄石市区	237	79.19	60.05	75.83	504.76	63740	46.35
大冶市	1566.3	82.33	43.47	52.80	292.5	35528	37.46
阳新县	2782.8	81.94	40.00	48.82	128.70	15707	8.36

注:大冶市、阳新县城镇人口为推算,黄石市市区城镇人口 = 143.52 - (大冶市 + 阳新县推算城镇人口)。

资料来源:《黄石市统计年鉴》。

从大冶市建制镇城镇化发展水平情况看,各镇区发展不平衡。2011 年,在 9 个建制镇中,常住人口过 3 万人的镇区有还地桥镇、保安镇、灵乡镇、陈贵镇等 4 个镇,有 5 个镇镇区人口低于 3 万人,其中镇区人口在 1000—8000 人之间的就有 3 个镇。财政总收入在 4—6 亿元之间的只有还地桥镇、灵乡镇、陈贵镇等 3 个镇,财政总收入在 1—2 亿元之间的镇只有 2 个,其他 5 个镇财政总收入在 1 亿元以下,最少的不到 800 万元(见表 6-15)。

表6-15　　　　　　　　大冶市建制镇情况一览表

镇名称	镇域面积（平方公里）	镇区面积（平方公里）	镇域总人口（人）	镇区人口（人）	镇区人口比重（%）	财政总收入（万元）
金牛镇	15440	250	81865	25165	30.74	763
保安镇	13800	420	67673	34666	51.23	14279
灵乡镇	13500	3360	52970	34060	64.3	45585
金山店镇	5937	36	51079	14745	28.87	17055
还地桥镇	17270	1975	91896	42350	46.08	59493
殷祖镇	11970	710	40315	8016	19.88	2020
刘仁八镇	11920	358	38649	4152	10.74	2628
陈贵镇	10800	361	65992	32409	49.11	57413
大箕铺镇	10200	99	63622	1120	1.76	7215

资料来源：《黄石市统计年鉴》。

从阳新县建制镇城镇化发展水平情况看，各镇区发展很不平衡。2011年，在16个建制镇中，除作为阳新县城区的兴国镇外，常住人口过3万人的镇区1个也没有，仅有1个镇镇区人口达到2.6万人，镇区人口在1—2万人之间的只有4个镇，而镇区人口在1万人以下的就有10个镇。财政总收入在1—3亿元之间的只有兴国镇、富池镇、韦源口镇等3个镇，财政总收入在0.1—0.6亿元之间的镇只有4个，其他9个镇财政总收入在0.1亿元以下，最少的不到500万元（见表6-16）。

表6-16　　　　　　　　阳新县建制镇情况一览表

镇名称	镇域面积（平方公里）	镇区面积（平方公里）	镇域总人口（人）	镇区人口（人）	镇区人口比重（%）	财政总收入（万元）
兴国镇	11700	1543	162225	157658	97.18	25655
富池镇	12133	1029	58945	25960	44.04	26500
黄颡口镇	8921	809	39423	8765	22.23	715
韦源口镇	8921	486	32762	8800	26.86	12600
太子镇	14275	1345	53302	7112	13.34	580
大王镇	6604	639	52046	4685	9	852

续表

镇名称	镇域面积（平方公里）	镇区面积（平方公里）	镇域总人口（人）	镇区人口（人）	镇区人口比重（%）	财政总收入（万元）
陶港镇	21000	290	33402	5285	15.82	1265
白沙镇	18940	1210	97067	18910	19.48	5935
浮屠镇	18898	1032	86866	15652	18.02	2985
三溪镇	15654	300	44279	4812	10.87	452
龙港镇	26631	1400	105466	13895	13.17	1312
洋港镇	15217	1039	38286	6012	15.7	452
排市镇	15909	439	46781	3352	7.17	455
木港镇	25081	631	54100	13521	24.99	835
枫林镇	26278	534	48488	6355	13.11	952
王英镇	25010	300	52434	5335	10.17	685

资料来源：《黄石市统计年鉴》。

综上所述，黄石市地区之间城镇化发展不平衡。大冶市和阳新县相比，大冶市镇域城镇化发展水平高于阳新县，阳新县镇域城镇化发展水平大大落后于大冶市。同时无论是阳新县还是大冶市，也存在镇域城镇化发展不平衡。两市县25个建制镇中，镇区人口在3万人以上的只有5个镇，镇区人口在1万人以下的建制镇高达13个，占建制镇总量的52%；镇区人口在3万人以下的建制镇高达20个，占建制镇总量的75%。有关研究成果显示，当建制镇镇区人口低于3万人规模时，城市基础设施产业很难形成规模经营，难以发挥规模经济效应，并且由于镇区平均人口规模小，也难以发挥生产要素聚集作用，从而不利于城镇化的发展。

（四）异地城镇化明显

异地城镇化一般是指本地农村人口跨区域流动，从本地农村流向外地城镇。由表6—17可知，2000—2011年，黄石市外流人口呈现缓慢增加的趋势，年外流人口由2000年的12.87万人增加到2011年的16.68万人。

表 6—17   2000—2011 年黄石市总外流人口一览表   单位：万人

年份	户籍人口	常住人口	外流人口	年份	户籍人口	常住人口	外流人口
2000	247.82	-234.95	12.87	2006	254.36	240.95	-13.41
2001	248.87	-235.93	12.94	2007	255.39	241.90	-13.49
2002	249.83	-236.84	12.99	2008	257.31	242.20	-15.11
2003	250.82	-237.77	13.05	2009	258.56	242.61	-15.95
2004	251.75	-238.69	13.06	2010	260.14	242.93	-17.21
2005	252.80	-239.90	12.90	2011	260.14	243.46	-16.68

资料来源：《黄石市统计年鉴》。

从黄石市区、大冶市、阳新县人口外流的具体情况看，2011 年，大冶市外流人口有 4 万多人，阳新县外流人口则超过 20 万人，两者合计外流人口 24 万多人，减去黄石市区流入人口，当年黄石市净外流人口达到 16 万多人（见表 6-18），大量黄石市户籍人口常年在外地居住和工作，表明黄石市存在明显的异地城镇化问题。

表 6-18   2011 年黄石市三个行政区外流人口一览表   单位：万人

地区	户籍人口	常住人口	外流人数
黄石市	260.14	243.46	-16.68
黄石市区	71.51	79.19	+7.68
大冶市	86.59	82.33	-4.26
阳新县	102.04	81.94	-20.10

资料来源：《黄石市统计年鉴》。

三　黄石新型城镇化建设面临机遇分析

(一) 新型工业化发展需要

工业化水平是衡量一个国家或地区的经济社会发展水平的重要标志。根据发展经济学的有关理论，判断一个国家或地区工业化发展水平，不仅要考察人均国内生产总值水平，还要考察产业结构水平、就业结构、消费结构、工业结构变动、外贸结构水平以及人口城镇化水平等。根据黄石市工业化发展实际，依据不同的标准和评价方式对黄石市工业化目前所处的阶段进行了分析和判断。从各个指标分析来看，黄石市工业化水平是处于工业化中后期走向工业化成熟期发展的阶段，是进入到以经济结构优化和经济质量提高为主的稳定增长的新阶段，并处于不断深化之中，在进行新型工业化建设同时，要求城镇化水平与之相适应。

（二）"武汉城市圈"建设的需要

2007年底，武汉城市圈经国务院批准，成为全国资源节约型和环境友好型社会（简称"两型社会"）建设综合配套改革试验区。武汉城市圈综合配套改革试验的主要内容是：按照建设资源节约型、环境友好型社会的总体目标，以武汉市为主体，发挥武汉市在城市圈中的龙头和辐射作用，同时增强武汉城市圈内"1+8"城市在产业、金融、交通等方面的关联度，通过改革缩小城乡差别。这些都为黄石市未来发展给予了更大的空间和更多活力，也对作为副中心城市的黄石市的发展提出了更高的要求。必须抓住政策机遇，通过规划，推动发展方式转变，实现黄石市的可持续发展。

（三）"三大战略"对新型城镇化的推动

黄石市市委、市政府面对黄石发展新的时遇，提出了"三大战略"（发展大产业、打造大园区、建设大城市），这是黄石市加快发展的重中之重，对实现黄石市跨越式发展具有十分重要的意义，也为黄石资源型城市转型、老工基地振兴打好基础。

（四）新的交通格局发展变化

铁路：在建武汉至鄂州、黄石城际铁路，形成武汉城市圈轨道交通网，通过武汉市在全国的铁路枢纽地位与全国其他城市便捷、快速地连接。公路：杭瑞、大广、黄咸三条高速公路在建和已建成使用的沪蓉高速公路，使黄石市对外高速交通的东西、南北方向都有高速出口。水运：长江经济带战略实施，棋盘洲港区建成后将成为长江中下游重要的枢纽港口。

（五）资源枯竭型城市转型需要

在国务院公布的 44 个资源枯竭型城市名单中，黄石市及下辖的大冶市分别进入其中。在政策上，国家支持这些城市进行转型，设立财力性转移支付之余，国债资金和中央预算内基建资金将专门划出一块，集中扶持资源型城市建设一批项目，以期在吸纳就业的同时，发展接续替代产业、解决企业历史遗留问题和企业关闭后的善后工作等。

第七章　黄石市新型城镇化发展指导思想、目标及空间布局

一　黄石市新型城镇化发展指导思想

以统筹城乡发展为指导，用"三大战略"定位引领城镇化发展，以大旅游的思维谋划城镇结构布局，结合黄石市山水资源和地方文脉塑造城镇特色构建以新型城镇化为载体，实施"2231工程"（主副2个中心、2个城镇带、3个城镇群、10个中心镇、100个中心村），推进黄石市域内城乡一体化发展，加强城镇基础设施建设，完善功能，改善环境；打造一批能聚集人气、商气的城镇群（带），增强对周边村庄的辐射带动能力；实现资源节约、环境友好、经济高效、社会和谐的城镇体系和农村新社区（中心村）。

二　黄石市新型城镇化发展目标取值分析

按照黄石市总体规划的城镇化目标预测分析方法，参照黄石市工业化发展所处的现状——即工业化水平处于刚刚进入到成熟期阶段，按城镇化水平与工业化水平相适应的理论值大约在49.9%—65.2%对照，2013年黄石市城镇化水平已达到60.1%，黄石市作为武汉城市圈"副中心"城市，城镇化发展应该走在全省前列。经过多方面分析、论证分析，在上述数据分析基础上，我们提出黄石市城镇化水平发展目标为：2015年城镇率要达到65%；2020年城镇化率达到70%。本次城镇人口分析计算借鉴《黄石市城市总体规划》中人口确定的方法。计算人口基数以2009年统计公布的人口数为准。

2015年，黄石市域总人口：$258.56 \times (1+5‰)^6 = 266.5$ 万人。

2020年，黄石市域总人口：266.5×（1+5‰）5=273万人。

根据不同阶段市域总人口数量，按照上述城镇化发展水平进行计算得出：

2015年，市域城镇人口为：173万人。

2020年，市域城镇人口为：191万人。

即到"十二五"期末的2015年，城镇化率为65%。年城镇化增长率为1.7个百分点左右，城镇人口173万人，2009年城镇人口为122.64万人，五年期间共需增加城镇人口50.36万人。（见表7-1）

表7-1　　黄石各主要城区常住人口目标落实和分解表（万人）

		2009	2015	2020
黄石市	城区	87	113	126
	大冶城区	21	35	39
	阳新城区	14.64	25	27

三　黄石市新型城镇化城镇体系及空间布局

在当今全球竞争体系中，区域被看作是协调社会经济生活的一种最先进形式和竞争力的重要来源。加强区域协作、实现协同发展已经成为中国区域经济开发的一大战略方针，也是许多城市增强竞争力、吸引资金和技术的务实选择。在中央和湖北省委、省政府提出大力推进城镇化发展进程背景下，黄石市城镇化要实现这一重要战略目标，必须超常规发展，走新型城镇化的发展道路，才能落实城镇化发展目标。

1. 城镇化空间布局

根据市域城镇现状分布特征和市域城镇发展空间及产业配置规划，城镇布局以"2231"结构形态，即"一主一副"两个中心、两个城镇带、三个城镇群和一批重点中心镇、特色镇为主的城镇空间发展结构。

"一主一副"两个中心："一主"，以黄石—大冶城市地区为城镇发展的核心（含附近汪仁、河口等乡镇）；"一副"，以阳新县兴国镇为城镇发展副中心。

两个城镇带：长江经济带（以黄石沿江河口—韦源口—黄颡口—富池四镇组成）；大冶湖南岸城镇发展带（以大冶湖南岸大王—太子—大箕铺等城镇组成的新农村示范和与未来大黄石城市对接的城镇发展带）。

三个城镇群：

陈贵—灵乡城镇群；浮屠—白沙城镇群；还地桥—保安—金山店城镇群。

一批重点中心镇、特色镇：全市确定以陈贵、灵乡、还地桥、保安、金山店、富池、浮屠、白沙、龙港、韦源口等镇为区域发展重点中心镇和特色镇。

100个中心村：全市确定100个中心村进行重点建设，打造宜居环境，创建"宜居村庄"，100个中心村建设以村庄整治为主，市级每年进行评比表彰20个，五年建成100个目标。

2. 市域城镇等级规模结构

按城乡统筹规划，对城镇体系和各镇进行职能和规模定位，有中心城区（含大冶城区）、二级镇、三级重点镇和一般镇四级，但是已经不在等级之中的集镇，包括中型集镇和小集镇（目前属于村），它们仍能基本反映人口规模和各种服务设施在镇以下的差异情况。我们对市域居民点的现状规模等级就以现有的城镇体系的基础上加上乡集镇和行政村来描述。

第八章　黄石市新型城镇化发展预测

一　大冶市新型城镇化发展预测

(一) 经济发展潜力

1. 自然资源

大冶全市土地面积 1566 平方公里，辖 11 个乡镇、3 个城区街道办事处和 1 个省级经济开发区，总人口 93 万。大冶市地处幕阜山脉北侧的边缘丘陵地带，地形以丘陵、山地、平畈为主，地形分布是：南山北丘东西湖，南高北低东西平。丘陵地带主要分布在境内中、东、西、北部，占境域面积的 67%，南部偏东以山地为主，占 15%，湖泊主要分布在境内的东、西部，平畈主要分布在湖泊周围、河流两岸和山谷之中，湖泊、平畈面积均占市域面积的 9%。

大冶市耕地面积 50.15 千公顷，园地面积 22.59 千公顷，林地面积 36.3 千公顷，为农、林、牧、副、渔发展提供了先决条件。大冶市水域面积 14.67 千公顷，多年水资源总量 12.17 亿立方米，地下水多年平均值 2.32 亿立方米。境内有集水面积 10 公里以上的河流 30 条，总长 368 公里，主要河港有大冶湖主港、栖儒港、小箕铺港、南峰港、高河港。境内主要湖泊有大冶湖、保安湖和三山湖，流域面积分别是 1106 平方公里、285 平方公里和 243 平方公里。

大冶市境内已发现矿产 65 种，探明资源储量 42 种，其中，能源矿产 1 种，金属矿产 12 种，非金属矿产 29 种。能源矿产主要是煤，储量 7625 万吨；金属矿产以铜铁金为主，其中，铜储量 239 万吨，铁 36451 万吨，金 13.48 万吨。非金属矿产点多面广，储量丰富，主要有石灰石、硅灰石、方解石、白云石、石膏、陶瓷土、水泥用灰岩等。

2. 区位与交通条件

大冶市交通便利，区位优势明显。大冶市依托长江，背靠武汉市，北连黄石、鄂州，南毗九江，西邻咸宁，东达安庆。距省会武汉市仅70公里，武黄高速穿越市境北隅，距沪蓉、京珠高速公路入口只有20公里，正在建设中的大广（大庆——广州）高速公路从市境西部穿越。沿高速至上海、南京、合肥、武汉等市分别仅需8小时、6小时、4小时和1小时。国家二级客、货运站——黄石市火车站在市区西隅，毗邻大冶市经济技术开发区。武汉市至南昌、福州、杭州、上海、深圳等市客运列车均停靠该站。距国家一类开放口岸黄石港水运码头20公里，可常年通航5000吨级远洋货轮，实现江海联运。此外，大冶市距武汉天河机场仅110公里。

3. 经济发展潜力

大冶市地形以丘陵平畈为主，耕地丰富，适宜发展农业规模种植；水资源丰富，水域面积14.67千公顷，大型湖泊面积从几百平方公里到上千平方公里，适宜淡水养殖和水产品加工业发展。大冶市矿产资源丰富，既有煤矿，还有储量丰富的有色金属矿产，为采矿、冶金和建材业发展提供了充足的原材料。同时，大冶市具有明显的区位优势和良好的经济发展基础，2012年大冶市晋级成为全国百强县市。

（二）产业发展趋势

1. 产业基础分析

大冶市三次产业发展呈现出"二三一"格局，而且第二产业一业独大。从2005年开始，第二产业优势充分发挥，占比就超过50%，经过八年的发展，第二产业比例进一步提高至66%，超过整个经济的三分之二。不仅如此，三次产业发展趋势是，第二产业所占比重越来越大，第一、三产业所占比重显递减趋势。从2005年至2012年的数据表明（见表8-1），第一产业所占比例从13%下降至10%，第三产业所占比例从37%下降至34%，而第二产业所占比例从50%上升至66%。这表明在大冶市的地区总产值的增长中，第二产业贡献最大。

表 8 – 1 大冶市三次产业构成及其占比

年份	地区生产总值	第一产业总产值	第一产业占比（%）	第二产业总产值	第二产业占比（%）	第三产业总产值	第三产业占比（%）
2005	100.18	13.09	13.07	50.34	50.25	36.75	36.68
2006	116.9	13.77	11.78	61.86	52.92	40.56	34.70
2007	139.8	16.67	11.92	75	53.65	48.13	34.43
2008	169.73	19	11.19	92.15	54.29	58.58	34.51
2009	190.26	20.69	10.87	103.73	54.52	65.84	34.61
2010	251.08	24.59	9.79	150.65	60.00	75.84	30.21
2011	331.84	32.24	9.72	191.27	57.64	90.44	27.25
2012	410.24	39.29	9.58	271.14	66.09	99.81	24.33

数据来源：《大冶市统计年鉴》（2004—2013）和大冶市政府提供数据。

大冶市地区总产值从 2005 年的 100 亿元，增长至 2012 年的 410 亿元，年均增长速度达到 14.6%。第一产业年均增长速度是 6%，但是从 2010 年后其增长速度明显下降；第二产业增长速度平均达到 18.11%，而且呈现加速增长趋势；第三产业年均增长速度 11.7%，呈现出减速增长趋势（见表 8 – 2）。这表明第二产业的加速增长，推动了整个经济的发展，从而拉升了地区总产值的增长速度。就 2012 年来讲，第一、二、三产业对地区总产值的增长的贡献率分别是 10%、66% 和 24%，也就是说，在大冶市 14.5% 的增速中，第二产业贡献了 9.5 个百分点，第一和第三产业共计贡献 5 个百分点。

表 8 – 2 大冶市三次产业发展速度

年份	地区生产总值增长率（%）	第一产业增长率（%）	第二产业增长率（%）	第三产业增长率（%）
2005	12.6	3.7	17.6	9.3
2006	12.9	3.54	17.97	9.3
2007	13.5	10.5	12.9	15.5
2008	13.1	8	13.6	13.9
2009	15.1	8.1	17.4	13.8
2010	17.1	5.48	22.91	11.97
2011	18.3	4.8	23.6	11.9
2012	14.5	3.8	18.9	8

数据来源于：《大冶市统计年鉴》（2004—2013）和大冶市政府提供数据。

综合起来看,在大冶市的经济发展中,第二产业一枝独秀,且加速增长,对经济总量的贡献超过三分之二。第一和第三产业发展贡献小于三分之一,而且都呈减速增长态势。

2. 基于区位熵的产业优势分析

通过计算某一区域产业的区位熵,可以找出该区域在一定范围内具有一定地位的优势产业,并根据区位熵 Q 值的大小来衡量其专门化率。Q 值越大,则专门化率也越大。一般来讲,如果产业的区位熵大于 1.5,则该产业在当地就具有明显的比较优势。依据 2011 年工农业总产值和各产业产值,在黄石市范围内,计算出大冶市的工业主要产业和农业主要产业的区位熵,由此确定大冶市具有比较优势或专业化率较高的产业。从表 8-3 计算出的工业产业区位熵来看,煤炭开采和洗选业、黑色金属矿采选业、本色金属矿采选业、农副食品加工业、饮料制造业、造纸及纸制品业、印刷业及记录媒介的复制、橡胶制品业、专用设备制造业等 9 个行业的区位熵大于 1.5,表明在黄石市范围内,大冶市的这 9 个行业具有明显的比较优势。通用设备制造业、非金属矿采选业、纺织业等 3 个行业的区位熵大于 1 但小于 1.5,表明大冶市的这 3 个行业具有较高的专业化率。既然这 12 个行业在黄石具有明显优势,所以大冶市要继续发挥它们的潜力,重点发展和优先布局这些产业。

表 8-3 以黄石市为范围的工业区位熵

行业名称	分行业工业总产值(当年价格)亿元				以黄石为范围的区位熵	
	湖北省	黄石市	大冶	阳新	大冶	阳新
煤炭开采和洗选业	6.11	12.52	6.9603	2.6194	1.70	3.92
黑色金属矿采选业	90.81	122.88	121.8638	0	3.03	0.00
有色金属矿采选业	14.66	60.87	47.4887	11.4554	2.38	3.52
非金属矿采选	9.72	18.69	8.3163	5.606	1.36	5.62
农副食品加工业	140.07	22.92	17.8892	0.4997	2.38	0.41
食品制造业	28.02	7.86	1.5544	0	0.60	0.00
饮料制造业	33.49	48.84	46.2431	0	2.89	0.00

续表

行业名称	分行业工业总产值（当年价格）亿元				以黄石为范围的区位熵	
	湖北省	黄石市	大冶	阳新	大冶	阳新
纺织业	48.07	11.9	5.1294	2.0608	1.32	3.24
纺织服装、鞋、帽制造业	20.97	28.21	5.6868	6.3175	0.62	4.19
造纸及纸制品业	24.95	4	2.8541	0	2.18	0.00
印刷业及记录媒介的复制	30.89	1.29	0.8101	0	1.92	0.00
化学原料及化学制品制造业	571.84	39.88	8.4125	18.4271	0.64	8.65
医药制造业	34.62	8.14	0	0	0.00	0.00
橡胶制品业	21.26	0.5	0.4964	0	3.03	0.00
塑料制品业	20	4.18	0	0	0.00	0.00
非金属矿物制品业	161.97	197.81	47.887	17.325	0.74	1.64
黑色金属冶炼及压延制造业	2183.52	266.39	69.8172	3.8742	0.80	0.27
有色金属冶炼及压延加工业	340.48	444.42	67.0896	9.019	0.46	0.38
通用设备制造业	127.8	89.01	31.499	0	1.08	0.00
专用设备制造业	144.19	31.17	15.4333	0.5002	1.51	0.30
交通运输设备制造业	2905.61	18.82	5.4203	6.7405	0.88	6.71
电气机械及器材制造业	169.8	54.59	1.5378	0.2453	0.09	0.08
电力、热力的生产和供应业	1475.27	37.09	2.8914	0.3239	0.24	0.16
其他	1908.1	71.14	9.9426	0.5953	0.43	0.16

数据来源：《黄石市统计年鉴》（2012）。

表 8-4 计算的农业各行业区位熵显示，在黄石市范围内，大冶市在林业和渔业处于相对劣势，没有任何一种产品形成较高的专业化率；在农业种植业领域，仅糖类、食用菌、花卉园艺三类产品处于相对优势；在牧业领域，猪、兔、家禽、活的畜禽产品、其他动物及产品、捕猎野兽和野禽六类产品生产具有相对优势；在农、林、牧、渔、服务业领域，农业服务业、牧业服务业、渔业服务业具有相对优势。因此，大冶市应该对 12 个具有相对优势且专业化率高的行业进行重点布局和优先发展。

表 8-4　　　　　　　以黄石为范围的农业区位熵

项目	现产值（万元）				以黄石为范围的区位熵	
	黄石市	市区	大冶市	阳新县	大冶市	阳新县
农林牧渔业总产值	1021459	58934	466501	496024	——	——
一、农业总产值合计	411881	27961	176916	207004	0.94	1.04
（一）粮食作物	167039	2091	73143	91805	0.96	1.13
（二）棉花（籽棉）	25676	1423	11353	12900	0.97	1.03
（三）油料	46383	1624	20705	24054	0.98	1.07
（四）麻类（苎麻）	3862	316	817	2729	0.46	1.46
（五）糖料	77	5	72		2.05	0.00
（六）药材（包括野生）	4307	230	1647	2430	0.84	1.16
（七）蔬菜（含菜用瓜）	131494	18755	54198	58541	0.90	0.92
（八）食用菌（干鲜混合）	10000	1985	6768	1247	1.48	0.26
（九）茶桑果	18205	635	5474	12096	0.66	1.37
（十）花卉园艺	1096	125	806	165	1.61	0.31
（十一）其他农作物	4552	772	1933	1847	0.93	0.84
二、林业产值合计	10312	1461	1474	7377	0.31	1.47
（一）营林	4361	325	1095	2941	0.55	1.39
（二）林产品	1919	266	246	1407	0.28	1.51
（三）竹木采运	4032	870	133	3029	0.07	1.55
三、牧业产值合计	326263	23243	193971	109049	1.30	0.69
（一）大牲畜（牛出栏）	6938	321	2018	4599	0.64	1.37
（二）猪（出栏）	203102	20306	99787	83009	1.08	0.84
（三）羊（出栏）	1551	36	228	1287	0.32	1.71
（四）兔（出笼）	386	2	362	22	2.05	0.12
（五）家禽（出笼）	75390	1083	64347	9960	1.87	0.27
（六）活的畜禽产品	36395	1378	25190	9827	1.52	0.56
（七）其他动物及产品	2417	114	1978	325	1.79	0.28
（八）捕猎野兽、野禽	84	3	61	20	1.59	0.49
四、渔业产值合计	262949	6029	88472	168448	0.74	1.32
（一）鱼类	204416	5266	75990	123160	0.81	1.24

续表

项目	现产值（万元）				以黄石为范围的区位熵	
	黄石市	市区	大冶市	阳新县	大冶市	阳新县
（二）虾蟹类	47879	616	12164	35099	0.56	1.51
（三）贝类	193			193	0.00	2.06
（四）其他类	10461	147	318	9996	0.07	1.97
五、农林牧渔服务业产值	10054	240	5668	4146	1.23	0.85
（一）农业服务业	5027	75	2873	2079	1.25	0.85
（二）林业服务业	826	22	243	561	0.64	1.40
（三）牧业服务业	2339	81	1514	744	1.42	0.66
（四）渔业服务业	1862	62	1038	762	1.22	0.84

3、产业发展潜力分析

根据大冶市产业发展基础和黄石市产业区位熵计算结果，确定了大冶市各乡镇现有产业基础，在现有基础上，再确定大冶市各乡镇产业发展的趋势或重点发展的产业（见表8-5）。

表8-5　　　　大冶市各乡镇优势产业与重点产业汇总表

乡镇	优势产业（产业基础）	重点产业（区位熵产业发展方向）
金湖街办	形成了以钢铁、建材两大支柱产业为主体，并辅以食品、服装、机械制造产业的工业结构。其优势产业钢铁产业（包括采矿、选矿、冶炼）及食品、服装产业与大冶市优势产业发展相一致。已经形成优势的牧业与其农业内部优势产业与大冶市农业优势产业发展相一致	第二产业发展重点是巩固和发展钢铁、建材两大支柱产业，并适度发展具有可持续性的食品等农产品加工、纺织服装、机械制造等产业。农业发展重点是花木种植业、畜牧业、农业种植业
罗桥街办	已经形成了饮品食品（农副产品加工）、纺织服装、新型建材、装备制造业、电子科技产业为主体的工业结构。优势产业饮品食品（农副产品加工）、纺织服装、装备制造业与大冶市优势产业发展相一致，电子科技产业作为高新技术产业则代表了大冶市产业结构升级换代的发展方向。牧业作为罗家桥街办的优势产业与大冶市农业优势产业发展一致	罗家桥街办将来第二产业的发展重点应该是继续巩固发展现有的饮品食品（农副产品加工）、纺织服装、装备制造、电子科技和新型建材产业。罗家桥街办在保持渔业适当发展的同时，将来农业发展的重点是畜牧业和农业种植业

续表

乡镇	优势产业（产业基础）	重点产业（区位熵产业发展方向）
金牛镇	初步形成了由纺织服装产业、轻工电子产业、建材、食品饮料、粮油加工为主的工业结构。优势产业纺织服装、饮料、印刷、农副产品加工业与大冶市优势产业发展相一致。与大冶市相比，牧业作为金牛镇的农业相对优势产业与大冶市农业优势产业发展相一致。金牛镇五县通衢，是商贸重镇，商贸业、物流业基础雄厚，有发展商贸服务业的优势	金牛镇第二产业发展重点应该是纺织服装产业、轻工业电子产业、新型建材产业、农副产品加工业。金牛镇农业发展重点是农业种植业和畜牧业。金牛镇服务业重点发展商贸服务业
保安镇	本镇矿产资源丰富，以矿产资源为基础继续发展冶金、新型建材工业，并围绕现在优势产业延长产业链。保安镇是一个农业大镇，继续发挥种植优势，进行规模化种植。延长农业产业链，实现农业产业化，大力发展食品加工业。利用保安湖湿地，发展以旅游业为龙头的观光农业、生态农业和休闲渔业	第二产业重点发展电子产业、新型建材和食品加工三大产业。第一产业发展水产养殖业、种植业和以现代农业为基础的旅游业
灵乡镇	形成了特钢模具、装备制造、医药化工、服装纺织、建材生产和农副产品深加工6大优势产业。灵乡镇的优势产业有属于黑色金属产业的特钢模具产业、装备制造产业、农副产品深加工产业、纺织服装产业与大冶市优势产业发展相一致，建材产业和医药化工则属于黄石市优势产业。牧业作为灵乡镇的农业优势产业与大冶市农业优势产业发展相一致	灵乡镇在保持特钢模具与装备制造主导产业发展的同时，第二产业发展仍应继续向农副产品深加工、医药化工、服装纺织产业延伸聚集发展。灵乡镇农业发展重点是农业种植业和畜牧业。把农业生产与农产品加工、乡村休闲旅游相结合
金山店镇	工业以矿业为龙头，以塑件、建材为两翼，以高新技术产业为补充。培育四大主导产业：矿产品开采加工贸易业、高新技术产业、新型建材业、加工制造业。在规模种植业方面，形成五大特色农产品基地：林果产业基地、油茶基地、高产油菜基地、无公害蔬菜基地、优质稻种植基地。在规模养殖业方面，配套发展畜禽养殖业，形成了几大养殖小区	围绕工业发展四大主导产业：新型建材、黑色金属矿采选、非金属矿采选、农副产品加工四大产业。农业方面重点推进四大基地建设，发展林业、果业和畜牧养殖业
还地桥镇	还地桥镇矿产资源丰富，以矿产资源为基础继续发展冶金、建材工业，并围绕现在优势产业延长产业链。农业适合规模种植、养殖，大力发展现代种植业，水产和畜牧养殖业，并延长产业链实现农业产业化。利用黄金湖湿地，发展以旅游业为龙头的观光农业、休闲农业	第二产业的重点是建材、煤炭、钙业、冶金、橡胶和农产品加工六大产业。农业重点发展畜牧养殖业、水产养殖业、以旅游业为基础的现代农业
殷祖镇	殷祖镇拥有黄金储量10吨，非金属方解石储量4500万吨，雄踞鄂东南首位。植被保护较好，森林覆盖率达60%，红色文化底蕴深厚，旅游资源十分丰富。耕地资源和可养水面资源较为欠缺	重点发展有色金属矿采选业、建筑业制造业；农业：特色种植与养殖；服务业：红色旅游

续表

乡镇	优势产业（产业基础）	重点产业（区位熵产业发展方向）
刘仁八镇	矿产资源优势较明显，区位交通有一定优势，耕地资源和水域资源缺乏	重点发挥矿产资源优势，发展矿产资源开发、建筑业、制造业，发展特色农业种植业、休闲农业和红色旅游业
陈贵镇	黑色金属产业的铸造及其延伸加工产业、农副产品加工业、纺织服装产业与大冶市优势产业发展相一致，高新技术产业则代表了大冶市产业结构升级换代的发展方向。牧业作为农业优势产业与大冶市农业优势产业发展相一致。陈贵镇第三产业已形成一定基础，旅游资源丰富，有发展旅游业的优势。陈贵镇将新建一个大型物流园，有发展物流服务业的优势	在保持铸造及延伸加工业适当发展的同时，第二产业发展重点应该是具有可持续发展的农产品加工、纺织服装、高新技术产业。在保持农业、林业、渔业适当发展的同时，将来农业发展重点是畜牧业。陈贵镇第三产业重点发展旅游业、现代物流服务业
大箕铺镇	矿产资源储量丰富，机械制造、轻工服装、矿产开发已经形成一定的规模。从区位上看，随着环大冶湖发展战略的逐步推进，适合发展旅游业，物流业	工业要大力发展矿产资源开发利用、机械制造业。农业：重点发展养殖（猪、家禽）、有机蔬菜、苗木花卉。服务业：现代旅游业，商贸物流业
茗山乡	初步形成了以花炮行业为主体，包括生物工程（香料工业）的工业结构。其生物工程（香料工业）与农产品深加工业相联系，与大冶市优势产业发展具有一致性。茗山乡2011年农、林、牧、渔、业总产值中，农业、牧业、渔业所占比重分别为51.17%、30.85%、17.8%。与大冶市相比，牧业作为茗山乡的优势产业与大冶市农业优势产业发展相一致	第二产业发展重点应该是花炮行业、生物工程（香料工业）、轻工业及农副产品加工业。茗山乡农业发展重点是农业种植业、畜牧业以及油茶种植业。茗山乡在农业发展中要积极推进传统农业向现代农业转型，把农业生产与特色农业、农产品加工、乡村休闲旅游相结合

（三）人口变动趋势

1. 人口自然增长

从人口发展的自然规律来看，人口群体有保持原有增长趋势的特征。从2002年到2011年，大冶市的人口自然增长经历了先稳定后快速上升的过程，2002—2007年间，自然增长率稳定在3‰—4‰之间，从2008年开始，其自然增长率逐年上升，一直到2011年高达7.55‰（见表8-6）。这表明，大冶市的计划生育政策执行得较宽松，以至于人口出生率近几年快速反弹。实地调查结果反映，在大冶市大多数一对夫妻生育了两个孩子，农村一对夫妻生育两个孩子的现象更普遍。因此，即使"单独二胎"政策落实到位，随着人们生育观念的转变，其人口自然增长速度不会增长很快,预计自然增长率将稳定在 8‰。所以,预计 2012 年—2015 年,其人口自然增长率为 7.5‰,2016—2020 为 8‰;2021—2030 为 8‰。

表 8-6　　　　大冶市人口自然增长率(2002 年—2011 年)

年份	年末总人口(万人)	当年出生人口(人)	当年死亡人口(人)	自然增长率(‰)
2002	89.01	8713	5281	3.86
2003	89.67	8001	5328	2.99
2004	89.98	7401	4286	3.47
2005	90.3	7508	4252	3.6
2006	90.62	7718	4504	3.6
2007	92.4	8070	4568	3.79
2008	93.39	9198	5360	4.11
2009	93.77	10251	4409	6.23
2010	94.26	11197	4083	7.53
2011	94.57	11965	4827	7.55

数据来源:《大冶市统计年鉴》(2001—2012)和《第六次人口普查》。

根据人口自然增长的基本预测公式:

$p_n = p_0 (1 + r)^t$

p_n 是期末人口数

p_0 是期初人口数

r 是人口自然增长率

t 是预测年限

2011 年末大冶市的户籍总人口为 94.57 万人。减去五个区域人口后,大冶市户籍总人口在 2011 年是 81.42 万。[①] 我们根据前面的推测,2012—2015 年人口自然增长率为 7.5‰,2016—2020 年为 8‰,2021—2030 年为 8‰。再依据上面的基本预测公式,预测结果是,大冶市近期到 2015 年末

---

① 在 2012 年调研时,东岳路街办、金山街办已经全部城镇化,汪仁镇已经被划归黄石经济技术开发区,并设置为其街办;东风农场管理区和四库扎管理区属于湖北省农垦局管理,所以此五个行政区域不在大冶市城镇化研究之列。因此,在计算大冶市人口时,将从总人口中减去这五个区域的人口。

约为 84.52 万人，远期到 2020 年末为 87.96 万人，远景 2030 年末达到 95.26 万人。具体预测如下：

近期：2015 年末人口总数为：$p_{2015} = 81.42 \times (1 + \frac{7.5}{1000})^4 = 84.52$（万人）

远期：2020 年末人口总数为：$p_{2020} = 84.52 \times (1 + \frac{8}{1000})^5 = 87.96$（万人）

远景：2030 年末人口总数为：$p_{2030} = 87.96 \times (1 + \frac{8}{1000})^{10} = 95.26$（万人）

2. 人口流动与常住人口

尽管大冶市是一个经济发展水平较高的县级市，是全国的百强县市，但是其经济发展仍存在地区不平衡，除四个乡镇较富裕外，其他乡镇因第二、三产业发展滞后，仍然存在大量劳动力外流现象。大冶市外出务工人员比例远低于阳新县，但是平均达到 20%，即五个大冶人有一个常年在外务工（见表 8-7）。这也预示着大冶市是一个人口净流出县市，常住人口远低于户籍人口。

表 8-7　　　　　　　　大冶市外出人口及其占比　　　　　　（单位：人）

地区	户籍人口（人）			外出半年以上人口（人）			外出半年以上人口占总人口比重（%）		
	合计	男	女	小计	男	女	小计	男	女
大冶市	967474	510202	457272	196669	103664	93005	20.33	20.32	20.34
东岳路街道办事处	92014	49270	42744	28631	15712	12919	31.12	31.89	30.22
金湖街道办事处	90139	48325	41814	21591	11851	9740	23.95	24.52	23.29
罗家桥街道办事处	58011	30350	27661	8106	3506	4600	13.97	11.55	16.63
金山街道办事处	37740	19539	18201	5298	2488	2810	14.04	12.73	15.44
金牛镇	81630	42874	38756	23528	12661	10867	28.82	29.53	28.04
保安镇	69872	36229	33643	14182	7553	6629	20.3	20.85	19.7
灵乡镇	54454	29017	25437	8320	4541	3779	15.28	15.65	14.86

续表

地区	户籍人口（人）			外出半年以上人口（人）			外出半年以上人口占总人口比重（%）		
	合计	男	女	小计	男	女	小计	男	女
金山店镇	51836	27689	24147	12620	6599	6021	24.35	23.83	24.93
还地桥镇	93942	48970	44972	12110	5825	6285	12.89	11.9	13.98
殷祖镇	42771	22606	20165	9406	5489	3917	21.99	24.28	19.42
刘仁八镇	38885	20568	18317	4741	2456	2285	12.19	11.94	12.47
陈贵镇	65110	34508	30602	12694	6672	6022	19.5	19.33	19.68
大箕铺镇	64011	33439	30572	10570	5225	5345	16.51	15.63	17.48
汪仁镇	43142	22363	20779	5791	2827	2964	13.42	12.64	14.26
茗山乡	44150	23488	20662	9362	5256	4106	21.2	22.38	19.87
大冶经济开发区	33238	17582	15656	6107	3175	2932	18.37	18.06	18.73
东风农场管理区	5719	2953	2766	3379	1710	1669	59.08	57.91	60.34
四顾闸管理处	810	432	378	233	118	115	28.77	27.31	30.42

数据来源：2010年的黄石地区《第六次人口普查》。

从大冶市的户籍人口数量和常住人口数量的差别来看，大冶市存在净人口外流现象。而且外流幅度越来越大，2007年以前外流人口稳定在8万人左右，2007年以后外流人口增加了4万，以至于外流人口保持在12万人左右，（见表8-8）。也就是说，现在大冶市的稳定外流人口约是12万人。

表8-8　　　　　**大冶市年末总人口与常住人口**　　　　（单位：万人）

年份	年末总人口	常住人口	外流人口
2005	90.3	83.1	7.2
2006	90.62	83.5	7.12
2007	92.4	83.8	8.6
2008	93.39	80.55	12.84
2009	93.77	80.84	12.93
2010	94.26	83.71	10.55
2011	94.57	82.33	12.24

数据来源：《大冶市统计年鉴》（2001——2011）。

3. 人口机械增长

就业与产出紧密相关。经济规模增大、经济范围扩大、经济增长速度提高，就会创造更多的就业机会，对劳动力的需求将会增加，收入水平随之提高。与异地劳动力流入相伴随的是，其家眷等人口也随之流入，人口机械增长将显现。相反，如果一个地方经济衰退或收缩，就业机会减少，失业增加，收入下降，劳动力及其附带的人口将会大量流出，人口机械减少显现。由此可见，人口机械增长决定于经济发展。一般而言，经济发展快的地方，人口净流入且幅度大；经济发展缓慢的地方，人口净流出。据此，我们以经济发展为基础构建一个测度人口机械增长的公式，对还地桥镇的人口机械增长情况进行预测。

$$M = \left[\frac{A(1+FV)^t}{1-L} - H \times J \right] \times (1+E)$$

M 是机械增长人口；A 是当前从业人员

F 是就业弹性系数；V 是经济增长速度

L 是失业率；H 是自然增长下的劳动年龄人口

J 是劳动参与率；E 是带眷率

第一，当前从业人员（A）。

根据大冶市统计局数据和调查结果，大冶市 2001—2011 年从业人员总量从 40.85 万增长到 59.34 万。各产业从业人员总数具体（见表 8-9）。

表 8-9　　　　大冶市从业人员数（2001—2011 年）　　　（单位：万人）

年份	从业人员总数	第一产业	第二产业	工业	第三产业	乡村从业人员	城镇从业人员
2001	40.85	9.19	13.5		18.16		
2002	45.8	13.85	11.65		20.3		
2003	46.8	13.66	12.14		21		
2004	50.47	13.33	13.6		23.1		
2005	50.49	13.74	13.6	9.68	23.1	29.5	21.01
2006	52.5	14.4	13.7	10.12	24.4	31.3	21.2
2007	52.4	13.7	14	10.34	24.7	30.5	21.9
2008	52.55	13.37	14.17	10.47	25.01	31.02	21.53

续表

年份	从业人员总数	第一产业	第二产业	工业	第三产业	乡村从业人员	城镇从业人员
2009	58.26	13.5	17.7	13.1	27.06	36.97	21.29
2010	58.59	12.9	18.52	13.88	27.17	36.32	22.27
2011	59.34	11.97	18.88	14.21	28.49	36.91	22.43

数据来源于:《大冶市统计年鉴》(2000—2011)。

第二,经济增长速度(V)。

表8-10　大冶市地区生产总值及其增长率(2008—2012年)　　(单位:%)

年份	生产总值增长率	第一产业增长率	第二产业增长率	第三产业增长率
2001	10.31	6.44	9.90	12.60
2002	9.80	7.07	11.45	8.12
2003	10.5	6.60	10.61	11.83
2004	12.1	1.32	14.26	12.30
2005	12.6	6.61	-8.78	16.27
2006	12.9	18.33	17.58	7.67
2007	13.5	17.16	21.87	25.24
2008	13.1	11.05	12.82	13.34
2009	15.1	8.06	17.45	13.83
2010	17.1	5.48	20.52	12.19
2011	18.3	38.94	75.57	26.86

表8-11　大冶市地区生产总值及其各产业占比(2000—2011年)(单位:万元)

年份	地区生产总值	第一产业产值	第一产业占比(%)	第二产业产值	第二产业占比(%)	第三产业产值	第三产业占比(%)
2000	612388	81075	13.2	335495	54.8	195818	32.0
2001	675500	86300	12.8	368700	54.6	220500	32.6
2002	741700	92400	12.5	410900	55.4	238400	32.1
2003	819600	98500	12.0	454500	55.5	266600	32.5

续表

年份	地区生产总值	第一产业产值	第一产业占比（%）	第二产业产值	第二产业占比（%）	第三产业产值	第三产业占比（%）
2004	918500	99800	10.9	519300	56.5	299400	32.6
2005	928200	106400	11.5	473700	51.0	348100	37.5
2006	1057700	125900	11.9	557000	52.7	374800	35.4
2007	1295700	147500	11.4	678800	52.4	469400	36.2
2008	1461600	163800	11.2	765800	52.4	532000	36.4
2009	1682000	177000	10.5	899400	53.5	605600	36.0
2010	1950100	186700	9.6	1084000	55.6	679400	34.8
2011	3024500	259400	8.6	1903200	62.9	861900	28.5

从表 8-10 可知，大冶市地区生产总值增长速度，除 2005 年和 2011 年两个异常值外，其余年份比较稳定。之所以如此，是因为第二产业产值在其地区生产总值中所占比例超过 50%，并且 2005 年和 2011 年的第二产业增速出现异常（见表 8-11）。因此，我们认为，大冶市第二产业稳定增长，决定其地区生产总值的稳定增长。由于第二产业增速相对稳定，所以地区生产总值也较稳定，我们去掉两个奇异值后，预测大冶市经济增长速度，2012—2015 年平均为 15%，2016—2020 年平均为 10%，2021—2030 年平均为 8%。

第三，就业弹性系数（F）。

我们可以直接计算出大冶市的就业弹性系数，从 2005 年至 2011 年，大冶市就业弹性系数最高达 0.72，最低至 0.01，这主要是各年份引进项目和经济发展的不稳定造成，因此，只能取其平均值熨平波动，作为将来 5 年发展的预测值。故确定至 2015 年，大冶市的就业弹性系数为 0.02。考虑到大冶市目前的产业中，占较大比例建材和铝业对劳动力的吸纳能力中等，规划大规模发展制造业、碳酸钙深加工、食品加工等劳动密集型产业，在大冶市经济跨越发展的情况下，预计就业弹性系数近远期在 0.01—0.07 之间波动，远景随着技术水平的提高，就业弹性系数会降到 0.01 左右，见表 8-12 和表 8-13。

表 8-12　　大冶市分产业就业弹性系数（2005—2011 年）

年份	国内生产总值就业弹性系数	二三产业总就业弹性	第二产业就业弹性	第三产业就业弹性
2001	0.44	0.47	0.37	0.50
2002	1.24	0.09	1.20	1.45
2003	0.21	0.34	0.40	0.29
2004	0.65	0.77	0.84	0.77
2005	0.04	1.08	0.01	0.04
2006	0.29	0.27	0.04	0.71
2007	0.01	0.07	0.10	0.05
2008	0.02	0.10	0.09	0.09
2009	0.72	0.89	1.43	0.59
2010	0.04	0.12	0.23	0.03
2011	0.02	0.06	0.03	0.18

表 8-13　　大冶市分产业就业弹性系数（2005—2008 年，2010—2011 年）

年份	国内生产总值就业弹性系数	二三产业总就业弹性	第二产业就业弹性	第三产业就业弹性
2005	0.04	1.08	0.01	0.04
2006	0.29	0.27	0.04	0.71
2007	0.01	0.07	0.10	0.05
2008	0.02	0.10	0.09	0.09
2010	0.04	0.12	0.23	0.03
2011	0.02	0.06	0.03	0.18

说明：表 8-13 是去掉 2009 年特殊值之后计算出来的平均弹性系数。

第四，自然增长下的劳动年龄内人口（H）、劳动参与率（J）与失业率（L）。

自然增长情况下的劳动年龄内人口，是在大冶市现状人口规模以及年龄结构的基础上，采用年龄计算法预测 16 岁 - 60 岁之间的人口规模。以 2010 年大冶市人口查询系统的数据为基础，考虑大冶市目前人口出生率、死亡率及育龄妇女生育率等因素，预测大冶市近期 2015 年劳动年龄内人口为 639236 人，远期 2020 年为 644820 人，远景 2030 年为 617506 人。

2010 年大冶市劳动参与率 98%。近期由于经济发展速度较快，需要大量劳动力，劳动参与率将会保持较高。未来随着教育、社会保障等制度的完善，劳动参与率有望逐渐降低。预计近期（2015 年）、远期（2020 年）、远景（2030 年）劳动参与率分别为 95%、95%、95%。2010 年以来，大冶市失业率 5%，考虑到大冶市将来第二产业和第三产业的快速发展，预测失业率可控制在 4% 的合理水平。

第五，带眷系数（E）。

根据国家发展改革委员会公布的数据，中国 1.67 亿农民工中，仅有 3000 万家属，以此计算，农民工群体的带眷系数为 0.22。同时，借鉴周边地区人口规划中预测的带眷系数，近期大冶市外来从业人口的带眷系数定为 0.2，远期及远景由于机械增长人口在大冶市居住时间的延长，故带眷系数增大，定为 0.5。

将上述数据代入公式，预测各时期的机械增长人口见表 8-14。最终计算结果见表 8-15。

表 8-14　　　　　　　　　　数据计算过程

期限	A（万人）	F	V	L	H（万人）	J	E	经济增长所需劳动力	本市已有劳动力	流入劳动力	流入人口
2015	42.95	0.12	15%	5%	51.83	98%	0.2	48.56	50.79	-2.23	-2.68
2020	46.13	0.11	11%	5%	52.35	98%	0.5	51.57	51.3	0.27	0.41
2030	48.99	0.05	9%	5%	49.42	95%	0.5	53.94	46.95	6.99	10.49

表 8-15　　　　　　　　　　大冶市机械人口增长

年份	2015 年末	2020 年末	2030 年末
自然增长劳动力供给（万人）	50.79	51.3	46.95
劳动力需求总量（万人）	48.56	51.57	53.94
带眷系数	0.2	0.5	0.5
机械增长人口	-2.68	-2.27	8.22

4. 大冶市总人口数量

大冶市人口规模，包括自然增长人口和常住人口两项。自然增长人口，可以根据户籍人口数量和人口自然增长率计算。而常住人口数量受到机械增长人口数量的影响，在没有人口流入的条件下，常住人口数量等于户籍人口减去外流人口数量；存在人口流入情况下，常住人口数量等于户籍人口数减去外流人口数，再加上流入人口数。据此，我们计算出大冶市的户籍人口和常住人口，见表8-16。

表8-16　　　　　　　　大冶市镇域总人口综合表

年限	2015年	2020年	2030年
自然增长人口规模	84.52	87.96	95.26
没有人口流入条件下的常住人口规模	85	87	91
机械增长人口规模	-2.68	-2.27	8.22
存在人口流入条件下的常住人口规模	81.84	85.69	103.48

5. 大冶市镇化水平预测

依据城镇化水平的计算公式，城镇化率等于城镇常住人口除以大冶市常住总人口。城镇常住人口来自三部分：第一，城镇已有常住人口；第二，机械增长人口，即从大冶市以外流入的人口，他们进入大冶市在第二、三产业就业；第三，大冶市农业规模化和现代化经营，从农业中分离出来的人口。

根据调查的12个乡镇、街道办的有关数据，计算出其城镇常住人口、农村转移人口和来自于大冶市以外的转移人口，加总计算出大冶市的城镇化率、农村转移人口、大冶市外转移人口等数据，具体见表8-17。加总计算方式与将大冶市作为整体逐项计算出来的结果差距很小，可以忽略不计，因此直接采用加总计算结果。

表 8-17　　　　　　　大冶市城镇化率及农村人口　　　　　　（单位：万人）

时间	自然增长人口	机械增长人口	农村转移人口	城镇总人口	总人口	城镇化率（%）	农村人口预计	农村人口自然增长
2011	—	—	—	35.06	81.42	43.06	46.36	—
2015	35.78	-2.48	5.4	42.44	81.25	52.23	38.81	47.95
2020	37.31	-2.49	10.94	53.75	84.77	63.41	31.02	49.95
2030	40.60	8.66	18.44	78.75	103.60	76.01	24.85	54.34

从表 8-17 来看，大冶市在 2011 年城镇人口 35.06 万，城镇化率 43.06%，农村人口 46.36 万人。图 8-1 显示，伴随着大冶市产业结构的调整升级和经济增长、外来流入人口的增加、农业现代化发展、农村人口逐渐转移入城镇，大冶市的城镇化率逐年提高。将从 2011 年的 43%，提升至 2030 年的 76%，年均增长 3%。当然，这是按照大冶市各乡镇现有的经济增长速度、产业调整速度以及农业现代化水平测算出来的，如果大冶市整合乡镇产业发展，加大农业现代化发展速度，实现"四化同步"，那么其城镇化速度将会更高。

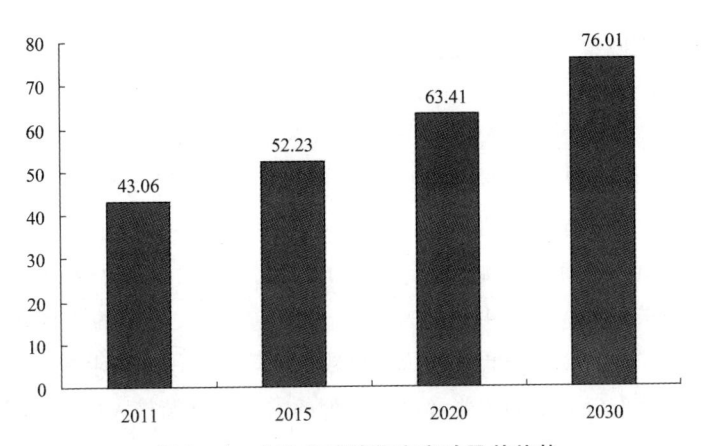

图 8-1　大冶市城镇化率变动及其趋势

图 8-2 显示，在大冶市城镇化水平提高的过程中，城镇人口逐年扩张，农村人口伴随农业现代化而逐渐转移至城镇，农村人口将逐年减少。在 2011 年，农村人口 46 万超过城镇人口 35 万，有 11 万人差距，及至 2015 年城镇人口达到 42 万超过农村人口 4 万人，所以 2015 年是农村人口与城镇人口绝对量

发生转折的关键年份。到 2030 年，城镇人口将超过农村人口的 3 倍。

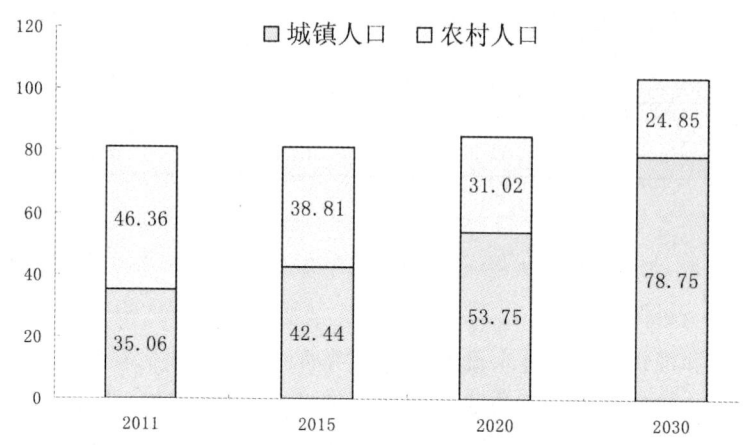

图 8-2　大冶市城镇人口与农村人口变动（单位：万人）

年份	城镇人口	农村人口
2011	35.06	46.36
2015	42.44	38.81
2020	53.75	31.02
2030	78.75	24.85

（四）相关要素配置变动趋势

1. 根据人口增长的用地需求预测

根据国家城镇人均建设用地规定［详见人均建设用地指标分级表（见表 7-18）］，城镇人均建设用地不宜低于 60 米^2/人，不宜超过 120 米^2/1 人，为四个等级。基于已经计算和预测出的大冶市城镇人口的数量，都按照第四等级，预测大冶市各乡镇和大冶市在未来三个时间段的用地需求量，见表 8-18。大冶市在 2011—2015 年间，用地需求是 48.81—55.17 平方公里；2015—2020 年间，用地需求是 59.13—64.5 平方公里；2020—2030 年间，用地需求是 86.63—94.5 平方公里。2011 年，大冶市的实际用地规模是 48.61 平方公里，稍稍低于按照人口数量计算出的用地需求量，因此，大冶市可以按照人口数量的扩张和经济发展的需要，逐渐扩大用地规模。

表 8-18　　　　　　规划人均建设用地指标分级表

指标级别	用地指标人（平方米/人）
Ⅰ	60.1—75
Ⅱ	75.1—90

续表

指标级别	用地指标人（平方米/人）
Ⅲ	90.1—105
Ⅳ	105.1—120

表 8-19　　按人口计算的建设用地规模　　（单位：平方公里）

乡镇	时间	现在	2015	2020	2030
金湖街办	人口（万人）	4.38	6.67	9.24	13.81
	建设用地规模	6	7.67—8.67	10.16—11.09	15.19—16.57
罗桥街办	人口（万人）	6.18	7.81	10.17	16.05
	建设用地规模	7.26	8.98—10.15	11.19—12.2	17.66—19.26
金牛镇	人口（万人）	3.52	4.37	5.22	7.83
	建设用地规模	4.1	5.03—5.68	5.74—6.26	8.61—9.4
	人口（万人）	3.47	3.65	3.99	4.58
	建设用地规模	4.2	4.2—4.75	4.39—4.79	5.04—5.5
	人口（万人）	3	3.56	4.71	7.44
	建设用地规模	3.5	4.09—4.63	5.18—5.65	8.18—8.93
	人口（万人）	2.97	3.1	3.29	3.64
	建设用地规模	4.1	3.57—4.03	3.62—3.95	4—4.37
	人口（万人）	4.36	4.68	6.22	10.22
	建设用地规模	5.7	5.38—6.08	6.84—7.46	11.24—12.26
	人口（万人）	0.8	0.87	1.01	1.23
	建设用地规模	4.2	1—1.13	1.11—1.21	1.35—1.48
	人口（万人）	1.11	1.21	1.41	1.75
	建设用地规模	3.58	1.39—1.57	1.55—1.69	1.93—2.1
	人口（万人）	3.46	4.24	5.57	8.37
	建设用地规模	4.1	4.88—5.51	6.13—6.68	9.21—10.04
	人口（万人）	1.07	1.23	1.54	2.11
	建设用地规模	0.99	1.41—1.6	1.69—1.85	2.32—2.53
	人口（万人）	0.74	1.05	1.38	1.72
	建设用地规模)	0.88	1.21—1.37	1.52—1.66	1.89—2.06
	人口（万人）	35.06	42.44	53.75	78.75
	建设用地规模	48.61	48.81—55.17	59.13—64.5	86.63—94.5

2. 新农村建设点及基础设施布局

在调查的 12 个乡镇中，共计 345 个行政村，其中 1000 人以下的行政村 22 个，1000—2000 人之间的行政村 142 个，2000—3000 人的行政村 119 个，3000 人以上的行政村 62 个，（见表 8-20）。在调查中，这些行政村人口均是户籍人口，常住人口更少，很多自然村在逐渐消失。因此，工业化进程的加快，农业现代化水平提高，农村人口转移入城镇，行政村人口将会进一步减少，自然村落将会消失得更快。

因此，我们应该根据农村人口的变化，现在就要有预见性地进行村庄整治和迁村并点，逐步引导农村人口的居住和就业向中心镇和中心村转移，形成具有一定规模、配套相对完善的农村居住社区。因此，新农村建设点并不是所有村处处开花，对人口净迁出村控制新农村建设。严格控制农村居民点建设用地规模，加大土地整理力度，通过迁村并点和退宅还耕，把农村居民点的迁并整合与城镇建设用地扩张以及耕地保护结合，高效集约利用土地资源。对现有人口在 300 人以下的规模过小、发展条件过差的村庄，原则上予以适当撤并，逐步引导人口向人口规模较大、发展条件较好的中心村或其他村转移，引导人口合理集聚。引导规模少于 1000 人的行政村适度合并。除此外，对公共基础设施如公路、管、网的铺设要考虑到人口的迁移，人口净迁出村庄的基础设施可以不修建，避免造成将来的浪费。

表 8-20　　　　　2011 年大冶市各乡镇村庄分级统计

乡镇	1000 人以下	1000-2000 人	2000-3000 人	3000 人以上
金湖街办	0	33	8	5
罗桥街办	2	16	12	4
金牛镇	0	15	11	8
保安镇	1	13	11	5
灵乡镇	0	8	12	1
金山店镇	8	5	9	4
还地桥镇	2	6	15	13
殷祖镇	0	10	7	4

续表

乡镇	1000人以下	1000–2000人	2000–3000人	3000人以上
刘仁八镇	2	10	6	2
陈贵镇	0	0	12	9
大箕铺镇	1	7	10	7
茗山乡	6	19	4	0
大冶市	22	142	119	62

说明：按照村级单位的人数进行统计，统计相应的村级单位的个数。各行政村人数均为户籍人数。

二 阳新县新型城镇化发展预测

（一）经济发展潜力

1. 自然资源

阳新县县域面积2780平方公里，现辖22个镇（场、开发区），386个行政村，总人口107万（乡村人口79万）。阳新县位于长江中游南岸，幕阜山脉北麓；县境属鄂东南低山丘陵区，处幕阜山向长江冲积平原过渡地带。西北、西南、东南部多低山，且向东、中部倾斜，构成不完整山间盆地。东部临江，有狭长小平原，中小湖泊较多，被誉为"百湖之县"。

阳新县土地总面积278276.94公顷，其中：农用地面积172866.19公顷，占土地总面积的62.12%；建设用地面积19172.41公顷，占土地总面积的6.89%；未利用地面积86238.33公顷，占土地总面积的30.99%。全县耕地面积56644.94公顷，占土地总面积的20.36%。其中，基本农田保护面积为49888.16公顷，占土地总面积的17.93%；园地面积7057.25公顷，占土地总面积的2.54%；林地总面积87277.73公顷，占土地总面积的31.36%，全县其他农用地面积21886.27公顷，占土地总面积的7.86%。全县城镇工矿用地面积4225.68公顷，占土地总面积的1.52%，人均城镇工矿用地面积204.43平方米。农村居民点用地面积为8448.14公顷，占土地总面积的3.04%，人均农村居民点用地面积110.52平方米。交通水利及其他用地面积6498.59公顷，占土地总面积的2.34%。阳新县总集水面积6771.4平方公里，有大小湖泊250处，万亩以上湖泊有网湖等9个，总面积349.32平方公里；大中小型水库145座，其中大型水库2座，中型水库有3座。

阳新县矿产资源种类多，已发现矿产资源35种。金、铜、水泥用灰岩等矿产资源储量居于湖北省的前列；其中铜矿查明资源储量112.07万吨，占全省查明储量的25.23%，是全国九大铜生产基地之一；金矿查明资源储量67.48吨，位居全省前列，年产值占全省的28.19%；建材资源以水泥用石灰岩为主，其储量大、分布广，开发利用前景广阔。全县有色金属、贵金属矿床20多处，其中共伴生矿占35%。主要共伴生矿产有钨、钼、铅、锌及伴生有益元素铼、镉、硒、碲等，具有分布集中，含量高、资源储量大的特点，但由于赋存状态复杂，采、选、冶技术难度大，目前尚未综合利用。

阳新县境内峰峦叠翠，植被良好，有七峰山、父子山、白马山等八大山脉，其中七峰山南岩岭海拔862.7米，为黄石市最高峰。网湖湿地为省级自然保护区，总面积30万亩，现已被列入《中国湿地保护行动计划》之中。境内有苏东坡、岳飞、海瑞等多处古代名人遗迹，有荆楚第一奇湖仙岛湖、省级森林公园七峰山、国家AAA级旅游景区湘鄂赣边区鄂东南革命烈士陵园和全国重点文物保护单位龙港革命旧址群，是旅游观光、休闲度假的理想场所。

2. 区位与交通条件

阳新区位优越，设施完善。东临长江，西接京广铁路，南及京九铁路，北靠武黄（沪蓉）高速，距离武汉市120公里、黄石市50公里。武（汉）九（江）铁路纵贯南北，106、316国道横穿东西，大（庆）广（州）、杭（州）瑞（丽）两条高速公路（共100公里）交汇境内，长江黄金水道过境45公里，棋盘洲万吨深水码头（一期9个泊位、吞吐量690万吨）正在建设，连江支流富河过境80公里，兴国新港已经获准筹建，城乡交通网络日趋完善。中心城区已建成16平方公里，人口已达18万，城东新区"五路一桥"等基础设施即将开工建设。龙港、富池、枫林、浮屠等口子镇和中心镇建设步伐加快，初步形成了县城—中心镇—集镇联动发展的城镇体系。

3. 经济发展潜力

阳新县地形以丘陵低山为主，适宜发展林牧业；水资源丰富，水域面积大，大小湖泊250处，适宜淡水养殖和水产品加工业发展。阳新县矿产资源丰富，既有煤矿，还有储量丰富的有色金属矿产，为采矿、冶金和建材业发展提供了充足的原材料。同时，阳新县具有明显的区位优势和良好的经济发展基础。

(二) 产业发展趋势

1. 产业基础分析

（1）三次产业的数据分析

阳新县三次产业发展呈现出不太明显的"二三一"格局，第二产业与第三产业在总产值中所占比例几乎相当，而且超过第一产业产值不大，也可以说是三次产业"三分天下"。从2005—2009年，第二产业占比较大，接下来的两年第三产业占比最大，到了2012年三次产业占比势均力敌。从占比动态观察，第一产业占比逐年递增，第二产业占比呈下降之势，第三产业占比基本稳定。仅从2012年数据分析（见表8-21），"三分天下"的格局说明，阳新县第二产业发展不充分，工业化具有较大的发展空间，农业现代化也有较大空间。

表8-21　　　　　　阳新县三次产业构成及其占比　　　　　　（单位:%）

年份	地区生产总值	第一产业总产值	第一产业占比	第二产业总产值	第二产业占比	第三产业总产值	第三产业占比
2005	62.15	14.78	23.78	26.5	42.64	20.87	33.58
2006	68.75	15.42	22.43	31.74	46.17	21.59	31.40
2007	75.71	15.6	20.60	33.65	44.45	26.46	34.95
2008	96.47	19.93	20.66	42.34	43.89	34.2	35.45
2009	107.35	22.02	20.51	45.74	42.61	39.59	36.88
2010	110.71	26.3	23.76	40.31	36.41	44.1	39.83
2011	128.7	33.14	25.75	46.99	36.51	48.57	37.74
2012	150.97	42.92	28.43	54.98	36.42	53.07	35.15

数据来源于：《阳新县统计年鉴》（2004—2013）和阳新县政府提供数据。

阳新县地区总产值从2005年的62亿元，增长至2012年的150亿元，年均增长速度达到11.6%。第一产业年均增长速度是6.4%，不同年份间波动幅度较大。第二产业增长速度平均达到17.7%，而且呈现加速增长趋势。第三产业年均增长速度9.9%，呈现出减速增长趋势（见表8-22）。这表明第二产业的加速增长，推动了整个经济的发展，从而拉升了地区总产值的增长速度。就2012年来讲，第一、二、三产业对地区总产值的增长的贡献率分别是29%、36%和35%，也就是说，在阳新县11%的增速中，第二产业贡献了6.2个百分点，第一和第三产业共计贡献4.8个百分点。

表8-22 阳新县三次产业发展速度 （单位:%）

年份	地区生产总值增长率	第一产业总产值	第一产业增长率	第二产业总产值	第二产业增长率	第三产业总产值	第三产业增长率
2005	13.1	14.78	13.9	26.5	39.7	20.87	-10.3
2006	12.7	15.42	2.2	31.74	19.8	21.59	11.0
2007	9.3	15.6	-3.5	33.65	9.6	26.46	17.6
2008	17.2	19.93	13.2	42.34	14.3	34.2	23.3
2009	13.6	22.02	7.7	45.74	13.7	39.59	16.6
2010	10.5	26.3	6.1	40.31	13.5	44.1	9.8
2011	9.8	33.14	4.4	46.99	13.2	48.57	4.6
2012	11	42.92	7	54.98	17.9	53.07	6.7

数据来源：《阳新县统计年鉴》（2004—2013）和阳新县政府提供数据。

（2）三次产业的基础分析

阳新县第一产业状况。2013年阳新县农作物总播种面积135.26千公顷，增长0.55%。其中，粮食作物播种面积75.86千公顷，调减0.49%；油料种植面积33.58千公顷，增长4.88%；蔬菜种植面积17.79千公顷，增长0.38%。新增土地流转面积1.5万亩，总数达到10.1万。新增农民专业合作社111家，总数达到442家。新冠农林和新阳农业被评为省级农业产业化重点龙头企业。新增绿色和无公害农产品品牌4个。创建国家级农业标准化示范区2个。农产品加工产值与农业产值比例达到44%，比上年提高21个百分点。发放农机具购置补贴1821万元，主要农作物耕种收综合机械化水平达到63.2%。

阳新县第二产业。2013年，机械制造、轻工纺织、医药化工、新型建材四大支柱产业产值占全县规模以上工业总量的97.9%，比上年提高

2.4个百分点。劲牌四期等30个投资过500万元的技改项目顺利实施，完成技改投资11.3亿元，增长46.5%。新增国家级高新技术企业4家。创建湖北名牌产品3个。建筑业快速发展。全年资质以内建筑业实现总产值12.52亿元，比上年增长5.3%。建筑业企业完成房屋建筑施工面积117.14万平方米；房屋建筑竣工面积92.3万平方米。2013年年末全县拥有资质等级的建筑施工企业18家，比上年增加4家。

阳新县第三产业：2013年，全县社会消费品零售总额84亿元，增长11.4%。限额以上消费品零售总额11.37亿元，增长19.4%。2013年，新增限额以上商贸企业63家。对外贸易快速增长。全县出口总额17607万美元，增长15.5%。招商引资规模扩大。全县实际到位内资149.6亿元，增长73.5%；实际利用外资2412万美元，增长20%。旅游业健康发展。仙岛湖景区顺利晋升国家4A级旅游景区，七峰山、网湖、半壁山古战场遗址公园和龙港红色革命旧址群等一批重点景区开发取得实质性进展。共接待游客76万人次，实现旅游综合收入2.6亿元，分别增长24.2%和52.9%。

2. 基于区位熵的产业优势分析

通过计算某一区域产业的区位熵，可以找出该区域在一定范围内具有一定地位的优势产业，并根据区位熵Q值的大小来衡量其专门化率。Q值越大，则专门化率也越大。一般来讲，如果产业的区位熵大于1.5，则该产业在当地就具有明显的比较优势。依据2011年工农业总产值和各产业产值，在黄石市范围内，计算出阳新县的工业主要产业和农业主要产业的区位熵，由此确定阳新县具有比较优势或专业化率较高的产业。

从表8-3计算出的工业产业区位熵来看，煤炭开采和洗选业、有色金属矿采选业、非金属矿采选业、纺织业、纺织服装鞋帽制造业、化学原料及化学制品制造业、非金属矿物制品业、交通运输设备制造业等8个行业的区位熵大于1.5，表明在黄石市范围内，阳新县的这8个行业具有明显的比较优势。既然这8个行业在黄石市具有明显优势，所以阳新县要继续发挥它们的潜力，重点发展和优先布局这些产业。

表8-4计算的农业各行业区位熵显示，在黄石市范围内，阳新县在农业种植业领域，粮食作物、棉花、油料、麻类、药材、茶桑果六个行业具有专业化优势；在林业领域，营业林、林产品、竹木采运和林业服务业四个行业具有专业化优势；在牧业领域，牛、羊两类产品生产具有优势；

在渔业领域，鱼类、虾蟹类、贝类、其他水产品的生产具有相对优势。因此，阳新县应该对这 16 个具有相对优势的农业行业因势利导，合理布局，大力发展。

3. 产业发展潜力分析

根据阳新县产业发展基础和黄石市产业区位熵计算结果，我们确定了阳新县各乡镇现有产业基础，在现有基础上，再确定大冶市各乡镇产业发展的趋势或重点发展的产业（见表 8 - 23）。按照阳新县各乡镇的产业发展现状，其总体特征是"以镇为战"、"以基础为阵地"、"以资源为卖点"。因而难以形成阳新县一盘棋，没有形成阳新县经济的协同发展，没有规模效应，难以实现农业现代化，城镇化进展缓慢，"四化同步"不协调。根据阳新县产业发展基础和黄石市产业区位熵计算结果，阳新县各镇在产业布局上，可以协同发展，连片开发，规模经营，避免以镇为单位独立发展。

依托阳新县现有基础与产业重点，整合个乡镇资源和基础，工业要重点发展机械制造业、水泥建材业、医药化工业和轻工纺织业等四大支柱产业，以便实现工业化；农业要重点发展优质粮油、苎麻、蔬菜、畜牧、水产、林特等六大特色行业，进行规模生产，加快农业现代化进程。

表 8 - 23   **阳新县各乡镇优势产业与重点产业汇总表**

乡镇	优势产业（产业基础）	重点发展产业（区位熵产业发展方向）
兴国镇	兴国镇农业有利于发展生态农业、水产养殖业和旅游业，因为有色金属矿产资源丰富，适宜继续发展有色金属采选、建材业	第二产业发展的重点有冶金、建材、农副产品加工三大支柱产业。重点发展商贸物流和生态旅游；重点发展生态农业和绿色农业
富池镇	已经形成了医药产业、化工产业、新型建材、钢铁加工、玻璃产品、重碳酸钙为支撑的工业结构。受耕地面积与地形条件限制，富池镇农业种植业不发达，主要依靠水产养殖和畜牧业带动农业发展。水产养殖业牧业作为富池镇的农业优势产业与阳新县农业优势产业发展相一致	第二产业发展重点仍然是进一步巩固和发展现有的支撑产业，把医药产业、化工产业、新型建材产业做大做强。富池镇农业发展重点是渔业和畜牧业。同时在农业发展中，富池镇要积极推进传统农业向现代农业转型，把渔业和畜牧业及农业生产与农产品加工、乡村休闲旅游相结合
黄颡口镇	优质的石灰石、黄砂和丰富的煤炭资源。土地资源较为充裕，林果业、水产养殖业是传统优势产业；长江岸线资源十分丰富，是新港（物流）工业区腹地	工业：发展非金属矿产采选业、建材加工业、农产品深加工；农业：林果业、水产养殖业（鱼、蟹）

续表

乡镇	优势产业（产业基础）	重点发展产业（区位熵产业发展方向）
韦源口镇	土地资源相对丰富，水资源丰富，长江岸线资源优势十分明显，交通优势比较明显	工业：大力发展建材和化工行业，形成以水泥、混凝土、工程塑料为主的产业格局，延伸产业链打造优势产业集群，形成建材和化工产业集聚特色，并对现有的钢铁产业进行适当的调整。农业：壮大以粮食作物、油料作物为主的种植业和水产养殖业。服务业：依托交通区位资源，发展现代物流业、商贸服务业和旅游业
太子镇	矿产资源相对较少，土地资源较为欠缺，区位有一定优势	工业：农副产品加工业；农业：规模化和特色化农业，以绿色农业、生态农业为主的现代种植业、水产养殖业；服务业：依托环大冶湖开发、新港（物流）工业园区平台，发展以物流配送、服务外包、农超对接、旅游休闲等产业为主，打造新港（物流）工业园区的"后花园"
大王镇	有丰富的方解石，储量和品位均较高。土地资源较为充裕。综合交通条件优越	工业：发展冶金、建材加工、纺织服装、农副产品深加工；农业：发展特种养殖业（土鸡、黑山羊、泥鳅、土猪）
陶港镇	矿产资源比较丰富，拥有省级湿地自然保护区（湿地公园）网湖	工业：发展矿产资源采选业，延长产业链条，形成采选—冶炼—加工的工业体系，此外发展农副产品加工工业，尤其是水产品深加工工业有独特的潜力；农业：大力发展水产养殖业；服务业：生态旅游业
白沙镇	白沙镇农业有利于发展规模种植业和经济林业、生态旅游业，因为有色金属矿产资源丰富，适宜继续发展有色金属采选、冶炼和金加工	白沙镇将来第二产业发展的重点是有色金属矿采选业、非金属矿采选业、化学原料及化学制品制造业三大支柱产业。重点发展特色农业种植业和林业种植业，并发展以七峰山为基础的旅游业
浮屠镇	浮屠镇农业有利于发展规模种植业和水产养殖业、生态旅游业，因为有色金属矿产资源丰富，适宜继续发展有色金属采选、纺织业。	浮屠镇将来第二产业发展的重点是有色金属矿采选业、化学原料及化学制品制造业和纺织业三大支柱产业。重点发展特色农业种植业和林业种植业，以及水产养殖业
三溪镇	现有的优质水源条件适合发展生态养殖及配套的休闲旅游项目；丰富的林场资源可发展林木产品深加工项目	一是在保证生态环境的基础上有限度的发展大理石矿、锰矿、石灰岩等的开采与加工产业； 二是大力发展农产品加工业； 三是适当发展服装等轻工业。 四是生态农业和观光旅游产业

续表

乡镇	优势产业（产业基础）	重点发展产业（区位熵产业发展方向）
龙港镇	要依托丰富的山林资源发展相关林木加工业；充分发挥该镇红色旅游资源基础，整合龙港镇、大冶刘仁八镇等乡镇零散的红色旅游资源，整体开发，共同受益。龙港镇的矿产资源丰富，以储量丰富的矿产大理石、石灰石等建材资源为基础发展建材工业将大有可为；富水紫金山的金矿开采也会对镇域经济有极大的带动作用	建材及林产品加工。一是提高竹木加工业产品附加值。加大对竹木进行深加工，提高产品附加值。二是改变经营模式，扩大大理石加工规模，提高市场的竞争力。农业发展方向是，重点发展林业、牧业以红色旅游业为基础的现代农业
洋港镇	洋港镇的矿产资源丰富，煤的远景开发在100年以上，未来若干年可成为洋港镇的支柱产业之一；以储量丰富的矿产大理石、石灰石、方解石等建材资源为基础发展建材工业将大有可为。最后，洋港镇应该充分发挥口子镇的优势及周边缺乏有影响力的乡镇的现实条件，建成周边乡镇的商品集散地，带动商贸物流等第三产业的大发展	第二产业发展的重点首先是建材、煤炭及林产品加工。其次是利用大理石和方解石资源发展建材加工及装饰材料加工业。最后是以木材资源及相应的林业资源、中药材资源等发展农产品加工业。农业发展方向是，重点发展林业、牧业、以红色旅游业为基础的现代农业
排市镇	交通便捷，水陆两通。杭瑞高速穿境而过且在排市镇有高速出口；现建有万亩油茶、万亩杞竹、万亩优质稻、3000亩精养鱼池、2000亩大棚蔬菜、1000只黑山羊种羊等基地10个	第二产业发展的重点是农产品加工业和服装。一是围绕山茶油做大做强有关产业；二是利用现有的林木资源积极发展林木产品深加工；三是发展有关服装等无污染的轻工产业，保证市镇生态环境。农业发展方向是，重点发展以农业、林业为基础的现代农业
木港镇	杭瑞高速公路在木港镇的互通口，将极大地改善木港镇的交通运输条件。有木港玉岭山系列农副产品种植基地，且木港小花菇、玉岭山土鸡、新湖大米等品牌的农副产品已经实现农超对接，有销售市场	第二产业发展的重点是轻工业、农副产品、建材业。发展潜力：有大量的石灰石、花岗石等资源，另外，农副产品产量大。农业重点发展绿色农业种植、绿色牲畜养殖、绿色蔬菜种植和无公害优质水果、中药材、油菜等林特产品
枫林镇	与江西省瑞昌市毗邻五个乡镇接壤，属省际边界"口子镇"，又是阳新的东大门。城镇性质应突出其作为"商贸服务及农副产品加工"这两个特点，继续重点发展商贸流通业、以劲牌小曲酒的落户带动农副产品加工，城镇性质为定位为商贸物流和工业城镇	第二产业发展的重点是：枫林镇现有的杨柳山大理石已开发；杨山、坳上、甘港等地莫茱萸万亩生产基地的已建立；以南塍为主的千亩湘莲种植、千亩鱼蟹混养殖业技术已大力推广
王英镇	以现有的优质水源条件发展生态养殖及配套的休闲旅游项目将成为今后带动王英镇经济发展的重点。利用丰富的林场资源发展林木产品深加工项目。	一是在保证区域生态环境的基础上有限度的发展大理石矿、锰矿、石灰岩等的开采与加工产业；二是大力发展农产品加工业；三是适当发展服装等轻工业。农业发展方向是：生态农业和观光旅游产业

(三) 镇域人口规模预测

1. 人口自然增长

从人口发展的自然规律来看，人口群体有保持原有增长趋势的特征。从 2001 年到 2011 年，阳新县的人口自然增长经历了波动过程，但是从 2006 年开始，其人口自然增长率呈现出递增态势，从 2.9‰ 上升到 11.9‰，年均增长 5‰（见表 8-24）。尽管阳新县人口自然增长率呈递增态势，但是增长速度递增，这表明计划生育政策被地方放松执行，提高了人口增长率。实地调查结果反映，在阳新县大多数一对夫妻生育了两个孩子，农村一对夫妻生育两个孩子的现象更普遍。因此，即使"单独二胎"政策落实到位，随着人们生育观念的转变，其人口自然增长速度不会增长很快，预计自然增长率将稳定在 12‰。所以，预计 2012 年—2015 年，其人口自然增长率为 10‰，2016—2020 为 10‰；2021—2030 为 9.5‰。

表 8-24　　阳新县人口自然增长率（2001—2011 年）　　（单位：‰）

年份	2001	2002	2003	2004	2005	2006	2007	2008	2009	2010	2011
人口自然增长率	3.2	2.8	2.7	2.6	4.8	2.9	3.1	5.7	6.0	10.2	11.9

数据来源：《阳新县统计年鉴》(2001—2012) 和《第六次人口普查》。

根据人口自然增长的基本预测公式：

$$p_n = p_0 (1 + r)^t$$

p_n 是期末人口数

p_0 是期初人口数

r 是人口自然增长率

t 是预测年限

2011 年初阳新县的总户籍人口为 102 万人，实际计算未来人口时，将 102 万人口减去六个省管农场人口数。[①] 随着计划生育政策的调整，我

[①] 2012 年调查时，没有将湖北省农垦局管理的六个农场统计入阳新县人口总量，故本研究的阳新县城镇化是除此六个农场之外的城镇化。2011 年初，阳新县的户籍人口 = 102 万 - 综合农场人口 - 率州农场人口 - 半壁山农场人口 - 荆头山农场人口 - 原种场人口 - 金海开发区人口。

们根据前面的推测，2012—2015 年人口自然增长率为 10‰，2016—2020 年为 10‰，2021—2030 年为 9.5‰。再依据上面的基本预测公式，预测结果是，阳新县近期到 2015 年末约为 106 万人，远期到 2020 年末为 112 万人，远景 2030 年末达到 123 万人。具体预测如下：

近期：2015 年末人口总数为：$p_{2015} = 101.41 \times (1 + \frac{10}{1000})^4 = 106.58$（万人）

远期：2020 年末人口总数为：$p_{2020} = 106.58 \times (1 + \frac{10}{1000})^5 = 112.02$（万人）

远景：2030 年末人口总数为：$p_{2030} = 112.02 \times (1 + \frac{9.5}{1000})^{10} = 123.13$（万人）

2. 常住人口与人口的外流

阳新县是一个农业大县，也是一个劳动力输出大县，很多乡镇的农民收入来源于打工收入。根据阳新县统计局在 2008 年 3 月 31 日进行的一次人口普查数据显示，2007 年 4 月至 2008 年 3 月，阳新县农村人口外出人数（外出半年以上）为 266937 人，大约是 2000 年外出人数（142951）的 2 倍。其中，外出 20000 人以上的乡镇有龙港镇、白沙镇、浮屠镇三个，外出 10000 至 20000 人的有枫林镇、王英镇、太子镇等 10 个镇。从外出地点看，属村外县内（包括本镇其他村、本县其他乡镇及县城区）的有 37518 人，属县外的有 229419 人。各乡镇单位的外出人数分别如表 8 - 25。

表 8 - 25　　　　　　阳新县农村人口外出情况表　　　　　　（单位：人）

单位名称	外出人数	其中		单位名称	外出人数	其中	
		村外县内	县外			村外县内	县外
兴国镇	8242	1140	7102	洋港镇	11830	865	10965
富池镇	9503	1433	8070	排市镇	14088	4454	9634
黄颡口	13018	636	12382	木港镇	16038	1953	14085
韦源口	8278	1241	7037	枫林镇	19566	3012	16554
太子镇	16308	2145	14163	王英镇	17636	1765	15881

续表

单位名称	外出人数	其中		单位名称	外出人数	其中	
		村外县内	县外			村外县内	县外
大王镇	14385	2563	11822	综合	1914	230	1684
陶港镇	13271	1610	11661	军垦	3013	232	2781
白沙镇	27233	4967	22266	半壁山	969	147	822
浮屠镇	22794	3330	19464	荆头山	1120	288	832
三溪镇	15194	1830	13364	原种场	528	75	453
龙港镇	28229			金海	3782	311	3471

数据来源：2008年3月31日阳新县统计局人口普查数据。

阳新县农村人口流动活跃。农村人口流出多、流入少，人口流出去向多为县外。2007年4月至2008年3月，全县农村人口外出共计有266937人，占全县农村总人数的比例为35.42%，即全县农村人口中有三分之一以上的人常年离乡外出务工。从人口流动去向看，全县农村人口在县内流动的只有37518人，占全县农村流出总人数的比例是14.05%；而流动到县外的占绝大多数，全县农村人口流出到县外的有229421人，占流出总人数的比例高达85.95%。农村常住人口递减趋势明显。近几年，全县农村常住人数呈现下降趋势，本次农村人口调查结果显示，全县农村常住人数为486725人，比2005年1%人口抽样数据的退算数，减少近4万人。

两年后，2010年的第六次人口普查，再次显示阳新县人口外流严重。根据2010年的第六次人口普查数据（见表8-26），阳新县外出半年以上的人口占其总人口的比重达到将近25%，即四个阳新人就有一个在外务工超过半年；有些贫困的山区乡镇，如王英镇在外务工半年以上人员高达35%；六个农场长期在外务工人员的比重更高，一般在40%左右，最高达到52%，即有一半的人口外出务工。当然，表8-26显示的是阳新县全部人口外流比例，如果仅仅考虑阳新县农村人口外流，其比例会更高，从王英镇、排市镇和太子镇等农业镇的外流人口比例可见一斑。

表 8-26　　　　　　　　阳新县外出人口及其占比

地区	户籍人口			外出半年以上人口			外出半年以上人口占总人口比重		
	合计	男	女	小计	男	女	小计	男	女
阳新县	1078585	568334	510251	268432	148874	119558	24.89	26.19	23.43
兴国镇	165253	88346	76907	35221	19493	15728	21.31	22.06	20.45
富池镇	40856	21567	19289	9054	4872	4182	22.16	22.59	21.68
黄颡口镇	41213	21603	19610	8691	4839	3852	21.09	22.4	19.64
韦源口镇	33988	17693	16295	6891	3749	3142	20.27	21.19	19.28
太子镇	53460	28112	25348	15515	8597	6918	29.02	30.58	27.29
大王镇	51857	26941	24916	12417	6874	5543	23.94	25.52	22.25
陶港镇	33497	17474	16023	6058	3268	2790	18.09	18.7	17.41
白沙镇	104480	55085	49395	20228	11375	8853	19.36	20.65	17.92
浮屠镇	90171	47327	42844	18690	10325	8365	20.73	21.82	19.52
三溪镇	47583	25221	22362	10890	6006	4884	22.89	23.81	21.84
龙港镇	108005	56112	51893	28743	15965	12778	26.61	28.45	24.62
洋港镇	40402	21434	18968	10080	5976	4104	24.95	27.88	21.64
排市镇	48593	25606	22987	15130	8396	6734	31.14	32.79	29.29
木港镇	55369	29032	26337	13747	7628	6119	24.83	26.27	23.23
枫林镇	51465	27202	24263	13921	7785	6136	27.05	28.62	25.29
王英镇	55407	29609	25798	19943	11084	8859	35.99	37.43	34.34
综合农场	9588	4952	4636	2539	1331	1208	26.48	26.88	26.06
率洲农场	15713	8094	7619	5722	3077	2645	36.42	38.02	34.72
半壁山农场	7350	3694	3656	3853	1929	1924	52.42	52.22	52.63
荆头山农场	7676	3951	3725	3550	1841	1709	46.25	46.6	45.88
阳新原种场	1492	737	755	636	324	312	42.63	43.96	41.32
金海开发区	15167	8542	6625	6913	4140	2773	45.58	48.47	41.86

数据来源：2010 年的黄石地区《第六次人口普查》。

正是由于大量劳动力长期在外务工，导致高比例的人口外流，从而使阳新县的常住人口与户籍人口差额较大。从阳新县的户籍人口数量和常住人口数量的差别来看，阳新县存在人口净外流现象。从2008—2012年阳新县的户籍人口和常住人口的变动来看，其户籍人口基本稳定在102万人，但是常住人口缓慢增加，（见表8-27）。尽管阳新县外流人口稳定在20万人左右，但是其外流人口有逐渐减少的趋势，这表明随着阳新县经济发展，以前的外流人口开始逐渐回流。

表8-27　　　　　　　阳新县年末总人口与常住人口　　　　　　（单位：万人）

年份	年末总人口	常住人口	外流人口	从业人员	乡村从业人员	城镇从业人员
2008	100.19	80.38	19.81	53.38	37.18	16.2
2009	101.14	80.53	20.61	54.13	38.24	15.89
2010	102.32	82.2	20.12	58.32	41.2	17.12
2011	102.04	82.76	19.28	60.43	42.69	17.74
2012	102.07	83	19.07	61.83	42.48	19.35

数据来源：《阳新县统计年鉴》（2008—2012）和调查所得。

3. 人口机械增长

就业与产出紧密相关。当经济规模增大、经济范围扩大、经济增长速度提高，就会创造更多的就业机会，对劳动力的需求将会增加，收入水平随之提高。与异地劳动力流入相伴随的是，其家眷等人口也随之流入，人口机械增长将显现。相反，如果一个地方经济衰退或收缩，就业机会减少，失业增加，收入下降，劳动力及其附带的人口将会大量流出，人口机械减少显现。由此可见，人口机械增长决定于经济发展。一般而言，经济发展快的地方，人口净流入且幅度大；经济发展缓慢的地方，人口净流出。据此，我们以经济发展为基础构建一个测度人口机械增长的公式，对阳新县的人口机械增长情况进行预测。

$$M = \left[\frac{A(1+FV)^t}{1-L} - H \times J\right] \times (1+E)$$

M是机械增长人口；A是当前从业人员

F是就业弹性系数；V是经济增长速度

L是失业率；H是自然增长下的劳动年龄人口

J是劳动参与率；E是带眷率

(1) 当前从业人员（A）

根据阳新县统计局数据和调查结果，阳新县 2008—2012 年从业人员总量从 53 万增长到 61 万。各产业从业人员总数具体见表 8-28。

表 8-28　　阳新县从业人员数（2008—2012 年）　　　　（单位：万人）

年份	从业人员	第一产业	第二产业	工业	第三产业
2008	53.38	11.02	23.95	6.52	18.41
2009	54.13	11.05	24.36	17.17	18.72
2010	58.32	11.14	24.84	17.54	22.34
2011	60.43	10.87	26.28	18.55	23.28
2012	61.83	10.76	28.2	22.36	22.87

(2) 经济增长速度（V）

表 8-29　　阳新县地区生产总值及其增长率（2008—2012 年）　　（单位：%）

年份	总产出增长率	第一产业产出增长率	第二产业产出增长率	工业产出增长率	第三产业产出增长率
2008	17.2	13.2	14.3	16.3	23.3
2009	13.6	7.7	13.7	13.2	16.6
2010	10.5	6.1	13.5	14.7	9.8
2011	9.8	4.4	13.2	13.3	4.6
2012	11	7	17.9	19.3	6.7
平均值	12.4	7.7	14.5	15.4	12.2

从阳新县地区生产总值增长速度和各产业增长速度来看，两者都经历了一个从 2008 年的高位回落的过程，并从 2011 年开始出现回升态势。其产业发展不平衡，第一产业增速下降幅度很大，2012 年是 2008 年的一半；第三产业增速下降幅度最大，2012 年增速几乎接近 2008 年的 1/4；只有第二产业比较平稳，一直保持在 15% 左右的增速，（见表 8-29）。由此推断，阳新县经济发展主要依靠第二产业拉动，而第二产业增长比较平稳，所以总体经济主要受到第一产业和第三产业波动引起不稳定。由于

阳新县未来第一产业发展受到地域地形限制，其规模化和现代化近期难以深层发展，所以第一产业将会维持缓慢增长态势。第三产业主要是各类服务业，受到第二产业发展水平和人口集中度的影响，由于阳新县第二产业发展相对于其他县市比较缓慢，并且人口外流严重，所以第三产业难以有较大水平发展。黄石市正在争创特大城市，对阳新县既有利好一面，也有利差一面，不利于其近期经济快速发展，但利于其长期经济发展。基于此，我们预测阳新县经济增长速度，2012—2015年平均为12%，2016—2020年平均为10%，2021—2030年平均为8%。

（3）就业弹性系数（F）

根据阳新县统计数据和调查获取的数据，我们可以获得阳新县2008—2012年比较完整的数据。从表8-30看，阳新县从业人员从53万增加到61万，这些都是阳新县产业调整和经济增长所增加的就业。因为从2010年的人口普查数据来看，阳新县15岁至59岁劳动力数量是56万人，而当年其从业人员总数达到58万多，这表明该县创造58万多就业岗位，不仅吸纳了15—59岁的劳动力，而且吸纳了该年龄段以外的人口就业。

表8-30　　　　　　阳新县各产业从业人员数量　　　　　　（单位：万人）

年份	从业人员	第一产业	第二产业	工业	第三产业
2008	53.38	11.02	23.95	6.52	18.41
2009	54.13	11.05	24.36	17.17	18.72
2010	58.32	11.14	24.84	17.54	22.34
2011	60.43	10.87	26.28	18.55	23.28
2012	61.83	10.76	28.2	22.36	22.87

数据来源于：《阳新县统计年鉴》（2008—2012）。

根据表8-30中就业人员数量以及阳新县国内生产总值增长速度，计算出阳新县2009—2012年的就业弹性系数，如表8-31。阳新县的就业弹性系数在2009—2012年间处在0.001—0.007之间，四年平均的就业弹性系数约为0.003。按照平均弹性系数计算，阳新县经济增长一个百分点，就业增加在大约1500—1800人。其就业弹性系数相差较大，接近7倍，所以我们要根据阳新县将来产业发展的重点来预测弹性系数。由于阳新县将来经济的增长主要依靠第二、三产业发展，而第二、三产业不仅增长较稳定，而且就业吸纳能力强，所以预计2012—2015年其弹性系数为0.004，2016—2020年其弹性系数为0.003，2021—2030年其弹性系数为0.002。

表8-31　阳新县的国内生产总值就业弹性系数（2009——2012年）

年份	从业人员总数（万人）	从业人员增长速度	国内生产总值增长率	国内生产总值就业弹性
2008	53.38			
2009	54.13	0.014	13.6	0.1
2010	58.32	0.077	10.5	0.7
2011	60.43	0.036	9.8	0.4
2012	61.83	0.023	11	0.2

（4）自然增长下的劳动年龄内人口（H）、劳动参与率（J）与失业率（L）

自然增长情况下的劳动年龄内人口，是在阳新县现状人口规模以及年龄结构的基础上，采用年龄计算法预测16-60岁之间的人口规模。以2010年阳新县人口查询系统的数据为基础，考虑阳新县目前人口出生率、死亡率及育龄妇女生育率等因素，预测阳新县近期2015年劳动年龄内人口为563447人，远期2020年为577125人，远景2030年为605010人。

2010年阳新县劳动参与率98%。近期由于经济发展速度较快，需要大量劳动力，劳动参与率将会保持较高。未来随着教育、社会保障等制度的完善，劳动参与率有望逐渐降低。预计近期（2015年）、远期（2020年）、远景（2030年）劳动参与率分别为98%、98%、95%。2010年以来，阳新县失业率5%，考虑到阳新县将来第二产业和第三产业的快速发展，预测失业率可控制在4%的合理水平。

（5）带眷系数（E）

根据国家发展改革委员会公布的数据，在我国1.67亿农民工中，仅有3000万家属，以此计算，农民工群体的带眷系数为0.22。同时，借鉴周边地区人口规划中预测的带眷系数，近期阳新县外来从业人口的带眷系数定为0.2，远期及远景由于机械增长人口在阳新县居住时间的延长，故带眷系数增大，定为0.5。

将上述数据代入公式,最终计算结果见表 8-32,预测各时期的机械增长人口见表 8-33。

表 8-32　　数据计算过程

期限	A	F	V	L	H	J	E	经济增长所需劳动力	本县劳动力	流入劳动力	流入人口
2015	47.32	0.25	10.00%	5%	61.82	98%	0.2	54.98	60.58	-5.6	-6.72
2020	52.23	0.07	10.00%	5%	63.57	98%	0.5	56.93	62.3	-5.37	-8.06
2030	54.08	0.05	7.00%	5%	64.26	95%	0.6	58.95	61.05	-2.1	-3.36
总计										-13.07	-18.14

表 8-33　　阳新县机械人口增长

年份	2015 年末	2020 年末	2030 年末
自然增长劳动力供给（万人）	60.58	62.3	61.05
劳动力需求总量（万人）	54.98	56.93	58.95
带眷系数	0.2	0.5	0.5
机械增长人口	-6.72	-14.78	-18.14

4. 镇域总人口数量

阳新县人口规模,包括自然增长人口和常住人口。自然增长人口,可以根据户籍人口数量和人口自然增长率计算。而常住人口数量受到机械增长人口数量的影响,在没有人口流入的条件下,常住人口数量等于户籍人口减去外流人口数量;存在人口流入情况下,常住人口数量等于户籍人口数减去外流人口数,再加上流入人口数。据此,我们计算出阳新县的户籍人口和常住人口,(见表 8-34)。

表 8-34　　镇域总人口综合表

年限	2015 年	2020 年	2030 年
自然增长人口规模	106	112	123
没有人口流入条件下的常住人口规模	86	89	93

续表

年限	2015年	2020年	2030年
机械增长人口规模	-6.72	-14.78	-18.14
存在人口流入条件下的常住人口规模	99.28	97.22	104.86

阳新县在2015年外流人口20万,但是由于经济增长吸引13.28万人回流,所以最终净流出6.72万人;2020年阳新县的外流人口稳定在23万人,但截至当年因经济增长吸引8.22万人口流入,所以净流出人口14.78万;2030年其流出人口还是保持30万,不过届时经济增长吸引11.96万人流入,所以净流出人口18.14万人。由此分析可知,阳新县从2007年以来,由于经济落后,大量人口外流,按照阳新县现有产业结构调整和经济增长速度,其人口的净外流成为一种常态,而且随着工业化发展和农业现代化水平提高,除一部分人口转移入城镇外,还有部分人口外流到阳新县以外地就业和定居。

5. 镇域城镇化水平预测

依据城镇化水平的计算公式,该地城镇化率等于城镇常住人口除以大冶市常住总人口。城镇常住人口来自三部分:第一,城镇已有常住人口;第二,机械增长人口,即从阳新县以外流入的人口,他们进入阳新县,在第二、三产业就业;第三,阳新县农业规模化和现代化经营,从农业中分离出来的人口。

根据调查的16个乡镇的有关数据,计算出其城镇常住人口、农村转移人口和来自于阳新县以外的转移人口,加总计算出阳新县的城镇化率、农村转移人口、大冶市外转移人口等数据,具体见表8-35。加总计算方式与将大冶市作为整体逐项计算出来的结果差距很小,可以忽略不计,因此直接采用加总计算结果。

表8-35 阳新县城镇化率及农村人口 (单位:万人)

时间	自然增长人口	机械增长人口	农村转移人口	城镇总人口	总人口	城镇化率(%)	农村人口预计	农村人口自然增长
2011	—	—		31.30	98.07	31.91	66.77	
2015	32.17	-7.4	3.06	34.66	94.79	36.57	60.13	70.02

续表

时间	自然增长人口	机械增长人口	农村转移人口	城镇总人口	总人口	城镇化率（%）	农村人口预计	农村人口自然增长
2020	33.78	-14.85	6.2	40.82	92.86	43.96	52.04	73.93
2030	37.3	-15.63	11.2	54.88	103.56	52.99	48.68	81.89

从表 8-35 来看，阳新县在 2011 年城镇人口 31.3 万，城镇化率 31.91%，农村人口 46.36 万人。如图 8-3 显示，伴随着阳新县产业结构的调整升级和经济增长和外来流入人口的增加，农业现代化发展，农村人口逐渐转移入城镇，阳新县的城镇化率逐年提高。预计将从 2011 年的 31%，提升至 2030 年的 53%，年均增长 2.8%。当然，这是按照阳新县各乡镇现有的经济增长速度、产业调整速度以及农业现代化水平测算出来的，如果阳新县整合乡镇产业发展，加大农业现代化发展速度，实现"四化同步"，那么其城镇化速度将会更高。

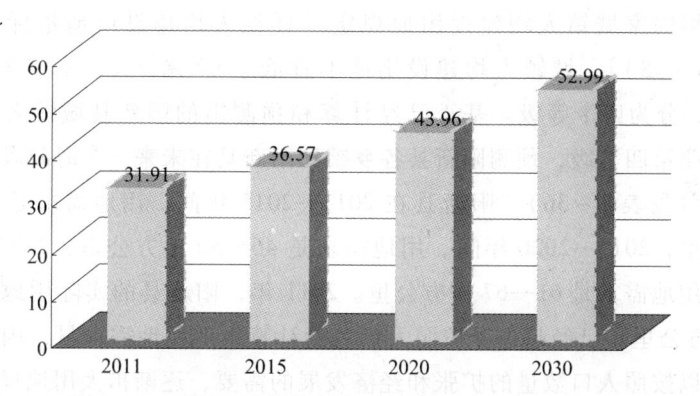

图 8-3　阳新县城镇化率变动及其趋势（单位：万人）

图 8-3 显示，在阳新县城镇化水平提高的过程中，城镇人口逐年扩张，农村人口伴随农业现代化而逐渐转移至城镇，农村人口将逐年减少。在 2011 年，农村人口 66.77 万，是城镇人口 31.3 万的两倍，及至 2020 年城镇人口与农村人口数量之差开始缩小。最终到 2030 年，城镇人口数量将会超过农村人口数量。

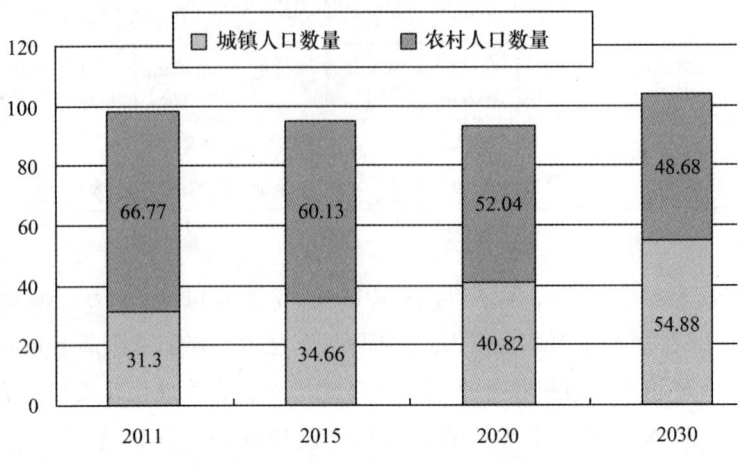

图 8-4　阳新县城镇人口与农村人口变动（单位：万人）

年份	城镇人口数量	农村人口数量
2011	31.3	66.77
2015	34.66	60.13
2020	40.82	52.04
2030	54.88	48.68

（四）相关要素配置变动趋势

1. 根据人口增长的用地需求预测

根据国家城镇人均建设用地规定［详见人均建设用地指标分级表（见表 8-18）］，城镇人均建设用地不宜低于 60 米²/人，不宜超过 120 米²/人，分为四个等级。基于已经计算和预测出的阳新县城镇人口的数量，按照第四等级，预测阳新县各乡镇和阳新县在未来三个时间段的用地需求量（见表 8-36）。阳新县在 2011—2015 年间，用地需求是 41—46 平方公里；2015—2020 年间，用地需求是 46—50 平方公里；2020—2030 年间，用地需求是 61—67 平方公里。2011 年，阳新县的实际用地规模是 115 平方公里，已经超过了按照人口数量计算出的用地需求量，因此，阳新县可以按照人口数量的扩张和经济发展的需要，逐渐扩大用地规模。

表 8-36　　　　　阳新县按人口计算的建设用地规模　　　（单位：平方公里）

乡镇	时间	现在	2015	2020	2030
兴国镇	人口（万人）	13.65	12.74	13.58	18.73
	建设用地规模	30	14.65—16.56	14.94—16.3	20.6—22.48
富池镇	人口（万人）	3.06	4.07	5.97	9.04
	建设用地规模	3.6	4.68—5.29	6.57—7.16	9.94—10.85

续表

乡镇	时间	现在	2015	2020	2030
黄颡口镇	人口（万人）	1.26	1.39	1.64	2
	建设用地规模	4.86	1.6—1.81	1.8—1.97	2.2—2.4
韦源口镇	人口（万人）	0.88	1.14	1.46	1.83
	建设用地规模	4.86	1.31—1.48	1.61—1.75	2.01—2.2
太子镇	人口（万人）	1.3	1.57	1.95	2.73
	建设用地规模	13.45	1.81—2.04	2.15—2.34	3—3.28
大王镇	人口（万人）	0.55	0.71	0.95	1.32
	建设用地规模	6.39	0.82—0.92	1.05—1.14	1.45—1.58
陶港镇	人口（万人）	0.53	0.95	0.84	1.15
	建设用地规模	2.9	1.09—1.24	0.92—1.01	1.27—1.38
白沙镇	人口（万人）	2.75	3.16	3.75	4.8
	建设用地规模	1	3.63—4.11	4.13—4.5	5.28—5.76
浮屠镇	人口（万人）	2.5	2.89	3.35	4.13
	建设用地规模	1.9	3.32—3.76	3.69—4.02	4.54—4.96
三溪镇	人口（万人）	0.48	0.55	0.63	0.74
	建设用地规模	3	0.63—0.72	0.69—0.76	0.81—0.89
龙港镇	人口（万人）	1.39	1.64	1.93	2.29
	建设用地规模	14	1.89—2.13	2.12—2.32	2.52—2.75
洋港镇	人口（万人）	0.6	0.82	1.05	1.31
	建设用地规模	10.39	0.94—1.07	1.16—1.26	1.44—1.57
排市镇	人口（万人）	0.34	0.55	0.77	1
	建设用地规模	4.39	0.63—0.72	0.85—0.92	1.1—1.2
木港镇	人口（万人）	1.35	1.9	1.98	2.62
	建设用地规模	6.31	2.19—2.47	2.18—2.38	2.88—3.14
枫林镇	人口（万人）	0.64	0.86	1.1	1.37
	建设用地规模	5.34	0.99—1.12	1.21—1.32	1.51—1.64
王英镇	人口（万人）	0.55	0.67	0.71	0.97
	建设用地规模	3	0.77—0.87	0.78—0.85	1.07—1.16
阳新县	人口（万人）	31.83	35.61	41.66	56.03
	建设用地规模	115.39	40.95—46.29	45.83—49.99	61.63—67.24

2. 新农村建设点及基础设施布局

在调查的 16 个乡镇中，共计 376 个行政村，其中 1000 人以下的行政村 30 个，1000—2000 人之间的行政村 142 个，2000—3000 人的行政村 126 个，3000 人以上的行政村 78 个（见表 8-37）。在调查中，这些行政村人口均是户籍人口，常住人口更少，很多自然村在逐渐消失。因此，随着工业化进程的加快，农业现代化水平提高，农村人口转移入城镇，行政村人口将会进一步减少，自然村落将会消失得更快。

因此，我们应该根据农村人口的变化，现在就要有预见性地进行村庄整治和迁村并点，逐步引导农村人口的居住和就业向中心镇和中心村转移，形成具有一定规模、配套相对完善的农村居住社区。因此，新农村建设点并不是所有村处处开花，对人口净迁出村要控制新农村建设。严格控制农村农村居民点建设用地规模，加大土地整理力度，通过迁村并点和退宅还耕，把农村居民点的迁并整合与城镇建设用地扩张和耕地保护结合，高效集约利用土地资源。对现有人口在 300 人以下的规模过小、发展条件过差的村庄，原则上予以适当撤并，逐步引导人口向人口规模较大、发展条件较好的中心村或其他村转移，引导人口合理集聚。引导规模少于 1000 人的行政村适度合并。除此外，对公共基础设施如公路、管、网的铺设要考虑到人口的迁移，人口净迁出村庄的基础设施可以不修设，避免造成将来的浪费。

表 8-37　　　　阳新县 2011 年各乡镇村庄分级统计表　　　　（单位：个）

乡镇	1000 人以下	1000－2000 人	2000－3000 人	3000 人以上
兴国镇	0	3	0	14
富池镇	3	6	8	0
黄颡口镇	1	6	9	2
韦源口镇	3	11	2	2
太子镇	6	19	5	2
大王镇	3	6	9	0
陶港镇	2	5	6	2
白沙镇	2	9	19	8

续表

乡镇	1000人以下	1000-2000人	2000-3000人	3000人以上
浮屠镇	1	20	15	5
三溪镇	0	2	4	9
龙港镇	4	12	8	15
洋港镇	2	10	9	4
排市镇	0	15	8	1
木港镇	3	13	9	1
枫林镇	0	3	11	4
王英镇	0	2	4	9
总计	30	142	126	78

说明：按照村级单位的人数进行统计，统计相应的村级单位的个数。各行政村人数均为户籍人数。

第九章 黄石市新型城镇化的原则、动力机制、路径和保障措施

一 黄石市新型城镇化的基本原则

在新的历史时期，我们党从全面建设小康社会、开创中国特色社会主义事业新局面的全局出发，提出了"坚持以人为本，树立全面、协调、可持续的发展观，促进经济社会和人的全面发展"的科学发展观以及构建社会主义和谐社会的要求，为城镇化发展提供了重要的原则和思路。与传统城镇化道路相比，黄石市加快推进新型城镇化发展中必须遵循以下原则。

1. 以人为本原则

在城市诸要素中，人是城市的主体，城市的基本功能、城镇化发展的最终目的，是要为城镇居民营造舒适的生产生活环境，全面提高居民的生活质量，满足居民不断增长的物质和文化需要。因此城市的规则和设计、城市的建设和发展、城市的经营和管理等各个层面、一切推进城镇化的活动，都必须坚持以人为本的原则。以人为出发点和归宿点，突出人的价值观、道德观和发展观，使城市真正体现人与人、人与政府、人与建筑、人与环境的和谐统一，使人民群众全身心投入城市建设，城市的发展就会充满生机和活力。

2. 协调发展原则

国内外城市建设的经验教训表明，要顺利推进城镇化进程，必须坚持协调发展，要兼顾各方面的利益。就黄石市目前的城镇化现状及发展趋势而言，新型城镇化的发展必须坚持城镇化与新型工业化、信息化、农业现代化协调发展，优化城市的产业结构，为城镇化发展提供强力产业支撑；必须坚持人口、资源和环境协调发展原则，实现人与自然和谐发展；必须

坚持统筹城乡经济社会协调发展，促进城乡经济一体化；必须坚持中心城区与小城镇协调发展，完善城镇体系，实现城镇功能互补；必须坚持区域协调发展原则，实行城区、大冶市和阳新县区位优势、经济优势、科技优势、人才优势互补，共同推进新型城镇化进程。

3. 集约化发展原则

集约与粗放是社会、经济发展中存在的两种方式。集约化和粗放式发展有着相同的愿望，都是通过一定的投入，谋求更大的收益。所不同的是，粗放式的发展单纯依靠投入数量的简单扩大来获取更大的收益，而集约化发展则非常强调有限的投入，通过提高有限投入的使用效率来最大限度地获取收益。黄石市经过 30 多年的改革开放，经济发展的成果显而易见。但黄石市的这种经济发展是一种粗放式的，是粗放征用和使用土地，能源消耗高，环境污染重，城镇化质量不高。在新的历史时期，黄石市将面临着来自人口、资源、环境等方面的巨大压力，粗放式的发展方式难以维系。所以，这就要求黄石市在加快发展城镇化的过程中，总结和汲取过去发展的经验教训，坚持集约化发展的原则，强调资源的优化配置和有效利用，使城镇化在水平和质量上得到更大的提升。

4. 可持续发展原则

用可持续发展原则指导和推进黄石市城镇化进程，使城市对人口、就业的吸纳能力、城市基础设施和环境的承载能力、城市的管理能力保持动态平衡，实现城市人口、经济、社会、资源、环境的协调发展，是现代城镇化的必然选择。

5. 效率与公平兼顾原则

公平和效率是市场经济的两大基本原则，它们相互统一、相互促进。片面地强调公平或效率都会引致二者的失衡，对经济社会发展产生消极影响。新时期的黄石市城镇化，不能用损害农民利益的办法来推进，必须坚持效率与公平兼顾的原则，不能顾此失彼。目前，现代企业制度和社会保障制度是维护这两大原则的核心制度，也是市场经济体制的两大核心制度。这两大制度共同构成了一个保障经济社会持续快速健康发展的制度平台，缺一不可。

二 黄石市新型城镇化发展的动力机制

城镇化发展的动力，是指对城镇化发生和发展起推动和拉动作用的力量。动力机制是指促进这些力量生成与强化,并使之在城镇化中持续、有序发挥作用的方式。动力机制是以既定资源为约束,资源配置方式为条件,各种制度为保障的综合系统。新型城镇化发展采取的是以市场利益驱动为主,政府规划引导、政策促进和制度保障的动力机制。

1. 市场利益驱动机制

从内在本质上看,城镇化是随着工业化和经济发展,生产要素在城乡区域间重新配置的过程。如果城镇化和工业化、经济发展相适应,那么城乡间生产要素的配置就是合理的,反之就是不合理的。在市场经济体制逐步完善的情况下,市场、价格、竞争等是资源配置的最基本手段,人们的经济活动主要由市场或利益机制来引导和调节。城镇化应该由农民根据其迁移成本与迁移收益的比较来进行。因为,不同规模、不同类型的城市有着不同的迁入成本和迁入收益,农民是否愿意或是否能够迁入城市、迁入什么类型的城市,市场利益与竞争机制会给出一个合理的答案。一般来说,只要个人的迁移收益大于迁移成本,流入这个城市的人口和劳动力自然就会增加,城市的规模也会随之扩张;反之,如果包括城市生活费用在内的各项迁移成本(如消费品、住房与服务的价格)过高、城市工作的预期收益(如劳动收入、生活环境)却不高,则较低的迁移净收益必然会对进城民工起着直接的制约作用。在市场经济条件下,追求更高收益是生产要素所有者的内在本能,市场机制的作用能使城镇化和工业化、经济发展相适应。目前,中国社会主义市场经济体制已初步确立,市场已经在城镇化资源配置中发挥基础作用,劳动力(人口)、技术、资本按照比较利益的原则流向获利最大的部门和地区,从而形成城镇化的基本动力。

2. 政府规划引导机制

城市发展的一些领域处于被现代经济学认定的"市场失灵"的边界之内,市场"看不见的手"并非总是有效地提供市政基础设施等"公共产品",因此,城市发展需要政府参与调节,提供必要的引导。对于市场机制不健全,尚处于经济制度转轨中的中国来说,尤为如此。政府规划引导机制在这里有两层含义:一是中国的城镇化必须重视政府作用的发挥。二是要改变政府作用的方式。即城镇化必须由政府制定总体规划,对城镇化的进程、城市人口的增长、城市的地区布局、城市规模的扩大等方面,实行必要的宏观调控,而不能放任自流,完全由市场调节。要通过改革,逐步将政府职能从以行政手段为主管理城镇,转变为在坚持必要行政手段的同时更好地采用经济和法律手段管理城镇。这样，既让市场机制力量推动城镇化，又能保证城镇化稳步健康发展。当然城镇化进程又有自身的演进规律，一个国家或地区的城市规模、城市结构、城镇功能的形成，都是当地经济、社会乃至政治和文化长期发展的结果，同时还受到地理区位、资源禀赋的约束，因此政府在制定城市发展规划过程中，必须充分考虑到市场因素，充分尊重市民和企业意见，充分吸收他们参与规划的制定和讨论，共同推动我国城镇化进程的发展。

3. 政策促进机制

政策是政府重要的调控手段，政策取向不仅影响城镇化进程，而且也决定城镇化发展的速度和特点。在市场经济体制下，政策促进机制是推动城镇化发展的又一重要动力。通过政策促进来生成、催化与提升市场力量，促进城镇化发展。一方面，根据城镇化进程和发展要求，适时制定和出台一系列推进城镇化的政策，引导和保证城镇化沿着正确的方向健康稳定发展。另一方面，通过政策消除那些阻碍市场机制作用、限制人口流动和资源要素集聚的障碍，促进城镇化的发展。新型城镇化道路的政策促进机制的关键就是要废除抑制城镇化的体制壁垒，例如传统的户籍制度、城乡分割的社会保障制度等，并通过制定和实施农业产业化、区域经济一体化、城乡一体化等政策，影响城镇布局变化，促进城镇产业结构升级，提升城镇经济实力，增强城镇辐射能力，带动城镇化发展。

4. 制度保障机制

在各种影响城镇化进程的动力因素中，制度因素不仅直接反映在一个国家或地区的城镇化发展政策上，而且还会通过产业结构转换制度安排和经济要素流动制度安排及其他制度安排，促进或延缓甚至阻碍城镇化的进程。换言之，不同的制度框架或制度安排组合对城镇化的作用各不相同。如果缺乏有效率的制度，或是提供不利于生产要素重新聚集的制度安排，即使发生了结构转换和要素流动亦并不必然导致城镇化的正常发展。新型城镇化的推进是以有效率的制度安排来保障的，主要体现在以下几个方面：第一，通过有效率的推进农业发展的制度安排，促进农业生产效率和农业产出水平的提高，使得农业部门在维持本部门再生产的同时产生农业剩余（产品剩余、资本剩余和要素剩余），为非农产业和城镇化的健康发展提供推力。第二，通过有效率的推进工业及其他非农产业发展的制度安排，促进国民经济的工业化和非农化，从而为吸收农村剩余人口创造必要的拉力。第三，随过有效率的经济要素流动制度安排，使农业部门的要素流出推力（在开放经济中，还包括外地过剩要素进入的制度安排）和非农业部门的要素流入拉力形成结合与集聚的合力。第四，通过有效率的推进城市建设的制度安排，促进城市基础设施和城市房地产的开发，以满足城市非农产业和人口集聚的现实需要和不断增长的需要。

三 黄石市新型城镇化的路径选择

党的十八大报告指出，要"促进工业化、信息化、城镇化、农业现代化同步发展"。这是基于对"四化"的重要性、关联度和存在问题的科学分析作出的战略决策。一方面，中国正处于"四化"深入发展中，"四化"既是中国社会主义现代化建设的战略任务，也是加快形成新的经济发展方式，促进中国经济持续健康发展的重要动力。中国已进入工业化中后期，只有工业化和城镇化这两个"轮子"相互促进，协调发展，才能不断推动社会主义现代化进程。城镇化和农业现代化需要相互协调。城镇化与农业现代化都是农村、农业发展的路径和手段，它们相互依托，相互促进。仅仅依靠城镇化，忽视农业现代化，很难从根本上改变农村的落后面貌，而且容易导致农业萎缩和引发"城市病"。另一方面，进入新世纪以来，中国"四化"进入新的发展阶段，虽然协调性在不断增强。但是，按照同步发展的更高要求，还存在明显缺陷，主要表现在：一是信息化与工业化融合不够。二是工业化与城镇化互动不足。三是城镇化、工业化与农业现代化协调不力，农业现代化明显滞后。因此，工业化、信息化、城镇化、农业现代化相互关联、不可分割，它们统一于社会主义现代化建设过程，"四化同步"将是黄石市城镇化建设的必然选择。

（一）以工业化为重点，通过协同开发，实现配套发展

工业化是城镇化的经济支撑，涉及大量与群众利益密切相关的具体问题，黄石市城镇化建设应该以工业化为重点，通过协同开发，实现配套发展，以产业实力和资源禀赋为基础，在大冶市和阳新县分别形成以下的工业片区。

1. 大冶市的矿产开采与加工制造业产业片区

以矿产资源和已有的加工制造业为基础，形成"两片"的发展格局。

以矿产资源和现有工业为基础,将金山店镇、陈贵镇、金湖街办、大基铺镇、殷祖镇、刘仁八镇和灵乡镇,打造成矿产开采与装备制造产业片区。重点发展冶金采选、黑色金属压延加工、铜产品深加工、机械装备制造四大产业。以还地桥镇、保安和罗桥街办产业为基础,打造电子产品加工产业片区。以技术集成、产业聚集和自主创新为主线,以企业为主体,以园区为载体,以项目为支撑,加强产学研结合,建设一批技术先进的电子产品加工企业。

2. 大冶市的纺织服装产业带

抓住沿海产业转移机遇,引进一批具有较高技术水平、较高知名度的纺织服装企业落户大冶市,不断壮大产业整体规模,实现纺、织、染、整、制衣一体化发展。以原材料和现有产业为基础,将罗桥街办、金湖街办、陈贵、灵乡和金牛五镇,打造成纺织服装生产带。以大冶市和阳新县及周边的农业生产原材料为来源,以黄石市及大冶市的纺织服装设备为依托,辅之以黄石市的纺织服装技术及大型企业的引领,形成大冶市纺织服装产业带的发展。

3. 阳新县的沿江经济带

顺应长江经济带开放开发战略,县域经济发展的重心由腹地向沿江推进,将富池、黄颡口、韦源口等地打造成对内对外开放的先导区,将阳新县发展为沿江"黄金水道"经济带。构建以高新技术产业为主导,优势特色产业为支撑,和现代服务业综合发展的产业体系。重点推进黄石新港(物流)工业园区、水泥建材工业集中区、生物医药工业集中区、承接产业转移及农副产品加工区六大功能分区的建设,把阳新县长江经济带打造成为带动阳新县发展的新增长极。

4. 阳新县的沿路经济带

加强三溪、木港、枫林、排市等沿国道、省道、高速公路出口集镇的建设,使之成为以承接产业转移为主的工业集中区。

在106国道和大广、杭瑞高速公路沿线,重点建设浮屠、白沙、率洲、龙港等镇区以轻纺、苎麻、蔬菜、畜牧、水产业为主的特色产业带;在咸黄高速公路沿线,重点建设大王、太子等镇区种养业特色产业带。

(二)以信息化为载体,建立互通渠道,实现资源共享

信息化是一个系统工程,最重要的是管理,其次是标准,第三是数据，第四是软件，相对而言，硬件恰恰是最简单的。

1. 信息化是城镇化新的动力来源

在全球日益信息化以及重大技术突破和第三次工业革命即将到来之际，中国新型城镇化拥有三大新动力。

（1）新的拉动力

基于信息化基础的科技含量高、经济效益好、资源消耗低、环境污染少、劳动力密集的新型工业化，与基于智能化基础的第三次工业革命，将构造城镇化的崭新需求拉动力。

（2）新的推动力

充分利用现代信息技术和信息系统的农业产供销及相关的管理和服务现代化，即生产工具的机械化、生产技术的科学化、生产组织的产业化、劳动者素质的提高，将构造城镇化的崭新供给推动力。

（3）新的源动力

信息化作为当今科技进步的集中体现，不仅间接影响着城镇化的供求推拉力，而且直接决定城镇化的规模、速度、形态与质量。

以上"三化"不仅为新型城镇化提供了比以前更加强大的动力，而且决定了城镇化以人为本、创新驱动和可持续发展的新特征。

2. 建立完善基础设施的一体化

加强城乡一体的基础设施建设，大力推进市政公用设施向农村延伸和覆盖，实现了基础设施网络的全覆盖。

（1）加快信息平台建设步伐

加快信息平台建设，积极推进互联网、电信网、广电网"三网融合"，提升网络信息应用水平。实现城镇光纤到户，农村光纤到村，抓好农村宽带网络建设，逐步实现农村电话、宽带全覆盖。围绕"数字湖北"工程建设，大力推进大冶市和阳新县的数字城市建设、电子政务网络建设和县、镇、村三级行政服务网络平台建设，积极发展物联网等新一代信息技术。

（2）完善区域基础设施网络

按照城乡一体的规划要求，尽可能将城市的基础设施网络延伸到乡村居民点或边缘城镇，使乡村居民可以使用到与城市居民一样的基础设施。加快城市有形基础设施和无形服务网络建设，完善由高速公路、高速铁路、航道、运输管道、电力输送、网络、排水管网体系和通信干线等构成的区域性基础设施网络，缩短城市间的通勤距离，使城市群内部以及各大城市群之间资源和信息实现共建共享。

3. 逐步推进公共服务的均等化

公共服务的均等化是建立多位一体的公共服务体系，保证城乡之间，不同乡镇之间的居民都能够均等地获得有关公共服务。

(1) 建立公共服务供给体系

按照子女教育、"五险"、住房和养老的先后顺序，逐步推进农民工与当地居民的公共服务均等化。完善就业和创业服务体系，拉动居民收入增长；提升城市医疗卫生体系质量，扩大医疗保障覆盖率；加大商品住房供给能力，提高公共住房保障水平。与此同时，推进区域之间和城乡之间就业、社保、教育、医疗等公共服务更大区域的统筹及均等化。

(2) 建立弱势群体救助体系

一方面要制定积极有效的财税、金融和产业政策，重点援助农村、非城市群、城市群边缘区发展，加大基础设施和公共服务的投入，避免马太效应，降低区域差距；另一方面则要建立完善的弱势群体救助体系，特别是对新近城镇化的人群中的弱势群体进行有效的救助和帮扶，保证城镇化的效果。

(三) 以城镇化为目标，集聚就业人口，实现良性循环

城镇化是工业化的空间依托，推动工业化与城镇化良性互动，相互促进，既是为工业化创造条件，也是城镇化发展的内在规律。目前大多数乡镇产业结构雷同，低水平竞争、无序竞争使得乡镇之间社会劳动和经济职能分工常常不明确，直接影响到一些条件相对成熟的中心镇的集聚优势难以形成。这些中心镇缺少有力的产业发展支持，就业岗位创造有限，难以吸纳足够多的农村劳动力转移，城镇无法形成产业的集聚与规模效应，城镇发展所需要的资金、人口自然难以集聚，导致城镇化缓慢。新型城镇化不应该盲目追求提升城镇化率，城镇化率的提升是工业化、城镇化发展的自然结果，不宜盲目追求这一指标，更不能以此评判政绩。

1. 加快乡镇建设步伐，吸纳就业人口集聚

(1) 以政府支持为主导，推进重点乡镇的建设

按照大冶市和阳新县有关总体规划的要求，结合地方实际，在政府的主导下，推动重点乡镇的建设力度，包括中心镇和口子镇。大冶市应以主城区为中心，加大罗桥街办、金湖街办、灵乡镇、陈贵镇和还地桥镇等重

点乡镇的建设；阳新县在建设好主城区（含兴国镇）外，应重点扶持富池、韦源口、浮屠等中心镇，龙港、洋港、枫林等"口子镇"建设。

（2）以产业调整为契机，带动一批乡镇的发展

以园林古建业提升品牌效应，发展古建设计、古建材料生产等配套产业，积极打造中国古建第一镇的殷祖镇。以鑫东农业、中粮生猪等项目为支撑，积极打造畜牧种养业大镇的大箕铺镇。积极创建"花炮强乡、养殖大乡、油茶名乡、休闲之乡"的茗山乡。借新兴管业搬迁迎来的历史性发展机遇，逐步发展配套产业的黄颡口镇。以仙岛湖旅游景区开发为中心，打造特色旅游强镇的王英镇等等。

（3）以区域开发为支点，促进周边乡镇的进步

以大冶市经济开发区的建设带动金山店镇镇的发展，以灵成工业园的建设促进金牛镇配套产业的发展，以环大冶湖战略的推进带动大箕铺镇、大王镇、太子镇等的开发，以长江经济带的建设引领韦源口、黄颡口、富池等乡镇的进一步发展。

2. 推进农业转移人口市民化，提升城镇化质量

推进城镇化，核心是人的城镇化，关键是提高城镇化质量，目的是造福百姓和富裕农民。要走集约、节能、生态的新路子，着力提高内在承载力，不能人为"造城"，要实现产业发展和城镇建设融合，让农民工逐步融入城镇。要为农业现代化创造条件、提供市场，实现新型城镇化和农业现代化相辅相成。

（1）解决居民落户问题

要充分利用十八大的有关文件精神和城镇化发展规划的意见，全面放开建制镇和小城市落户限制，解决产业集聚人口的户籍问题，免除其后顾之忧，实现城镇化的可持续发展。

（2）建立镇域分工体系

要发展各具特色的城市产业体系，强化镇域间的专业分工与协作，增强镇域产业承接能力，有效吸纳农业转移人口。老城区、新城镇和农村居民点要有机结合，通过旧城改造，提高城市土地的利用率；通过减缓新城的蔓延和扩张，提升城市的容量；通过农村居民点撤并，减少农村建设用地规模。

（3）完善公共服务体系

人口城镇化主要有三种形式：升学城镇化、就地城镇化和异地城镇

化。这三项城镇化的占比大致各为30%,其他形式的城镇化占10%。人口城镇化的新内容是让这三类人群尤其是农民工享受同城镇原来户籍人口均等的公共服务。加快推进城镇基本公共服务常住人口全覆盖,建立财政转移支付同农业转移人口市民化挂钩机制,统筹城乡义务教育均衡配置,完善城乡均等的公共就业创业服务体系,把进城落户农民完全纳入城镇住房和社会保障体系,将农村养老保险和医疗保险规范接入城镇社保体系。

(四)以农业现代化为基础,进行连片开发,实现规模经济

"四化同步"的本质是"四化"互动,是一个整体系统,农业现代化为工业化、城镇化提供支撑和保障,促进"四化"在互动中实现同步,在互动中实现协调,才能实现社会生产力的跨越式发展。

1. 大冶市现代农业的整合布局

在稳定发展粮食生产的基础上,积极发展特色农业和生态农业,大力发展畜牧业、蔬菜业和水产业。优化农业区域结构,调整农业区域规划,结合自然环境、区位条件和农业发展基础,形成"两区、一带、两板块"的农业区域结构。

(1) 两区

中西部平畈岗丘种植业生产区,南部低山丘陵特色生态农业区,中部的罗桥街办、陈贵镇、茗山乡、灵乡镇和金牛镇以平畈岗丘为主的地形,可大力发展种植业。应大力推进水稻高产创建和优质稻板块建设,扩大玉米、甘薯旱粮生产面积,突破性发展马铃薯生产,恢复小麦生产,粮食作物生产面积应稳定在90万亩;大力发展高效经济作物,油料作物生产面积应稳定在32万亩;蔬菜生产面积稳定在14万亩;大力发展苗木花卉基地,续建苗木花卉基地2万亩。南部殷祖镇和刘仁八镇的低山丘陵地形,宜发展特色生态农业。积极发展林业产业,以商品林基地为基础,促进整体功能的提升,应实施森林食品加工、油料加工、竹木加工,提高资源附加值,推动全市林业产业化进程。

(2) 一带

指大金省道沿线和铁贺公路沿线的畜禽产业带。要依托现有基础和交通条件,沿大金省道和铁贺公路线的乡镇如罗桥街办、金湖街办、陈贵镇、茗山乡、灵乡镇和金牛镇集中打造生猪和肉禽养殖产业带。按照龙头带基地(小区)、基地(小区)联农户的产业化生产经营方式,大力发展规模化、标准化畜禽生产，着力推进规模化养殖。

(3) 两板块

指梁子湖流域的保安湖、黄金湖、三山湖等湖区和大冶湖流域部分湖区的"两湖"流域渔业生产板块和城郊蔬菜产业板块。要依托资源和区位优势，大力发展现代渔业，围绕"鱼—虾—蟹"，着眼于规模化、专业化、特色化、品牌化、产业化生产经营。围绕保安湖、三山湖、东风农场等区域发展渔业精深加工，加快发展水产品加工产业集群。

在现代农业基础上，实现农业产业化，重点是打造食品饮品产业。在规模化农产品生产基地基础上，大力培育龙头企业，加快产业化发展，大力发展食品饮品产业，使农产品加工业产值占农业产值的比重达到2/1。充分发挥区域优势，突出特色、品牌、规模，打造城北食品加工产业园、陈贵镇雨润食品工业园2个50亿元农产品加工园区，培育龙头骨干企业。支持劲牌公司走以保健酒为主业的多元化发展之路，巩固劲酒在中国保健酒行业第一品牌地位，加快发展以雨润、永惠、中粮为龙头的畜牧养殖加工业，实现由"生产农业"到"商品农业"的快速转型。

2. 阳新县现代农业的整合布局

(1) 水产板块

要建设河蟹、泥鳅、银鱼、围栏养殖"四大片带"，使养殖面积达到30万亩；要做大做强"一鱼一产业"。要重点扶持泥鳅、黄颡鱼、南美白对虾等特色养殖业，养殖面积15万亩；要切实加强水产种质资源保护，重点加强对网湖绢丝丽蚌、春鱼、"四大家鱼"资源的保护。2015年，全县养殖水面达到60万亩，其中精养水面20万亩以上；水产品产量达到15万吨，进入全省前五位；水产业产值实现18亿元。

(2) 畜牧板块

建设中粮首期20万头健康猪、东贝50万只鸡等规模化养殖基地，建成万头养猪厂5个以上，建成具有一定规模的养殖小区100个左右。加快建设畜禽良种繁育项目，发展3—5家良种繁育企业。2015年，全县形成年生猪出栏100万头，销售家禽500万羽，肉类总产量8.5万吨，禽蛋总产量3万吨的综合生产能力，实现畜牧养殖产值20亿元。

(3) 林特板块

建设五大基地：30万亩油茶基地、20万亩意杨基地、10万亩金银花等药材基地、30万亩楠把竹基地、10万亩香樟基地；培育五大林区：东北部水土保持林区、东南部商品林区、西部水源涵养林区、网湖湿地保护区、富河上游水源涵养林区。

(五) 以生态发展为核心,长效机制,实现四化同步

习近平同志在谈到中国的城镇化时曾指出,我们现在搞城镇化,不能单兵突进,而是要协同作战,做到工业化和城镇化良性互动、城镇化和农业现代化相互协调。在推进城镇化的过程中,要尊重经济社会发展规律,过快过慢都不行。他还以江苏为例,提出在城镇化过程,要把生态作为一个标准,要扎实推进生态文明建设。

1. 加快土地集约化经营

天津还是依靠大投资、大项目,在此基础上带动小城镇发展。成都以土地确权为基础,以大城市带大郊区,房地产在其中扮演了重要角色。广东有很强的城镇工业基础和经济基础,这也形成了广东城镇化的特色。但无论是哪一种模式,都离不开土地。既然是城镇化,就必须有地,这就与现在中央持肯定态度的土地确权一事挂上了钩。过去的城镇化过程,城市国有土地早已被利用始尽,未来的城镇化的扩张部分肯定是在农村地区,也就是说,新型城镇化离不开农民手里的地,必须用一定的办法把一部分农民的土地拿过来,用于新型城镇化建设。按照过去的城镇化模式以及当前的城镇化现实,只有拿到了土地,才会有大的投资,有了大投资,经济增长率才能上去,新型城镇化就算成功了。

要在有利于保持农民土地所有权和承包权不变的前提下,通过引导农户承包经营权有序、规范地进行流转来实现土地适度规模经营。流转的形式可采取转包、转让、合作、入股等市场运作方式,将分散的土地集中到农业产业化龙头或农业大户进行规模经营。对于合村并城、合村并点整理出的大量农村集体建设用地,要建立农村土地储备机构进行收购、置换开发和储备,并形成共享、共赢的利益分配机制。无论是农民承包土地或者其置换出的集体建设用地,都必须要在充分保障其享有租金、股权分红等收益的基础上,鼓励农民在土地集约化以后发展的产业中,就地转换成为工业产业或农业产业工人,并获取工资报酬。

2. 建设大冶市文化旅游产业带

以自然资源和红色文化为基础,将还地桥镇、保安镇、茗山乡、金湖镇、陈贵镇、大基铺镇、殷祖镇、刘仁八镇、灵乡镇组团形成旅游

带。重点发展以全国重点文物保护单位铜录山古矿冶遗址、鄂王城遗址为龙头的青铜文化旅游，以南山头、红三军团纪念馆、大冶兵暴旧址为龙头的革命胜地红色旅游，以青龙山公园、小雷山、董家口、大王山、黄坪山、天台山、大泉沟为龙头的生态观光旅游，重点发展以熊家州、保安湖、尹家湖、黄金湖、刘仁八片区等为主要区域的休闲农业与乡村旅游。

3．建设阳新县文化旅游产业带

大力实施"两湖一山、两圈一线"区域旅游综合开发战略，加快以仙岛湖为核心，以龙港、七峰山、湘鄂赣边区鄂东南革命烈士陵园、网湖为重点的旅游景区建设。重点建设仙岛湖八处景区、七峰山三大风景点、龙港苏维埃48大机关红色旅游一条街、湘鄂赣边区革命烈士陵园、半壁山古战场遗址、梁氏宗祠古民居、网湖湿地特色景观点等。争取把仙岛湖建成为国家3A级景区，七峰山建成为国家2A级景区，湘鄂赣边区鄂东南革命烈士建成为国家4A级景区；力争网湖成为国家级湿地保护区；龙港进入全国红色旅游经典景区之列，龙港镇阳辛村建成全省首批旅游名村。

四 黄石市新型城镇化发展的保障措施

黄石市现有的的城镇化存在着农业现代化滞后，影响新型城镇化健康发展；服务业发展滞后，影响城镇化功能和进程；中等城市发育滞后，地区之间城镇化发展不平衡及异地城镇化明显等问题，为配合中央地方有关政策的要求，实现黄石市城乡发展规划的目标，今后的努力方向有以下几点。

（一）立足实际编规划，科学保障抓落实

一个科学的规划是今后几年乃至几十年发展的指南，良好的规划实施保障体系的建立也是将规划变为现实的基本保障。

1．规划前的全面调研，夯实规划编制基础

对过去的规划编制中的程序和方法进行优化，要求在规划编制前对辖区内的每一个乡镇进行实地调研；对重点乡镇的每一个村也必须进行实地调查，保证掌握规划编制所需的第一手材料，为规划编制夯实材料

基础。

2. 规划中的科学论证，合理设定规划目标

对规划中各种目标的设定既不能够根据政策或统计工作的要求进行目标导向来设定，也不能简单地根据现有的发展数据进行推算获得，而应该结合产业发展规划的落实情况，建立科学的数理模型，进行严密的运算，同时运用有关专家的分析来综合确定规划的发展目标，确保目标设定的可行性和科学性。

3. 规划后的保障机制，确保规划落实到位

为了确保规划落实到位，首先，广大党员干部要加快转变领导方式，紧盯目标不动摇，加快发展不松劲，努力开创工作新局面。其次，是要充分发挥新闻媒体的舆论引导作用。建立新闻发布会制度，大力宣传规划落实的工作举措、工作成效和先进典型，争取社会各界的理解和支持。再次，是要成立工作推进机构，各乡镇各有关部门也要设立相应机构，明确责任，分解任务，抓好落实。最后，还要实行市级领导分片包干制度，切实落实好重点工作推进例会制度，每月召开一次工作例会，每季度召开一次现场推进会，及时发现问题、研究问题、解决问题。

要建立新型城镇化领导小组，充实城镇化领导小组办公室成员，健全成员单位之间的沟通协调机制，形成共同推进新型城镇化的发展合力，有效推进新型城镇化各项工作。

（二）依靠政策做根基，考核体系来引导

对地方发展促进作用最大的不是派驻几名干部，也不是调拨多少资金，更不是下发多少物资，而是有怎么样的政策支持这个地方的发展，因此，黄石市的城镇化之路也需要政策的引导发展。

1. 分析现有政策，预测未来走势，用好各种上位政策

积极利用市委政策研究室、市政府政策研究室的有关工作人员，充分发动高校、企事业单位的有关专家，有效吸收社会各界中关心黄石市城镇化发展的有识之士，分析研究已经出台的各种中央及湖北省的有关政策，领会政策精神，落实政策要求，预测政策走势，以上位政策的精神指引地方城镇化的发展，用好用足国家和湖北省支持城镇化发展的优惠政策。强化土地调控，提高土地利用水平。强化投融资保障，多渠道筹集建设资金。依法依规有序推进城镇化，确保城乡居民合法权益。

2. 结合地方实际，联系发展规划，制定有关配套政策

中央和省里的政策只能够对我们的发展进行方向指引和宏观指导，黄石市的城镇化发展之路还必须结合自己的地方实际，包括资源禀赋情况、现有经济基础情况、城镇化发展的阶段情况……，等等，来科学开创；与此同时，还需要联系黄石市有关发展规划的要求，制定相关的配套政策，为社会经济发展及城镇化的建设保驾护航。一是要增强土地调控能力，保证城镇发展空间。二是要强化住房供应保障，加快推进公租房、廉租房等保障性住房建设。三是要强化城镇建设投融资保障，增强城镇建设的资金保障能力。四是要完善转户制度体系，切实保障转户居民自主处置权。

3. 建立绩效导向，落实奖惩体系，创新区域考核机制

要加强绩效监察，建立权责一致、奖惩分明的考核机制。把城镇化的各项重点工作纳入效能监察、督查考核体系，建立一套强有力的效能监察工作机制。要建立科学合理的评估测评体系，完善城镇化指标体系、检查验收等考核办法，改变过去单纯以经济发展指标来考核的办法，按照新的综合发展目标的要求来进行考察。城镇化领导小组办公室要将任务分解到区级相关部门和各镇街，定期分析评估工作效果，及时调整完善工作举措。

（三）区域协同布大局，跳出镇域谋发展

现在的各个乡镇在产业发展上的趋同和内部竞争，一方面会造成大量的重复建设，影响效益的提升，另一方面还会引起黄石市内部乡镇之间的恶性竞争，不利于区域经济的良好发展。

1. 资源条件找相似，资源协同是基础

区域协同发展需要在基础设施、产业、资源、能源、生态保护、公共服务等各个方面都实现协同发展，其中资源条件和能源条件的各乡镇协同是发展的基础，黄石市的各乡镇之间具有相同的资源条件，如阳新县南部乡镇的生态资源基础，如龙港镇、刘仁八镇、殷祖镇等沿线的红色旅游资源，如灵乡镇、陈贵镇等的矿产资源等。从现有资源基础发展的优势产业是未来协同发展的基础。

2. 产业发展找配套，产业协同是关键

根据区位熵理论，结合黄石市有关产业统计分析，黄石市不同乡镇产业发展尽可能形成协同发展格局，特别是相邻的乡镇及交通干线沿线的乡

镇更应该如此。

3. 服务提供找效益，服务协同是目标

区域发展的结果就是要为区域中的人员提供全方位的社会服务，在现有的情况下，各个乡镇自建自己的服务提供体系，重复建设花费了大量的成本，服务提供机构由于规模的不足使得效益低下，不利于区域整体效益的提升和发展。在今后的发展中，应按照效益第一的原则，科学布局服务提供点，既保证能够为全区域的民众提供所需的各种服务，同时保证服务提供机构自身效益的不断提升。

（四）落实民生促和谐，发展成果共分享

1. 促进就业创业，保证收入来源

党的十八大提出："要贯彻劳动者自主就业、市场调节就业、政府促进就业和鼓励创业的方针，实施就业优先战略和更加积极的就业政策。引导劳动者转变就业观念，鼓励多渠道多形式就业，促进创业带动就业。"一是要大力实施"两个倍增"计划。通过努力，确保未来5年城镇居民人均可支配收入和农民人均纯收入实现"两个倍增"。二是要努力改善就业创业条件。多渠道解决大中专毕业生就业问题，进一步提高大中专毕业生首次就业率。坚持创业促就业，努力开创就业工作新局面。通过创业政策和资金扶持，积极引导大中专毕业生先就业再立业、创业的新观念，多渠道就业或自谋职业。三是要着力提高培训实效。加大培训力度，提升劳动者素质，实现高质量就业。要全面加强职业技术人才的培养力度，组织开展全方位的职业技能培训工作，及时开展技能鉴定工作，全面提升职业技术人才的总量和质量，实现人才培养促进产业发展，产业发展促进就业增长的新机制。

2. 扩大社会保险，解决后顾之忧

党的十八大提出："要坚持全覆盖、保基本、多层次、可持续方针，以增强公平性、适应流动性、保证可持续性为重点，全面建成覆盖城乡居民的社会保障体系。"要加大有关社会保险法律法规的宣传力度，针对不同人群，积极引导和鼓励缴纳各项社会保险，落实各项社会保险待遇。一是要巩固和扩大社会保险覆盖面。进一步加强对社会保险政策的宣传贯彻力度，力争使社会保险政策覆盖更多人群。积极探索构建社会保险征缴扩面激励机制和措施，推动扩面工作的开展。二是要稳步提高社会保障水

平。认真落实"两个倍增"目标，结合社会保险基金结余情况和地方财政状况，及时研究调整各项社会保险支付待遇和水平。三是要不断完善社会养老保险激励机制。实施城乡居民社会养老保险制度是一项重大的民生工程，是让广大人民群众共享改革发展成果的具体体现，是维护社会公平、构建和谐社会建设的必然要求。

3. 建立联动机制，确保社会稳定

依法调节处理好城乡劳动争议案件是确保社会稳定的基础，和谐的劳资关系是经济发展的奠基石。只有良好的劳资关系，才能保证企业的正常运作，才能保证经济的平稳运行，才能保证企业职工的合法权益不受侵犯。因此，要及时依法调节处理劳资纠纷案件，让进城农民工吃下定心丸，同时又要积极劝导农民工树立爱岗敬业的责任心，减少员工流动的随意性，确保企业利益不受太大损害。

结束语

中国丰富的自然资源造就了众多的资源型城市，资源型城市的兴起为中国的国民经济发展提供了重大的支持。但是残酷的现实是，赖以生存的自然资源无法再生，不可避免地会走向衰竭。目前，中国大多数资源型城市正在走向衰退或处于衰退的边缘，普遍出现了或者即将出现下岗失业人员增多、生态环境恶化、比较优势和竞争优势逐渐丧失、经济发展不景气等问题，这些问题的出现严重影响到当地乃至全国的社会稳定。对此，资源枯竭型城市自身应该在资源开采的衰退时期，通过加快城镇化进程，积极发展多元经济，促进产业结构的优化升级；加强城镇基础设施建设，以城镇化促进工业化进程；加大"以工哺农"的力度，促进城乡统筹协调一体化发展，进而实现资源枯竭型城市的可持续发展和和谐社会的建设。

黄石市当前及今后一个时期的重要任务就是以新型城镇化为引领，以实现"四化"协调发展为己任，建设武汉城市圈经济。通过对黄石市新型城镇化进程的调查研究，我们认为新型城镇化进程必须坚持全域谋划、统筹推进，必须坚持政府引导、市场运作，必须坚持产业支撑、产城互动，必须坚持集约节约、生态环保，必须坚持民生优先、以人为本。

本研究的创新点及不足：

本书的创新之处在于：第一，选择黄石市这一具有代表性的城市进行调查研究，以点带面，从而对资源枯竭型城市发展建设提供借鉴意义；第二，追溯黄石市64年来的发展历程，用历史的眼光来分析黄石市的新型城镇化进程，并且简要分析了国外城镇化进程的趋势和模式，从而为未来的发展指明方向和路径；第三，通过分析优势、劣势和机遇，对黄石市目前的新型城镇化进程进行了深入探讨，旨在研究未来的发展趋势；第四，从产业发展、生态建设、社会建设等全方位角度出发，对黄石市的新型城镇化进程进行深入研究，从而为新型城镇化进程提供全方位借鉴；第五，从政府发挥职能和制定公共政策角度，探讨了政府在新型城镇化过程中的定位问题。

不足之处在于：虽然在调研过程中参考了详细的调研数据，参阅了大量研究资料，但缺乏与周边市的横向比较。

今后还需研究的问题与努力方向：

第一，如何确保政府在新型城镇化进程中职能发挥到位而不越位？

第二，如何在新型城镇化进程中引入市场机制、运用市场机制？

第三，如何建立科学的新型城镇化考评体系？

参考文献

[1]《黄石市统计年鉴》2008—2013年。
[2]《马克思恩格斯全集》(第25卷),人民出版社1974年版。
[3]《马克思恩格斯全集》(第26卷)(Ⅰ),人民出版社1972年版。
[4]《马克思恩格斯全集》(第2卷),人民出版社1965年版。
[5]《马克思恩格斯全集》(第23卷),人民出版社1972年版。
[6]《列宁全集》(第3卷),人民出版社1984年版。
[7]《马克思恩格斯全集》(第46卷)(上),人民出版社1979年版。
[8]《马克思恩格斯选集》(第1卷),人民出版社1995年版。
[9]《马克思恩格斯全集》(第18卷),人民出版社1964年版。
[10]《马克思恩格斯全集》(第20卷),人民出版社1971年版。
[11]《马克思恩格斯全集》(第31卷),人民出版社1972年版。
[12]《邓小平文选》(第2卷),人民出版社1994年版。
[13]《江泽民文选》(第2卷),人民出版社2006年版。
[14]《邓小平思想年谱》(1975—1977),中央文献出版社1998年版。
[15]《中共中央关于构建社会主义和谐社会若干重大问题的决定》,人民出版社2006年版。
[16] 胡锦涛:《高举中国特色社会主义伟大旗帜为夺取全面建设小康社会新胜利而奋斗》,北京人民出版社2007年版。
[17]《中共中央关于推进农村改革发展若干重大问题的决定》,人民出版社2008年版。
[18] 高佩义:《中外城市化比较研究》,南开大学出版社2004年版。
[19] 曹钢:《西部农村经济增长方式变革论纲》,经济科学出版社2009年版。
[20] 谢文蕙、邓卫:《城市经济学》,清华大学出版社2008年版。

[21] 顾朝林:《经济全球化与中国城市发展》,商务印书馆1999年版。
[22] 鲍寿柏:《专业性工矿城市发展模式》,科学出版社2000年版。
[23] 陈秀山:《中国区域经济问题研究》,商务印书馆2005年版。
[24] 段应碧:《统筹城乡经济社会发展研究》,中国农业出版社2005年版。
[25] 冯海发:《农村城镇化发展探索》,新华出版社2004年版。
[26] 李建华:《资源型城市可持续发展研究》,社会科学文献出版社2007年版。
[27] 李清娟:《产业发展与城市化》,复旦大学出版社2003年版。
[28] 齐建珍:《资源型城市转型学》,人民出版社2004年版。
[29] 王德勇等:《农村城镇化发展问题探索》,中国农业出版社2005年版。
[30] 王青云:《资源型城市经济转型研究》,中国经济出版社2003年版。
[31] 杨伟民主编:《中国可持续发展的产业政策研究》,中国市场出版社2004年版。
[32] 张以诚:《但问路在何方——矿业城市理论与实践》,中国大地出版社2005版。
[33] 赵建安:《市场经济条件下矿业城市发展的问题与对策》,冶金工业出版社1998年版。
[34] 赵宇空:《中国矿业城市:持续发展与结构调整》,吉林科学技术出版社1995年版。
[35] Albert. Hirschman, The Strategy of Economie Development, New Haven: YaleUniversityPress, 1958.
[36] Chenery, H. B, Structural Change and Development Policy, London: OxfordUniversityPress, 1979.
[37] Friedmann. J. A. General Theory of Polarized DeveloPment, NewYOrk: TheFreePress, 1972.
[38] 曹钢:《新农村建设与城乡一体化》,《求是》2009年第8期。
[39] 戴均、良燕:《中国城镇化必须走集约型发展之路》,《城市发展研究》2007年第6期。
[40] 杨继瑞:《中国新型城市化道路的探索与思考》,《高校理论战线》2006年第11期。

[41] 陈继宁：《论城镇化与新农村建设》，《经济体制改革》2007年第5期。

[42] 俞宪忠：《人口流动规律及其政策含义》，《中国人口、资源与环境》2005年第1期。

[43] 刘玉：《中国流动人口的时空特征及其发展态势》，《中国人口、资源与环境》2008年第1期。

[44] 马颖、朱红艳：《发展经济学人口流动理论的新发展》，《国外社会科学》2007年第3期。

[45] 李婷、陈向东：《产业集群的学习模式及其创新特征研究》，《科技管理研究》2006年第2期。

[46] 刘芬、邓宏兵、李雪平：《增长极理论、产业集群理论与我国区域经济发展》，《华中师范大学学报》（自然科学版）2007年第7期。

[47] 许崇正：《马克思可持续发展经济思想与人的全面发展》，《经济学家》2007年第5期。

[48] 彭坤、秦书生：《马克思恩格斯可持续发展思想及其当代价值》，《理论月刊》2012年第2期。

[49] 骆进、吴文胜：《黄石市新型城镇化发展策略与思考》，《中华建设》2013年第2期。

[50] 彭新平、张秀梅：《资源枯竭型城市新型城镇化发展对策》，《人民论坛》2013年第11期。

[51] 郝德强：《资源型城市新型城镇化发展策略研究——以攀枝花为例》，《现代商贸工业》2013年第11期。

[52] 杨爱玲：《资源型城市的城镇化对策研究——以甘肃省金昌市为例》，《中国政法大学》，2007年。